영적 각성과 부흥, 지금 일어나야 한다

리바이벌
- 금식기도의 실제적 지침서 -

김준곤 지음

순 출판사
C.C.C.(한국대학생선교회)

차례

머리말

1부 부흥을 원하는가?

제 1장 - 민족복음화를 위한 환상과 기도 16
민족복음화를 위한 환상과 기도
하나님은 부흥을 원하신다
부흥의 결과는 어떻게 나타나는가
부흥은 어떻게 오는가
부흥을 위하여 당신은 무엇을 꼭 해야 되는가
구약성경의 비상 구국 회개 금식성회와 부흥
기도와 부흥의 함수관계
C.C.C. 사역의 부흥과 금식기도
요엘서의 금식성회
이 민족을 위해 기도하라

제 2장 - 부흥이 다가온다 34
부흥이 다가온다
당신은 하나님을 목도했습니까
악을 극복하는 능력
부흥은 어느 때 볼 수 있습니까
추수를 준비하라
이제 앞으로 어떻게 해야 할 것인가

제 3장 - 부흥이란 무엇인가? 50
부흥의 불길
부흥이란 무엇인가

부흥을 위한 우리의 사명

2부 금식기도와 부흥

제 4장 - 금식기도의 성경적 고찰 66

제 5장 - 금식의 필요성 80
부흥의 불을 내리게 하는 원인
부흥에 있어 금식의 필요성
금식이 어떻게 도움이 되는가
금식은 희생을 요한다
금식은 육체와의 싸움이다
금식은 능력을 가져온다

제 6장 - 금식기도와 지상명령 90
왜 금식이어야 하는가

3부 내가 체험한 금식기도

제 7장 - 금식기도는 세상을 변화시킨다 96
금식기도는 우리 자신과 이 세상을 변화시킨다
어떻게 하나님이 나를 변화시키실까
내가 금식한다고 다른 사람들에게 이야기해야 할까
주님께 귀를 기울이라
1) 나의 금식기도 간증
2) 금식기도 참석자들의 간증
3) 공동체 금식기도

4) 한 도시를 위한 금식기도
5) 전 국가적 금식과 기도

4부 금식기도로의 초대

제 8장 - 금식기도의 능력 146
금식기도의 능력
국가의 운명을 바꾸다
심판 전의 경고

제 9장 - 금식기도에 관한 여러 질문들 156

제 10장 - 금식에의 초대 174
금식에의 초대
어떻게 시작할 것인가

제 11장 - 섭식 및 은혜관리 지침 190
금식의 시작
얼마나 오래 금식하는 것이 좋을까
금식의 신체적인 현상
금식 중 불편한 증상들
자신에게 변화가 일어나길 기대하라
금식 후 섭식 방법
금식 후 은혜관리 지침

5부 부흥을 일깨우는 메시지와 칼럼

기도응답의 간증(1) 202
(C.C.C.의 역사는 기도의 역사)
기도응답의 간증(2) 218
(기도로 지은 C.C.C. 부암동센터)
구국운동의 최대 액션 포인트 224
에스더의 구국운동과 민족사를 보는 눈 237
성령 안에서 믿음의 기도를 드리자 247
기도의 비상사태 264
금식기도의 능력과 유익 271
비상 금식 구국 기도 운동을 전개합시다 280
경건과 기도 283
지금은 금식기도 할 때이다 287
강청하는 기도와 금식기도 292
국가 기도의 날 297

칼럼 302
지금은 초비상 구국 금식기도 할 때
금식기도의 유익
금식기도
금식기도와 신앙 인격 연단
원단 금식기도에 초대
원수를 위한 금식기도
초비상 금식기도
구국 기도

■ 머리말

 한국 크리스천에게 거의 의식화된 환상과 기도가 있습니다. 그것은 우리는 제2의 이스라엘 성민, 예수한국, 선교한국, 성서한국, 복음 안에서의 통일한국! 그러나 현실은 1,200만의 성도, 인구 사분의 일밖에 크리스천이 없습니다. 그나마 성장 속도가 정체되어 급기야는 마이너스 성장을 하고 있습니다.
 이런 위기 상황 속에서 우리는 25퍼센트의 벽을 깨야 합니다. 그러기 위해서는 보통방법으로는 안되고 혁명적 발상의 전환이 필요합니다. 일천이백만의 기도를 모으고, 힘을 모으고, 모임의 역학, 힘씀의 역학, 핵 융합같은 초영역학의 에네르기화가 요청됩니다.
 이를 위해서 구국 기도운동이 일어나야 합니다. 성경을 보면 구약시대 이스라엘이 국난을 당할 때마다 전 국민이 한 자리에 모여 금식하고 회개하며 기도했습니다. 남녀 노소 모든 백성이 몰수로 모이라 했습니다. 미스바 성회(삼상 7:5,6)와 여호사밧왕시대(대하 20:3,4), 요엘선지시대(욜 1:14; 2:15,16), 그리고 여호야김왕 때 (렘 36:9) 그러했습니다. 이처럼 모이고 힘을 합쳐 국가와 민족과 이웃을 위하여 기도하면 이것이 곧 교회 부흥으로 이어집니다. 1970년대 초 기독교 인구가 270만명이었을 때 엑스플로 '74 대회에 등록신자가 323,419명이었습니다. 연인원 250만명이 여의도광장에 모여 4박 5일 간 철야기도를 드렸습니다. '77성회, '80세계복음화성회, '84 세계기도성회, 엑스플로 '85성회, 한국교회 100주년 기념성회 등 일련의 초교파적 민족단위의 대성회를 통해 연합함으로써 한국교회가 급성장을 하게 되었습니다.

한국교회처럼 모이기에 힘쓰는 나라가 없습니다. 그런데 지금은 차츰 모이는 일이 식어가고 있으며 교회 안팎에서 주님의 이름으로 모이는 일을 비판하고 있습니다. 그래서 하나님은 "모이기를 폐하는 어떤 사람들의 습관과 같이 하지 말고 오직 권하여 그날이 가까움을 볼수록 더욱 그리하라"(히 10:25)고 하십니다. 초비상 시기에 절대 필요한 것은 기도운동입니다.

- 전도의 문, 마음의 문은 기도로 열립니다(골 4:3; 계 3:7, 8, 20; 마 7:7).
- 전도에 닫혀진 죽음 같은 문도 기도로 열립니다.
- 베드로는 옥에 갇혔고 교회는 그를 위하여 간절히 하나님께 빌었더니 문이 열렸습니다.
- 공산권의 문이 열렸습니다. 회교와 힌두권의 문도 기도로 열릴 것입니다.
- 북한의 문도 기도로 열릴 것입니다. 일본의 문도 기도의 응답으로 성령이 여실 것입니다.
- 서울의 교회들은 5부, 7부 예배를 드리고 7천 교회가 있는데 지어도 모자랍니다. 이름 없이 기도하는 성도들의 기도로 한국 민족의 마음 문을 열어주실 것입니다.
- 기도로 악령을 추방하고 영의 전쟁에서 승리할 수 있습니다(마 17:21).
- 사도행전의 부흥의 비결은 기도, 특히 마음을 같이하여 함께 모여서 기도한 것이 원동력이었습니다. 기도, 성령, 전도의 도식(圖式)입니다.

- 구약의 구국 운동은 예외없이 회개, 금식, 합심기도였습니다(에스더, 요엘, 여호사밧, 미스바, 니느웨).
- 사도행전의 이방 선교 운동이 금식과 기도로 시작됐습니다(행 13:1-3).
- 부흥의 비결은 첫째도 기도, 둘째도 기도, 셋째도 기도입니다(빌리 그래함).
- 일천이백만의 한국 크리스천들, 나아가서는 세계의 크리스천들이 존 낙스처럼, 엘리야나 에스더처럼, 사도행전의 120문도처럼 기도하면 천지 개벽 같은 기적이 일어날 것입니다(대하 7:14; 렘 33:3).

기도는 기적을 가져옵니다. 그것은 통계학적 진리요, 성서와 교회사의 증거가 있고 성도들의 경험적 증거가 있습니다. 하나님의 뜻대로 하는 믿음의 기도, 특히 합심하는 기도는 산 같은 불가능도 가능케 합니다(마 21:21). 하나님의 뜻은 아무도 멸망치 않고 다 회개하기에 이르기를 원하십니다(벧후 3:9). 기도와 믿음을 바닥나도록 다 사용한 사람은 한 사람도 없습니다. 기도의 불씨를 모아 성령의 핵 폭탄이 터지게 합시다.

또한 24시간 연쇄 중보기도하는 일도 도시와 지역별로 방법을 연구해서 기도의 불을 끄지 말아야겠습니다. 민족의 제단에 불이 꺼지지 않게 해야겠습니다(레 6:13). 모라비안 형제들은 24시간 연쇄 기도를 100년 간 연속해서 근대 선교의 영적 원동력이 되었습니다.

교회마다 신도들마다 불신자들 이름을 등록하여 거명기도를 해야겠습니다. 그것을 영친(靈親)운동이라 합니다. 중보기도자는 영혼의 아버지가 되는 셈입니다. 혹은 태신자(胎信者) 갖기 운동이라고도 합니다. 이웃의 문패를 보고 혹은 친척 친지들 누구라도 위해서 기도를 시작하면 영혼을 잉태했음으로 태중의 신자라 합니다. 태신자란 신도의 기도의 태중에 잉태한 신자란 뜻이어서 유산될 확률도 많습니다.

　이렇게 몇 달이고 기도하고 카드 보내고 초청도 하곤 하다가 전국 혹은 지역 혹은 교회 단위로 한 날을 정해서 일제히 전도를 하러 갑니다. 이렇게 하려면 목회 철학을 목민센타화 해야 합니다. 교회에 등록하고 출석하는 교인은 우리 안에 있는 육성을 필요로 하는 양, 교회 밖의 영친한 태신자나 미신자는 전도와 사랑과 기도를 받아야 할 우리 밖에 있는 양입니다. 따라서 교회들마다 태신자를 갖게 되고 교인 명단은 두 배, 세 배로 불어나게 됩니다.

　목사님이 양을 낳는 것이 아니라 양이 양을 낳게 해야 하며 전 교인을 제자 낳는 제자로, 전 교인 전도인화를 시키는 것입니다. 이런 기도와 전도는 세계적, 국가적, 지역적, 총체총력의 열풍기류를 타고 실시함으로 상승작용을 일으켜 가속 증폭됩니다.

　한편 1.1.1. 기도운동이라는 프로그램이 있습니다. 한국 C.C.C.에서 시작한 것인데 지금은 극동방송을 비롯, 많은 교회와 크리스천들이 이 기도운동에 참여하고 있습니다. 요령은 매일 오후 1시에 1분 동안(묵도도 가함) 자기가 처한 곳에서 세 가지를 위해 기도합니다.

　(1)민족과 세계복음화 위해, 세계의 한 나라 혹은 한 도시를 중보기도 대상으로 정함. 한국의 1.1.1. 기도운동에 참여하시는 분들에게는 북한의 한 동.리, 학교, 기관들을 양촌(양자 삼듯 자기의 중보기도 마을로 삼음)하도록 운동본부가 리.동, 학교 등을 지정해 줌 (2)영친한 태신자를 위한 중보기도 (3)본 교회 목사님을 위한 기도를 합니다.

　이상 세 가지를 위해 매일 기도하는 수를 지구촌의 해당 지역 시간대에 수억의 최대 가능 수가 참여함으로써, 가능하면 크리스천 총수가 불신자 총수를 개인적으로 영적 자매결연하여 개인화된 기도와 전도를 받게 하는 전략입니다. 크리스천 총수는 16억으로 집계되어 있으나 복음적인 사람 수는 그보다 훨씬 적습니다. 태신자는 매 6개월마다 바꿀 수 있습니다.

'99년 7월 한국교회 민족 금식성회를 통해 민족의 위기극복과 한국교회 제3의 부흥운동의 폭발점을 기대합니다. 또한 그날은 사단의 세력을 결박하는 영적 전쟁의 결정적인 날이 될 것이며 영혼과 육체가 병들었던 신자들이 치유받는 날(대하 7:14), 전도의 문이 도처에서 열리고 수십만의 추수할 일꾼들이 부름받게 되고 교회사의 전례없는 최후 최대의 부흥운동의 출발점이 될 것입니다.

본서는 부흥과 기도의 함수관계를 다뤘으며, 금식기도에 대한 구체적인 방법, 금식기도를 통한 기도응답의 생생한 간증, 그리고 기도와 금식에 관한 메시지와 칼럼도 담았습니다.

본서를 출판함에 있어서 최근 4차례에 걸쳐 40일 금식기도를 하면서 미국과 세계의 부흥을 위해 뛰고 있는 나의 친구이자 국제 C.C.C. 총재인 빌 브라잇 박사가 큰 도전을 주었습니다. 그리고 나와 함께 민족복음화와 세계선교에 헌신하고 있는 C.C.C. 간사들과 학원과 직장 속에서 푸르른 그리스도의 계절을 오게 하기 위해 헌신하는 사랑하는 나의 제자들에게도 감사를 전하고 싶습니다.

본서가 한국교회 성도들로 하여금 한국교회 부흥의 문을 여는 열쇠가 되고, 금식과 기도운동의 불쏘시개 역할을 하도록 돕는 유용한 도구가 되었으면 좋겠습니다.

1998년 11월 평창동 서재에서 **김 준 곤**

1부

부흥을 원하는가?

제1장 - 민족복음화를 위한 환상과 기도

민족복음화를 위한 환상과 기도
지상에 일찍이 완전한 기독교 국가란 존재한 일이 없었다. 그렇지만 세상에 종말이 오기 전에 한 민족쯤은, 단 한 번만이라도 그들의 모든 것이 송두리째 그리스도께 바쳐지고 쓰여질 수 있다면…, 지금 우리야말로 그 기적의 도전 앞에 서 있다.

누가 언제부터 심었는지 모르나 우리 민족 성도들의 의식화된 기도가 있다. 한국 크리스천들은 '제2의 이스라엘', '예수한국', '선교한국' 등의 꿈을 꾸고 환상을 보고 있다(행 2:17).

흔히 역사에는 기적이 없다 하지만 성경의 역사는 출애굽 같은 기적으로 꽉 차 있다. 악의 상징인 니느웨성도 회개했다. 복음화된 통일한국은 우리들의 가나안 약속의 땅이다.

에스겔 37장의 해골떼가 생명 군대로 변하고 남북이 통일되는 환상이며, 순종하는 민족을 위한 신명기 28장의 축복의 약속이 우리에게는 현실일 수 없다고 어느 성경에도 쓰여 있지 않다.

21세기의 복음화된 서울과 통일한국은 예루살렘 옛 성지 관광보다 산 예수의 현장인 한국 관광 붐이 일게 하실 것이다.

기적은 있다. 민족의 부활(겔 37장) 같은 영의 혁명도 믿고 싶다. 천국은 아니라도 지구상에서 가장 존경스런 코리안, 동방의 빛 성민 코리아를 세계의 교과서들은 "한국은 예수가 살아 있는 증거"라고 쓸 것이다.

21세기 우리들의 후손에게 이 자랑스런 예수한국을 물려줘야겠다. 기도의 불씨를 모아 성령의 핵폭탄이 터지게 해야 하겠다. 힘으로도 능으로도 안되지만 오직 나의 신으로 된다고 했다(슥 4:6). 한국 기독교 1,200만 성도의 기도의 힘이 뭉쳐지고 모아지고 에너지화만 될 수 있다면 민족과 세계를 변화시킬 수 있다. 주님은 간절히도 하나 되라 하셨는데 일년에 한 번 만이라도 도시별로 전 교인이 기도와 찬미와 경배의 모임을 정착시켜 후대에게 전통으로 물려줘야겠다.

개교회는 영의 단세포가 아니다. 몸의 지체일 뿐이다. 내가 세운 교회가 아니다. 1,200만이 세운 교회이다. 북한에 가서는 의논해서 교파를 만들지 말았으면 좋겠다. 우리 교회가 하나 되는 날, 민족이 하나 될 것이다. 우리 교회 속에 38선이 무너져야 민족의 38선이 무너질 것이다.

"민족의 가슴마다 피묻은 그리스도를 심어 이 땅에 푸르고 푸른 그리스도의 계절이 오게 하시옵소서. 하나님 나라가 이 민족 마음마다, 가정마다, 교회마다, 사회의 구석구석, 금수강산 자연환경에도 임하게 하시고 뜻이 하늘에서처럼 이 땅에서도 이루어지게 하시옵소서.

이 땅에 태어나는 어린이마다 어머니의 신앙의 탯줄, 기도의 젖줄, 말씀의 핏줄에서 자라게 하시고 집집마다 '이 집의 주인은 예수님'이라고 고백하게 하시고, 기업주들은 '이 회사의 사장은 예수님이고 나는 관리인'이라고 고백하는 민족, 두메 마을 우물가의 여인들의 입에서도, 공장의 노동자들, 바다의 선원들의 입에서도 찬송이 터져나게 하시고, 각 학교 교실에서 성경이 필수과목처럼 배워지고 국회나 각의가 모일 때도 주의 뜻이 먼저 물어지게 하시고, 국제 시장에서 한국제 물건들은 한국인의 신앙과 양심이 으레 보증수표처럼 믿어지는 민족, 여호와를 하나님으로 삼고 예수 그리스도를 주로 삼으며 신구약 성경을 신앙 행위의 표준으로 삼는 민족, 민족의식과 예수의식이 하나 된 지상 최초의 민족, 그리하여 수십만의 젊은이들이 예수의 꿈을 꾸고 인류 구원의 환상을 보며 한 손에는 복음을, 다른 한 손에는 사랑을 들고 지구촌 구석구석을 누비는 민족이 되게 하시옵소서.

공산 혁명이 휩쓸고 간 폐허의 땅 북한에도, 죄악과 비리와 불의가 난무하는 남한 땅에도 혁명의 개념을 혁명한 예수의 혁명으로, 이 수년 내에 대부흥이 일어나(합 3:2) 니느웨 성처럼 회개한 민족, 해골 떼가 생명의 군대로 부활한(겔 37장) 민족되게 하시옵소서."

하나님은 부흥을 원하신다

나는 하나님이 이 민족을 보존하기를 원하시며 한국과 전세계에 위대한 영적인 각성이 일어나게 하실 것을 확신한다. 하나님께서는 이 민족의 구석구석에서 영향력 있는 그리스도인들의 마음을 감동하고 계신다. 하나님은 당신의 백성들이 그들의 죄와 이 민족의 죄를 깨닫게 하셔서 다가오는 부흥을 준비하게 하신다.

비록 우리가 6.25 이래 전례없는 위기상황에 처해 있지만 그 어느 때보다도 영적 각성과 부흥의 기회를 맞고 있다. 하나님의 부흥의 불이 전세계를 덮어버리는 것이 얼마나 간단한 일인지를 이해하고 있는 사람은 아주 적을 것이다. 그러나 과거에 일어난 부흥을 보면 우리의 주님이 정말 얼마나 능력있는 분인가를 보여준다.

예를 들면, 1700년대 중반에 주님은 뉴잉글랜드 식민지역에서 조나단 에드워즈의 힘차게 영혼을 찾아내는 설교에 의해 회개의 불을 점화시켰다. 이 설교에 조지 휫필드가 에드워즈와 합류하여 상당히 많은 죄인이 회심하여 이 나라의 행선지가 변했다. 그리고 이미 본 것처럼, 1904년에 웨일즈에서 일어난 부흥이 잉글랜드를 비롯하여 여러 대륙에, 특히 넓은 대서양을 건너 아메리카에도 확산되어 2천만명이 그리스도 곁으로 돌아왔다.

1907년 평양 장대현교회에서 일어났던 회개와 대각성 기도운동은 이 민족의 구석구석까지 부흥의 불길로 타오르게 했다. 지금도 성령님은 거듭거듭 하나님의 백성들이 당신의 부르심에 주목하여 당신께 돌아올 때, 역대하 7장 14절의 말씀에 따라 이 민족과 전세계에 큰 부흥을 보내주실 것이다. 영적 각성이 일어난다면 역사상 최대의 영적인 수확을 거둘 것이며 우리 세대에 지상명령이 성취될 것을 믿는다.

부흥의 결과는 어떻게 나타나는가?

만일 과거의 영적 각성들이 지금부터 일어날 사건들을 예시한다면, 우리는 교회 안에 성령의 불이 붙어 그 불이 온땅의 모든 구석구석까지 빠짐없이 불타 번져가는 것을 볼 것이라고 나는 믿는다.

우리는 부흥이 먼저 하나님의 백성으로부터 시작되는 것을 볼 것이다. 그러나, 정부, 교육, 방송매체 등 모든 분야에서 수백만 명의 불신자들이 그리스도께 돌아와서 그 숫자는 전무후무하게 될 것이다. 이것이 진정한 부흥의 속성이다. 부흥은 교회의 담장 안에만 얌전하게 담아두는 것이 절대 아니다.

이 부흥이 민족과 전세계를 뒤덮을 때, 우리는 종교적인 열정이 새로워지는 것을 목도할 것이다. 하나님의 엄위하심을 분명하게 인식할 것이며, 진정한 예배가 회복되고, 하나님의 말씀을 갈망하며, 지상명령 성취를 돕는데 새로운 열정을 내며, 우리 주 예수 그리스도와 하나님의 사랑과 용서의 복음을 다른 사람들에게 전파할 것이다.(만일 부흥의 결과로 대규모 복음전도가 이루어지지 않는다면 그것은 진정한 부흥이 아니다.) 우리는 또한 사회문제와 인종간의 화해에 대하여도 새로운 비전을 볼 것이다.

부흥이 오면, 그리스도인들은 그들의 지역사회와 국가에서 이전에 없었던 큰 영향력을 행사할 것이다. 금식기도와 개인의 영적 부흥의 결과로, 그리스도인들은 다음과 같은 일을 하게 된다.

- 개인의 생활에서, 가정과 교회에서, 그리고 그들의 모든 세상사람들과의 인간관계 속에서 초자연적인 하나님의 사랑을 나타낸다.
- 정부를 포함한 사회의 전반적인 영역이 성경적 가치관에 기초를 두게 될 것이다.
- 음욕과 섹스를 조장하는 영화, 홈비디오, TV 프로를 보지 않음으로써 성적 부도덕을 만들어 가는 자들을 지지하는 것을 그치게 될 것이다.
- 세상적인 신문, 잡지의 편집자들과 방송국 임원들이 공정하고도 균형잡힌 견해를 제공하도록 격려함으로써 대중 매체에 영향을 준다.
- 우리의 영적 자유를 회복하는데 헌신하는 선교단체들을 지원한다.
- 정치가들 스스로가 자신이 무엇을 위해 일하고 있는지를 바로 알도록 도우며, 올바른 삶을 살면서 도덕적인 이유로 투쟁하는 사람들을 공직에 보내도록 추구한다.
- 우리의 교육 제도에서 무엇이 옳고 그른지를 경건한 기준으로 회복되도록 더욱 열심히 일한다.

부흥은 어떻게 오는가?

이러한 부흥은 그리스도인들이 성령의 역사에 응답함으로써, 하나님의 조건을 충족시킨 결과로, 하나님의 절대적인 행하심으로 온다.

나는 이런 부흥이 일어날 수 있기 전에 반드시 3가지 일이 일어나야만 한다고 생각한다.

첫째, 기독교 지도자들은 반드시 비전을 가져야 한다.

그들은 성령의 부르심을 교회 회중들에게 제시하는데 뛰어난 역할을 감당해야만 한다. 목사의 의무는 성도들이 회개하도록 이끄는 것이라고 나는 믿고 있다. 회개의 필요를 설교할 뿐 아니라, 자기 자신이 모범이 되는 것도 중요하다. 요엘 선지자는 이렇게 기록하였다.

"제사장들아 너희는 굵은 베로 동이고 슬피 울지어다… 너희는 금식일을 정하고 성회를 선포하여 장로들과 이 땅 모든 거민을 너희 하나님 여호와의 전으로 몰수히 모으고 여호와께 부르짖을지어다 오호라 그 날이여 여호와의 날이 가까왔나니 곧 멸망 같이 전능자에게로 이르리로다"(욜 1:13~15).

우리는 하나님의 백성들이 회개하도록 부르는 것-만일 그 결과 큰 개인적인 희생이 온다 해도-을 두려워 하지 않는 헌신된 하나님의 사역자들이 필요하다. 예를 들면 조나단 에드워즈는 회개하라고 불 같이 사람들을 소집하다가 자신이 목회하던 강단에서 쫓겨났다.

그러나 다른 기독교 지도자들도 깃발을 들어야만 한다. 방송책임자들, 선교단체의 지도자들, 전도자들 및 영향력 있는 평신도 지도자들도 모두 하나님의 부르심을 알리는 전달자가 되어야 한다.

둘째, 하나님의 백성은 회개와 금식기도의 부름을 주의깊게 받아들여야 한다.

이미 언급한 바와 같이, 부흥이 꼭 오려면 한 가지 조건이 있다. 현재 하나님이 이 민족을 심판하시려는 손을 옮기시기 전에, 수백만의 신앙인들이 먼저 자신을 겸손히 낮추어야 하며 역대하 7장 14절의 말씀처럼 금식하고 기도하면서 하나님의 얼굴을 구해야 한다.

"내 이름으로 일컫는 내 백성이 그 악한 길에서 떠나 스스로 겸비하고 기도하여 내 얼굴을 구하면 내가 하늘에서 듣고 그 죄를 사하고 그 땅을 고칠지라."

금식이 우리 스스로를 겸손히 낮추는 성경적인 방법이므로, 금식은 위 성경 구절의 모든 조건을 채울 수 있는 영적 훈련이다.

하나님이 요구하시는 전제 조건은 선택할 수 있는 것이 아니다. 성경 말씀을 통해, "만일 네가 나에게 순종하면, 나는 너를 축복할 것이다. 만일 네가 나에게 불순종하면, 나는 너를 훈련할 것이다. 그리고 만일 네가 나에게 계속 불순종하면, 나는 너를 멸할 것이다."라고 하나님은 분명하게 말씀하신다.

아브라함이 소돔을 위해 중보기도를 했을 때, 주님은 만약 10명의 의인이 그 도시에 있다면 그 사악한 도시를 멸망시키지 않고 보존하겠다고 약속하셨다(창 18:32). 그러나 하나님은 그 도시에서 10명의 의인을 찾지 못하셨다. 오직 롯과 그 가족만이 불타는 도시로부터 도망가서 심판을 면했다. 우리는 이 일을 경고로 받아들여야 한다.

만일 우리가 시간의 전망대에서 우리의 미래를 엿본다면, 우리들을 아주 비슷한 장면에서 보지 않을까? 앞서 지적한 바와 같이, 이 민족은 도덕적으로 영적으로 완전 포위된 절대적인 위기에 처해 있다. 이 민족이 급속히 하나님 앞에서 악행을 행하는 사회가 되기 때문에, 하나님의 심판이 눈사태와 같이 이 나라에 엄습해 왔다. 적그리스도의 영이 거의 모든 공공기관을 지배하고 있다.

나는 지금 이 민족을 압도하고 있는 사악함 그 자체가 하나님의 심판이라고 믿는다. 그리고 만일 방치해 둔다면, 이 심판에 의해 우리는 멸망해 버릴 것이다.

한때는 기독교 신앙과 실천의 반석이고, 전세계에서 선교사를 가장 많이 파송하였던 영국은, 지금은 전 인구의 약간의 비율만이 진정한 신앙인으로 찾아 볼 수 있다. 하나님은 당신의 백성을 부흥으로 부르신다. 요엘서 2장 12, 13절의 말씀은 요엘 선지자의 시대에서와 같이 현재에도 적용이 된다.

"여호와의 말씀에 너희는 이제라도 금식하며 울며 애통하고 마음을 다하여 내게로 돌아오라 하셨나니 너희는 옷을 찢지 말고 마음을 찢고 너희 하나님 여호와께로 돌아올지어다 그는 은혜로우시며 자비로우시며 노하기를 더디하시며 인애가 크시사 뜻을 돌이켜 재앙을 내리지 아니 하시나니"(욜 2:12, 13).

이사야 30장 20절에서 하나님은 "너희가 우편으로 치우치든지 좌편으로 치우치든지 네 뒤에서 말 소리가 네 귀에 들려 이르기를 이것이 정로니 너희는 이리로 행하라 할 것이며"라고 말씀하셨다.

회개와 금식기도로의 부르심은 귀를 기울이는 모든 사람들에게 분명히 구별될 수 있다. 개인적으로 새롭게 되는 것을 경험하기 위해서 어느 영적 지도자를 기다리거나 혹은 부흥이 이 민족 구석구석에서 일어날 때까지 기다릴 필요는 없다. 하나님은 당신의 백성들 한 사람 한사람이 당신의 부르심에 순종하고 그들 자신을 하나님의 성령에게 맡길 때에 이 나라에 영적 각성을 보내주실 것이다. 예수님은 "의에 주리고 목마른 자는 복이 있나니 저희가 배부를 것임이요"(마 5:6)라고 말씀하셨다.

세 번째로, 성령은 국가적인 죄를 깨닫도록 반드시 도전할 것이다.
죄를 깨닫도록 도전하는 성령의 능력이 없이는 어떤 부흥도 불가능하다. 예수께서 "그(성령)가 와서 죄에 대하여, 의에 대하여, 심판에 대하여 세상을 책망하시리라"고 말씀하셨다(요 16:8).
그리스도인들이 주님 앞에 자신을 겸손히 낮출 때, 성령은 사람들에게 그 자신의 죄를 깨닫게 하셔서, 그들을 회개하도록 하시며, 당신의 백성을 치유로 이끄시고, 이 땅에 축복을 회복시켜 주실 것이다.

부흥을 위하여 당신은 무엇을 꼭 해야 되는가?
당신이 개인적인 부흥을 위해 준비하고 당신의 삶 속에서 성령의 임재하심과 능력을 보다 충만하게 경험하도록 도움을 줄 몇 개의 단계를 나누고자 한다.

첫째는, 당신의 삶 속에서 아직도 고백하지 않은 어떤 죄가 있는지를 알려 주시도록 성령님께 물어 보라.

비통함이나, 불신, 혹은 용서하지 않은 것이 있는가? 당신은 영적으로 차가워져서, 주님을 향한 첫사랑을 버리지는 않았는가? 말씀 묵상하는 것과 사모하는 마음을 잃어 버리지는 않았는가? 당신의 스케줄과 개인적인 일이 당신과 주님과의 교제를 방해하고 있지는 않는가? 당신은 아직도 다른 어떤 일보다 더 주님을 기쁘시게 하는 것을 더 원하는가? 당신의 삶 속에서 그리고 교회 안에서 하나님이 역사하시는 것을 보기 위해, 당신의 시간과 안락함과 즐거움, 그리고 당신의 명성까지도 기쁘게 바칠 마음을 잃어 버리지는 않았는가?

회개를 통한 영적인 준비는 부흥을 위해 필수적이다. 시편 기자는 "의가 주의 앞에 앞서 행하며 주의 종적으로 길을 삼으리로다"(시 85:13)라고 말했다.

미국의 신학자 팻 로버트슨은 "응답받는 기도는 더러운 손을 가진 자에게 오지 않는다."라고 말했다. "만일 하나님이 죄 속에서 살고 있다고 알려진 사람들의 기도를 응답하신다면, 그것은 하나님이 죄 많은 사람들의 생활양식을 용서한다는 메시지를 그들에게 보내는 것을 의미한다.

우리는 이제 변명하는 것을 그치고 할 수 있는 한 가장 빨리 하나님의 존전에 나아가 우리의 죄를 회개할 필요가 있다." 당신의 죄를 고백하라. 의지적으로 기꺼이 죄를 버리고 당신의 의지를 하나님께 맡기라. 성령이 자유롭게 주님의 능력을 드러내시고 당신을 통하여 역사하시도록 내어 맡기라.

둘째로, 성령으로 충만하라.

당신이 그리스도인이라면, 아버지, 아들, 성령되신 하나님은 이미 당신 안에 거하신다.

위대한 영적인 힘과 자원을 당신은 활용할 수가 있다. 성령으로 충만해지기 위해서, 하나님이 자신의 명령과 약속에 따라 당신을 주장하시고 능력 주시도록 신뢰하라.
 에베소서 5장 18절에서, 이렇게 명령하신다.
 "술취하지 말라 이는 방탕한 것이니 오직 성령의 충만을 받으라"
 또, 요한일서 5장 14, 15절에서 이렇게 약속하고 계신다.
 "우리의 가진바 담대한 것이 이것이니 그의 뜻대로 무엇을 구하든지 들으심이라 우리가 구하는 것을 들으시는 줄을 안즉 구한 그것을 얻은 줄을 또한 아느니라"
 성령충만 받을 것을 기대하라. 모든 신자들이 성령으로 충만하게 되는 것이 하나님의 뜻인 것을 우리는 안다. 그러므로, 우리가 성령으로 충만하게 채워지도록 성령님을 초청할 때, 우리는 하나님의 말씀에 의해 우리의 기도가 응답받았음을 알 수 있다.
 당신이 하나님과의 은밀한 만남을 위한 조용한 장소를 찾도록 권면한다. 성령의 특별한 역사를 기다릴 필요는 없다. 성령은 지금도 당신을 성령충만으로 채우시려고, 당신이 성령을 초대하는 것을 기다리고 계시는 것이다.

 셋째, 하나님의 임재 안에서 사는 생활양식을 구하라.
 이것은 단지 하나님이 항상 당신과 함께 계시다는 것을 인식하는 것 이상을 의미한다. 누가는 사도행전에, "우리가 그를 힘입어 살며 기동하며 있느니라"(행 17:28)고 기록하였다. 하나님의 임재 안에서 산다는 것은 하나님 안에서 당신의 전 존재를 발견한다는 것을 의미한다. 하나님이 당신의 삶 속의 모든 활동, 즉 가족, 사업, 사회, 영적 활동 등의 동기와 목적이 된다. "나를 위해 역사해 주소서"라고 하나님께 기도하지 말고, "나를 통해서 역사해 주소서"라고 기도하라.

 넷째, 하나님의 사랑으로 사랑하라.
 예수는 당신이 구원하러 온 사람들의 영적인 상황에 대해 깊이 동정하시고 우셨다. 우리는 보통, 친구와 사랑하는 사람들에 대해서는 보다 깊은 관심을 갖는다. 그러나 모든 인류를 위해 진심으로 관심을 갖고 우는 많은 사람들도 있다. 하나님의 사랑으로 사랑한다는 것은 예수님의 마음처럼, 잃은 자를 위하여 우리 마음이 깨어져 비탄에 젖는다는 것을 의미한다.

　당신이 금식하고 기도하면서 주님 앞에 자신을 겸손히 낮추었을 때, 주님의 사랑으로 당신을 채워주십사고 기도하라. 우리 나라에서 주님을 모르는 잃어버린 사람들을 위해, 깊은 마음의 무거운 짐을 달라고 기도하라.

　우리 주님은 사랑하라고 우리에게 명령하였다.

> "예수께서 가라사대 네 마음을 다하고 목숨을 다하고 뜻을 다하여 주 너의 하나님을 사랑하라 하셨으니 이것이 크고 첫째 되는 계명이요 둘째는 그와 같으니 네 이웃을 네 몸과 같이 사랑하라 하셨으니 이 두 계명이 온 율법과 선지자의 강령이니라"(마 22:37~40).

　때로는 사랑하는 것이 어렵다는 것을 당신은 발견할 것이다. 그러나 당신은 믿음으로 사랑할 수 있다. 요한일서 5장 14, 15절에서, "하나님의 뜻대로 무엇이든지 구하면, 하나님은 그 기도를 들으시고 응답하신다"고 약속하신다.

　이 약속을 "사랑하라"는 하나님의 명령과 관련시킨다면, 당신은 하나님의 사랑으로 사랑하는 특권을 믿음으로 하나님께 구할 수 있다. 그리스도인들의 삶에 관한 모든 일은 믿음에 기초하고 있다. 당신이 믿음으로 그리스도를 영접한 것과 똑같이, 믿음으로 성령충만함을 받은 것과 같이, 그리고 믿음으로 사는 것과 같이, 당신은 믿음으로 사랑하는 것이다.

　하나님은 당신을 위해 하늘로부터 초자연적인 아가페의 사랑으로 끊임없이 당신을 사랑하고 계신다. 이 사랑을 경험하고, 나누어 주기 위해서는 믿음으로 이 사랑을 구해야 한다. 즉 하나님의 명령과 약속을 근거로 당신이 하나님의 뜻을 행하기 위해 필요한 모든 것을 무엇이든지 당신에게 주실 것이라는 주님의 약속을 믿으라.

다섯째는, 부지런히 하나님을 구하라.
믿는 사람들의 마음 속에서 행하시는 하나님의 역사는, 성령님의 능력을 통해서 그리고 하나님의 거룩하고 영감으로 쓰여진 말씀을 신실하고 부지런히 읽고, 연구하고, 외우는 것을 통해 이루어진다. 우리는 우리 자신의 능력으로는 아무 것도 할 수 없다. 진실하고 뜨거운 기도와 하나님의 뜻에 철저히 순종함이 없이는 어느 개인이나 교회에도 부흥이 일어난 역사가 없었다.

하나님의 말씀은 우리에게 진지하게 기도하라고 격려하신다. 야고보는 "의인의 간구는 역사하는 힘이 많다"고 말한다(약 5:16). 사도 바울은 "하나님은 자기를 진지하게 찾는 자들에게 상주신다"고 말한다(히 11:6). 주님은 예레미야 29장 13절에서 "너희가 전심으로 나를 찾고 찾으면 나를 만나리라"고 말씀하신다.

당신이 당신 자신을 위해, 그리고 당신의 가족과 친구들을 위해 기도하라고 격려하라. 당신의 교회에 부흥을 보내주시도록 하나님께 기도하라. 목사님과 동역자들을 위해 기도하라. 태신자를 위해 기도하라. 전국의 기독교 지도자들을 위해 기도하라. 이 모든 기도를 드릴 때 부지런히 전심으로 하나님을 찾으라.

여섯째, 당신이 쓰임받기 위해 하나님께 간구하라.
당신이 속한 지역사회에 어떻게 영향을 미칠 수 있는지를 보여달라고 하나님께 간구하라.

세계를 향한 비전을 달라고 하나님께 구하라. 그리고 자진해서 입으로 증거하라. 의로운 생활을 통한 조용한 간증만으로는 충분하지 않다. 의로운 생활의 간증으로 구원받을 사람들이 있기도 하지만,

많은 사람들을 그리스도께 인도할 수는 없다. 그러나 입술로 전하는 성공적인 전도는 항상 거룩한 삶을 근거로만 이루어진다.

구약성경의 비상·구국 회개 금식성회와 부흥
구약성경의 하나님이 이스라엘 신정통치를 하심에 있어서 하나의 철칙(징계, 심판)이 있었다.
　(1) 하나님이 보시기에 백성의 죄악지수가 극에 달했을때(신앙적·도덕적)
　(2) 재난과 고통을 채찍으로 보내셨다.
　　① 그것은 외침(外侵)
　　② 가뭄 병충해 등으로 흉년
　　③ 악성의 전염병
　　④ 걷잡을 수 없는 사회 혼란
　(3) 예언자를 보내서 회개를 경고한다.
　특히 금식성회를 선포케 한다. 사무엘의 미스바 금식성회, 여호사밧왕의 금식기도성회, 요나서의 니느웨, 페르시아 수도 수산성 유대인 멸절 위기 때의 에스더의 "죽으면 죽으리라"의 결의와 전 유대인의 3일3야 금식기도, 요엘서의 금식성회를 선포한 것이 그 대표적인 예이다.
　금식성회는 민족적 차원으로 남녀노소가 모이게 하고 악한 길에서 떠나고 회개하도록 했다(재옷을 입고 재를 무릅쓰는 일은 회개의 표상임).
　(4) 그리하면 반드시 진노를 거두시고 용서와 긍휼과 축복을 계절처럼 내리셨다.

기도와 부흥의 함수관계
빌리 그래함은 부흥의 비결에 대한 질문을 받았을 때 첫째도 기도, 두 번째도 기도, 세 번째도 기도라 했다. 사도행전의 교회의 특징은 전도와 기도와 성령이였다. 날마다 제자의 수가 교회에 더했다. 금식기도는 기도의 최고형이라 할 수 있다. 목숨을 건 간절한 기도다. "스코틀랜드를 주옵소서 아니면 죽음을 주옵소서"(존 낙스).

야곱이 이스라엘로 바꿔진 결정적 사건은 그의 형 에서의 공격과 보복이 두려워서 얍복 나루터에서 밤새워 격투하듯 목숨걸고 기도하던 밤의 사건이었다.

3년 6개월 닫혀진 하늘 문을 열고 "비를 내리소서. 여호와여, 여호와여" 하고 얼굴을 두 무릎 사이에 두고 일곱 번 기도했다는 갈멜산상의 엘리야의 기도는 그 기도하는 모양이 동그란 축구공같이 된 것인데 기도폭탄 이미지를 떠오르게 한다.

부흥의 원형은 사도행전 다락방의 오순절이다. 기도, 성령, 전도, 사랑 네 가지 폭탄이 터진 것이다. 사도행전 1장 8절의 능력은 두나미스 즉 폭탄이란 의미가 있다. 이 폭탄으로 언어의 장벽, 정치, 인종, 종교박해의 벽을 폭파해 버린 것이다. 부흥이 일어나야 하겠다.

1904년 광산 노동자였던 이반 로보트가 기도의 불씨가 되어 부흥운동이 일었을 때 술집, 창녀, 당구장이 없어지고 범죄자들이 자취를 감추고 교회마다 초만원이 되고 그 연쇄 폭발이 영국 전역과 구라파 전역, 아프리카, 미국, 중국, 한국에까지 미쳤다.

1940년 5월 히틀러의 무지막지한 군대가 동구라파와 화란, 덴마크와 벨기에를 석권하고 불란서 국경을 넘어 40만 연합군을 영불 해협으로 몰아부쳐서 수장할 기세였다. 너무도 갑자기 돌풍 같은 추격에 연합군은 영국으로 철수할 준비도 선박도 없이 속수무책이었다. 그때 영국은 국왕과 캔터베리 주교와 웨스터민스터 사원, BBC 방송 등 총동원 비상구국 기도를 선포하고 많은 교회들은 금식을 했다.

그 결과 '단게루크의 기적'으로 알려진 이변이 생겼다. 그 가공할 히틀러의 기갑부대와 전투기 폭격, 보병의 진격이 멈췄다. 히틀러가 3일 간의 진군을 중지시켰다. 사납기로 유명한 영국해협도 잔잔해졌다. 연합군은 선박이란 선박을 총동원(848척)해서 34만명을 철수시킬 수 있었다.

  6.25 사변 때 한국 교회는 손바닥만하게 남겨진 부산으로 피난해서 철야하고 회개하며 소수의 의로운 하나님의 사람들이 금식기도의 제물이 되었었다. 그 결과 국제연합안전보장이사회가 소집되어 16개국 UN군의 파병을 결의했다. 이것은 기적이었다. 거부권을 가지고 있던 소련 대표가 지금도 알 수 없는 이유 때문에 그 자리에 없었던 것이다. 이 결과로 공산군은 물러가고 5만 교회 1,200만 기독교인이 생긴 것이다.
  70년대의 한국 교회는 12년 동안에 400% 교인이 증가했고 그 기간 경제 성장률은 980%였다. 영적 부흥이 경제 부흥의 기반이 된 것이다. 70년대에는 서울 주변에 230개의 기도원이 있었고 기도원마다 금식기도꾼들로 붐비었다. 그중에서도 오산리 금식기도원은 한국교회 부흥의 상징적 기도원이다. 70년대 여의도는 네 번에 걸쳐 100만 단위 전도 대회가 열렸고 50만 단위 철야기도회가 있었다.

C.C.C. 사역의 부흥과 금식기도

C.C.C.에서는 주로 대학생들이 민족단위 선교대회를 준비할 때는 매일 300명씩 연쇄 금식기도가 있었고 해마다 원단에는 C.C.C. 가족들이 3일간 평균 일만 명이 지구별로 민족구원을 위한 금식 중보기도를 해왔다.
  금식기도는 부흥의 원동력이다. 금식기도로 개인의 부흥, 교회의 부흥, 민족의 구국과 부흥, 전인·전폭의 생명력이 활성화된다는 사실은 통계적, 경험적으로 입증된 사실이다. 비유컨대 전력의 충전과 같고 종합 건강진단을 받고 성령으로 치료를 받을 절호의 기회다. 금식기도는 다른 무엇으로도 열리지 않는 문을 여는 마스터 키 (master key)라고도 한다.

용서하고 사랑할 수 있는 능력, 기도의 능력, 전도의 능력, 믿음의 능력, 거룩한 삶, 승리의 삶, 열매 맺는 삶, 성령충만한 삶의 무한한 능력들이 금식기도를 통해서 체험될 것이다. 금식기도는 은행 저금과 같다. 저축해 두면 일생 때를 따라 필요한 대로 꺼내서 쓸 수가 있다. 기도가 그러하듯이 금식기도는 씨앗을 심는 것과 같다. 많이 심어 두면 때가 되면 많이 거둔다.

요엘서의 금식성회

'99년 7월에 출애굽처럼 개인들, 가족들, 직장단위, 단체별, 교회별, 지역별, 민족교회, 총동원 천막 민족금식부흥회를 선포하자.

우리 민족의 약속의 땅인 통일된 복음 민족을 위한 20세기 최후 최대의 요엘서의 금식성회를 준비하여 참석자들마다 오순절의 다락방 120문도처럼 성령의 폭탄(두나미스)이 되어 한국 주도로 일본과 중국과 북한과 러시아 땅끝까지 만민에게 복음이 전해지도록 기도해야 하겠다.

"그후에(즉 금식성회 후에) 내가 내 신을 만민에게 부어주리니 너희 자녀들이 장래 일을 말할 것이며 너희 늙은이는 꿈을 꾸며 너희 젊은이는 이상(Vision)을 볼 것이며 그때에 내가 또 내 신으로 남종과 여종에게 부어주리니"(욜 2:26~30)

제2의 오순절이 오게 하자. 이 땅과 지구촌에 성령의 바람이 불게 하자. 계획하는 민족금식성회가('99년 7월) 성령 태풍의 눈이 되게 하자. 21세기 성령운동의 핵폭발의 기폭점이 되게 하자. 성령은 십자가 구원처럼 만민이 충만하기를 하나님은 원하시고(wanted for all) 만민이 필요하고(needed by all) 만민이 잠재적으로 충만이 가능하다(available to all). 새 시대의 장을 열자(슥 4:6). 불가능을 가능케 하자. 무에서 유를 창조하고 절망을 소망으로 바꾸고, 미움을 사랑으로 바꾸자. 에스겔의 해골떼가 성령의 군대로 부활케 하자 (겔 37장). 이땅에 그리스도의 계절이 오게 하자.

꿈에도 소원인 민족통일이 하나님 손에서 이루어지게 하자. 세계가 놀라게 하자. 한국의 성도들이 일생에 한 번쯤 3, 4일 비상구국 금식기도의 제물이 되기를 빈다. 인터넷을 통해서 전 교회와 전 성도가 한끼라도 금식하고 굶은 손으로 굶은 사람을 돕자. 회개 금식기도의 날도 재정하자. "하나님을 위해 큰일을 계획하고 큰일을 기대하자"(윌리엄 케리) 민족금식성회 때 수만 명의 병자도 치유해 주실 것을 믿는다.

"보라 내가 새일을 행하리니… 광야에 길과 사막에 강을 내리니"(사 43:19~20).
"여호와를 하나님으로 삼고 그 기업으로 빼신바 된 백성은 복이 있도다" (시 33:12).

이 민족을 위해 기도하라

민족과 부흥을 위해 금식하며 기도하는 것에 대해 우리가 바로 그 사람들이다 하는 책임의식과 긍지를 가져야 한다. 우리 나라를 위해 중보기도 하는 것이 이 심판을 막는 필수적인 연결고리이다.

지금이 바로 당신 자신을 낮추고 자신의 영적 부흥을 위해 부지런히 주님을 구하고, 이 민족을 위해 기도하기를 시작하라. 우리 나라의 죄를 하나님께 고백하라. 죄의 노예가 된 수많은 이 민족의 영혼들을 위해 중보기도 하기를 바란다. 예수님의 이름으로, 이 민족의 백성들을 붙잡고 있는 사악한 사고방식을 책망하라. 우리 나라의 지도자들을 위해서 기도하라.

찰스 스탠리 목사는 국가 최고 지도자들을 위해 기도하는 10가지 방법을 아래와 같이 제안했는데 우리도 동일하게 기도할 수 있기를 바란다.

- 국가 최고 지도자들이 자신의 죄를 자각하여, 자신이 예수 그리스도에 의해 죄사함을 받을 필요가 있다는 것을 깨달을 수 있도록 기도하라.
- 그들이 자신의 업무를 완성하기에는 개인적으로 부적절하고 무력하다는 것을 그들이 인정하고, 옳은 일을 행할 지식과 지혜와 용기를 얻기 위해 하나님을 의지하도록 기도하라.
- 그들이 영적인 원리를 범하는 모든 조언을 거절하고 그들이 올바르다는 것을 하나님이 증명하실 것을 신뢰하도록 기도하라.
- 그들이 이 나라에서 세속주의와 인본주의의 추세를 거슬러 역전시킬 수 있도록 기도하라.
- 필요하다면 우리 나라를 위해서 지도자들이 기꺼이 자신의 야망이나 정치가로서의 경력을 희생할 수 있도록 기도하라.
- 그들이 매일매일의 힘과 지혜, 용기의 원천이신 하나님께 기도하며 말씀에 의지하도록 기도하라.
- 그들 자신이 일하고 있는 공직에서 위엄과 명예, 신실성과 정의를 회복하고, 그 직무에 대한 신뢰를 다시 회복할 수 있도록 기도하라.
- 그들이 온 국민들에게 행동의 모범을 보이도록 기도하라.
- 그들이 결정을 할 때에 전능하신 하나님 앞에 책임이 있음을 인식하도록 기도하라.

위에서부터 아래까지, 모든 국민들이 하나님께 돌아오지 않는다면 영적인 변화는 극히 힘들 것이다.

그러나 당신이 큰 변화를 만들어 낼 수 있다. 한국 C.C.C.를 위해 기도와 물질로 협력했던 고(故) 아더 디마스 장로는 "한 나라의 변화는 한 개인의 수준에서부터 시작된다."라고 말한 적이 있다. 당신의 금식과 기도가 이 민족의 부흥을 여는 열쇠가 될 것이다.

제2장 - 부흥이 다가온다

부흥이 다가온다
주님께서는 친히 교회를 붙잡고 계시는데, 이제 그 교회를 흔들어 깨우기 시작하셨다. 너무 오랫동안 쌓여진 먼지들은 털려 나가기 시자했다.

부흥의 기간 동안 성령께서는 성도들에게 참된 자신의 상태와 회개의 필요 및 첫사랑을 회복해야 함에 대해 깨우쳐 주신다. 성령은 또한 자신의 종들로 하여금 교회에 자신의 생생한 말씀을 전할 수 있도록 감동하신다. 그리하여 다른 성도들도 세상적인 야심을 버리고 마음을 다하여 하나님을 찾게끔 동기부여 하도록 자신의 종들을 사용하신다.

이러한 주제 하에 기록된 역동적인 사례들을 보면 깊은 회개의 증거와 주님을 향한 참신한 사랑, 힘찬 설교와 기도와 금식으로 주님을 따르도록 설득하는 것이다. 교회가 다시 한 번 하나님께서 쓰시는 도구로 드려진다면 하나님께서는 능력과 부흥을 베푸실 것이다.

각 교단이나 교파의 특성을 넘어 주님의 몸된 교회가 보다 큰 유익을 위해 서로의 차이를 용납하고 하나님의 도구로써 세상에서 쓰임 받도록 해야 할 것이다.

우리는 주님을 향해 "주 예수여! 어서 오시옵소서!"라고 부르짖어야 할 것이다. 주님께서 오셔서 이 세대의 평안함을 흔들어 놓으시고, 무사안일한 자들이 "오 주여! 내가 여기 있사오니 나를 보내소서!"라고 고백하기를 바란다.

많은 젊은이들은 기존교회가 현상을 유지하기 위해 다람쥐 쳇바퀴 돌아가는 듯한 예배와 의식을 더 이상 원치 않는다. 성령께서는 각 나라의 젊은이들을 일으키셔서 각 나라의 교회 지도자들로 하여금 깨어나 변화를 받도록 촉구하고 계신 듯하다. 젊은이들은 인터넷을 통해 자기와 마음이 통하는 이들과 연결하며 금식과 기도를 통한 부흥에 관심을 기울이고 있음을 본다. 그런데 그들이 속한 교회는 이에 대해 무관심한 것을 보고서는 새로운 길을 발견하게 되고 교회 사람들을 흔들어 놓게 될 것이다.

기도와 금식이 소수가 아니라 많은 사람들의 최우선순위가 되고 있음을 본다. 지난 1997년 10월 미국의 수도 워싱턴 DC에서는 100만명의 그리스도인 남성들이 행진에 참여하기도 했다. 그들은 프로미스키퍼스(약속을 지키는 사람들), 즉 '남성들의 모임'이라는 이름으로 '하나님과 사람 사이에 중보자가 되자'고 모인 것이다.

지금 미국에서는 국제 C.C.C. 총재인 빌 브리잇 박시기 40일 금식기도를 네 차례씩 가지면서 영적 갱신과 부흥 운동의 불씨가 되고 있다. '99년 1월에 일본의 여리고인 동경에서는 1,500여 명의 목회자들이 모여 일본 교회 부흥을 위해서 금식하며 기도한다. 영적 부흥의 물결을 하나님께서 일으키고 계신다. 우리는 그 영적 파도를 타고 이 민족과 세계의 영적 갱신과 부흥에 참여해야 한다. 우리는 주님이 일으키신 영적 파도를 탈 수는 있지만 영적 파도를 만들 수는 없다.

오직 하나님께서 물을 움직여야만 파도가 일어나듯 하나님의 영이 움직일 때 비로소 우리도 물결치는 바다 위에 기회라는 파도타기 판을 띄워 하나님의 영광을 위한 승리의 물결을 타는 것이다. 그 기회를 놓치지 않기를 바란다.

당신은 하나님을 목도했습니까?

이사야 선지자는 하나님의 마음에 합한 사람이었고 주를 기쁘시게 하고자 하는 마음의 선한 부담을 안고 있었다. 그는 끊임없이 백성들의 죄에 주의를 집중하였다. 그런 가운데 그에게 한 사건이 일어나게 된다.

"웃시야 왕이 죽던 해에 내가 본즉 주께서 높이 들린 보좌에 앉으셨는데 그 옷자락은 성전에 가득하였고 스랍들은 모셔 섰는데 각기 여섯 날개가 있어 그 둘로는 얼굴을 가리었고 그 둘로는 그 발을 가리었고 그 둘로는 날며 서로 창화하여 가로되 거룩하다 거룩하다 거룩하다 만군의 여호와여 그 영광이 온 땅에 충만하도다.

이같이 창화하는 소리로 인하여 문지방의 터가 요동하며 집에 연기가 충만한지라 그 때에 내가 말하되 화로다 나여 망하게 되었도다 나는 입술이 부정한 사람이요 입술이 부정한 백성 중에 거하면서 만군의 여호와를 뵈었음이로다 때에 그 스랍의 하나가 화저로 단에서 취한 바 핀 숯을 손에 가지고 내게로 날아와서 그것을 내 입에 대며 가로되 보라 이것이 네 입에 닿았으니 네 악이 제하여졌고 네 죄가 사하여졌느니라"(사 6:1~7).

이사야는 이르기를 "내가 여호와를 보았다."고 말했다. 그리고 자신의 죄에 대하여 이전에 결코 생각지 못했던 형태로 깨닫게 되었다. 당신은 하나님을 보았는가? 우리의 삶에 자만심이 있게 되거나 정욕이나 부정직함, 분노나 분쟁들이 있게 되면 하나님은 그것을 죄라고 보신다.

만약 우리가 우리 죄에 대해 하나님께 동의하게 되면 우리는 죄를 하나하나 구체적으로 고백해야만 한다. 회개란 그저 "주여 나를 아시지요."라고 말하는 것으로는 부족하다. 고백이란 단지 인정하는 것 이상이다. "사람이 해야 할 일은 해야만 한다." 만약 우리의 태도가 적절하게 변한다면 우리의 행동이 변하게 될 것이다. 만약 행동의 변화가 없다면 참된 고백도 이루어지지 않은 것임을 인정해야 한다.

하나님은 의롭고도 거룩하신 분이다. 피상적인 기독교를 관용하실 수 없으신 분인 것이다. 여러분은 기꺼이 주님을 위한 새로운 길로 들어갈 마음이 있는가?

이스라엘 백성들은 반복해서 주님께 헌신하도록 요청을 받았었다. 아론은 '여호와께 성결'이란 글자가 새겨진 정금으로 두른 패를 관 위에 매었다. '성결'이란 말은 오늘날 부정적인 인상을 갖는 것으로 비쳐진다. 그것은 마치 우리가 지나치게 이웃에게 잘 해준다든지 자기의 의로움을 드러낸다는 식이어서 현실 세계가 아니라 공중에 뜬 구름처럼 사는 것을 가리킨다. 그러나 그것은 성경이 뜻하는 바는 전혀 아니다. 하나님께서 자기 백성에게 거룩하라고 요구하셨을 때, 그 말씀은 우리가 그분과 함께 연합되었다는 사실을 기억하게 하고자 하심이었다.

우리는 하나님을 위하여 분리되었으며 하나님의 소유를 확인하는 인을 받았으며, 이제 좌우로 치우칠 수 없는 추종자가 되었다는 뜻인 것이다. 우리는 이 지상에서 그분의 사랑으로 충만하고 두려움 없는 영화로운 몸이 된 것이다. 하나님께서는 모세를 시켜 아론과 그 아들들에게 기름을 부어 제사장으로 삼고 또한 장막에 기름 부음으로써 모든 백성들이 주께 성별되고 헌신되어지도록 거룩한 기름을 준비하라고 하셨다.

출애굽기 30장 29절에는 "그것들을 지성물로 구별하라. 무릇 이것에 접촉하는 것이 거룩하리라."고 말씀하셨는데 이 기름은 성령을 상징하고 있다.
　예수께서는 이사야서를 인용하셔서 "주의 성령이 내게 임하셨으니"(눅 4:18)라고 하셨다. 이 말을 들은 유대인들은 즉시 예수께서 주장하는 바가 메시아이심을 알게 되었다. 사도행전 10장 37, 38절에는 "너희도 알거니와 하나님이 나사렛 예수에게 성령과 능력을 기름 붓듯 하셨으매 저가 두루 다니시며 착한 일을 행하시고 마귀에게 눌린 모든 자를 고치셨으니 이는 하나님이 함께 하셨음이라."라고 하며 기름 부으심을 통해 예수가 하나님께 속하였음을 드러낸다.
　우리들도 하나님의 소유로 구분되었음을 고린도후서 1장 21절에서 잘 묘사해 준다. "우리를 너희와 함께 그리스도 안에서 견고케 하시고 우리에게 기름을 부으신 이는 하나님이시니 저가 또한 우리에게 인치시고 보증으로 성령을 우리 마음에 주셨느니라."
　기름 부음을 받고 거룩하게 되며 헌신하므로써, 우리는 하나님의 제사장들이 되었으며 살아 계시고 우주 만물의 통치자이신 분과 함께 동행하게 된 것이다. 그러나 성령님이 없이는 이 거룩한 삶을 살아 갈 수 없다. 그분의 능력이 없이는 그의 증인도 될 수 없다. 예수께서는 "오직 성령이 너희에게 임하시면 너희가 권능을 받을 것이라"(행 1:8)고 하셨다. 성령님이야말로 우리로 하여금 주 예수를 알 수 있도록 해주시는 분이시다.
　만약 우리가 기꺼이 하나님께서 우리 심령에 행하시고자 하는 대로 허락하고자 한다면 믿음으로써 성령의 충만함을 구할 수 있다. 그러할 때 우리는 영적으로 강건하여지고 그분의 능력으로 채워져서 다른 사람들을 그리스도에게로 인도할 수 있게 된다.
　우리가 살아 계신 하나님과의 만남을 경험했다고 간증할 때에는 반드시 헌신된 삶과 그리스도를 위한 전도의 열매가 있는지를 확인해야만 한다. 성령님은 우리를 통해 움직이시고 우리를 이끄시며 우리의 일상 생활 속에서 지시해 주신다. 그 결과 우리는 하나님의 말씀을 연구하게 되며 하나님의 속성을 배우게 되고 우리의 삶의 전 영역에서 하나님을 신뢰하게 된다. 또한 우리의 죄를 자백하는 것이 쉬워지며 우리의 자만심을 굴복시키며, 자아실현을 추구하던 옛 생활방식은 그분의 뜻과 방식을 겸허히 따르는 것으로 바뀌게 된다.

하나님은 결코 기분 좋은 친목단체 정도의 속 빈 껍질로 머물러 있기를 원치 않으신다. 성도로서 우리는 거룩한 삶과 하나님께 순종하고, 우리의 몸과 마음과 뜻과 힘을 다하여 하나님을 사랑하며 우리의 현실이 어떠하든지 그분을 신뢰해야 할 책임이 있다.

악을 극복하는 능력

우리는 금식과 기도를 통해 겸손을 배우게 된다. 기도와 금식을 하게 되면 우리의 습관, 사고방식, 이웃과의 관계, 사업 계획, 추구하는 여가활동도 달라진다. 만약 그러한 삶의 변화가 일어나지 않는다면 솔직히 말해서 금식은 시간 낭비일 뿐이다.

금식 가운데 하나님은 우리를 만나 주시고 우리의 머리를 높이 드시며 보다 높은 곳을 향하게 해 주신다. 많은 사람들이 40일 금식은 예수님의 변화산에서의 체험처럼 특별한 경험이었노라고 고백한다. 모세가 산에서 내려올 때 주의 영광으로 인해 얼굴이 빛났던 것처럼 우리는 산 아래로 내려오게 된다. 우리들의 삶의 부분마다 하나님의 신비를 드러내 주시는 듯 느끼게 된다.

그것은 참으로 놀랍고도 은혜로운 경험이며 우리 모두가 경험할 수 있다. 하지만 예수님의 금식에서 보았듯이 금식 후에는 악한 자의 공격이 있음을 알아야 한다. 사단은 당신의 가장 취약한 부분을 공격하여 장기 금식을 통해 이룩한 영적 사역에 대해 의심하게 만들 것이다. 그렇게 될 때 당신은 금식 이전보다 더욱 못한 자신의 모습에 실망하게도 될 것이다. 또는 자신을 하나님께 쓰임 받기에 더 이상 합당치 못한 무가치한 자로 여길 수도 있다.

이러한 공격에 대비해야만 한다. 영적으로 발을 쭉 펴고 쉬고 싶은 유혹을 받을 때 당신은 영적 무장을 갖추어야 할 수도 있다. 예수께서 제자들에게 경고하셨던 말씀, "시험에 들지 않게 일어나 기도하라"(눅 22:46)를 기억해야 한다. 유혹이나 핍박이 금식 기간 중에도 닥칠 수 있고, 두 달 후에 또는 1년 후에 올 수도 있다. 사단은 당신이 주님과의 동행에 실패했다고 느끼거나 금식 중 경험은 실제가 아니었던 것처럼 느끼게 되길 원할 것이다. 이에 대비하여 기도해야 한다.

만약 실족하는 일이 있더라도 우리는 더 이상 정죄 받지 않는다는 사실을 기억해야 한다. 그리스도께서 범사에 우리를 위해 기도하고 계신다. 그러므로 죄를 고백하고 다시 시작하라. 미지근하거나 태만하게 되는 것과 마음이 완악해지는 것에 미혹되지 말라.

또한 금식 후에 당신 자신을 '영적 거장'으로 착각하는 생각에 빠져들지 않도록 조심하라. 만약 주님께서 도와주시지 않았더라면 우린 결코 금식을 끝까지 통과하지도 못했을 것이며 또한 주님을 경험할 수도 없었을 것이라는 사실을 명심해야 한다. 자칫하면 그것은 단지 육체의 일이 될 수도 있는 것이다.

어느 누구도 다른 사람보다 많이 금식했기 때문에 영적으로 더욱 앞섰다는 생각을 버려야 한다. 중요한 것은 우리 자신을 낮추어야 하고 겸손을 유지해야 한다는 것이다.

아울러 당신의 새로운 경험과 주님께 드린 헌신에 대한 얘기들을 다른 사람들에게 나누어야 함을 기억해야 한다. 그리스도의 지체 안에서 어떤 그리스도인들은 누군가가 주님께로부터 은혜를 받으면 자신의 교회를 성령으로 불태워야 한다고 생각하기도 한다.

곧 교회 지도자들을 비난하고 교회의 모든 활동의 잘못들을 지적하며 영적으로 연약한 지체들을 용납하지 못하게 되는 것이다. 이러한 태도는 교회의 분열을 조장할 뿐이다. 이것은 또한 사단이 틈 타는 통로가 된다. 오직 성령만이 다른 사람의 심령을 일깨울 수 있다.

우리가 겸손과 사랑의 태도로 기도와 금식의 경험을 나눌 때 다른 이들도 기도와 금식을 하고픈 소원을 갖게 될 것이다. 우리가 변화된 삶을 사는 것을 보게 될 때 사람들은 우리에게 찾아와 더 깊은 헌신의 삶에 대해 알고자 할 것이다. 다른 이들의 머리를 후려치면서 "이 교회가 필요한 것은 말이요"라고 한다고 교회가 바꾸어지지는 않는다.

교회를 위해 기도하라, 교회를 사랑하라, 교회를 섬기라, 본을 보임으로써 지도하라. 문제가 발견되면 하나님께로(다른 사람에게 그 문제를 가져갈 것이 아니라) 가져 가서 그분의 응답을 체험하라.

당신의 눈을 열어 주께서 원하는 변화가 무엇인지 보여주시도록 기도하라. 특히 교회의 목사님이나 교회 지도자들을 사랑하고 격려해 달라고 기도하라. 그들은 때로 그들 자신이 감당하기 어려운 짐을 지고 갈 때가 있다.

그들에게 당신이 말 뿐만 아니라 행동으로 관심을 보여주도록 하라. 특별히 나라를 위해 뜨겁게 기도해야 한다. 일상적인 평범한 기도로는 이 땅의 악을 극복할 수가 없다. 예수 그리스도의 복음과 하나님의 자비하심 이외에 우리를 구원할 어떤 해결책도 존재치 않는다. 이 나라는 진지한 금식기도와 하나님의 말씀을 붙잡아야만 살 수 있다.

하나님께 위대한 일을 위한 비전을 산구하라. 당신 사신을 위한 하나님의 꿈을 가지고 있는가? 당신 가족을 위한 꿈은? 당신이 속한 교회를 위한 비전은? 지역사회를 위한 비전은? 당신 자신의 꿈과 사명을 위해 하나님께 구해 본 적이 있는가? 당신이 미칠 영향으로 사람들에게 하나님을 승거할 수 있는 방법을 보여주시도록 구한 직이 있는가? 그렇다면 금식 후 주님과 가까이 동행하도록 하라. 그리고 그분의 인도하심을 따르고 그분의 역사하심을 따르도록 하라!

부흥은 어느 때 볼 수 있을까?

부흥은 하나님의 절대주권적 역사로서 하나님의 은혜로우신 방문의 결과로 이뤄진다. 역사를 통해 부흥은 하나님께서 자기 백성들의 마음을 움직이시고 그 결과 찾아왔었다. 우리가 금식하거나 기도한다고 부흥이 오게 할 수는 없다.

우리가 회개하고 겸손하여 열심히 주를 섬긴다 해도 우리가 원하는 방식으로 부흥을 끌어당길 수는 없는 것이다. 하나님께서는 유일하고도 사랑하시는 아들 예수 그리스도를 우리들의 큰 죄값을 치르기 위해 보내셨는데, 사실상 다른 어떤 것으로도 거룩하시고 완전하신 하나님을 만족시킬 수가 없었다. 우리들의 순종이나 회개, 겸손케 됨이나 봉사는 하나님의 베푸신 그 사랑에 대한 우리들의 마땅한 반응이 되어야만 할 것이다.

하지만 우리가 하나님의 조건들을 채우게 되면 하나님께서는 요한일서 5장 14, 15절의 말씀대로 우리의 기도를 들으시게 될 것이다. 솔로몬 왕에게 하나님은 약속하셨다.

> "내 이름으로 일컫는 내 백성이 그 악한 길에서 떠나 스스로 겸비하고 기도하며 내 얼굴을 구하면 내가 하늘에서 듣고 그 죄를 사하고 그 땅을 고칠지라"(대하 7:14).

비록 불완전하고 인간적인 부모들이라 할지라도 우리의 자녀들을 희생적으로 돌보며 그들의 필요를 채우려고 애쓴다. 우리는 대가를 지불하는 것이다. 우리들의 불완전함에도 불구하고 우리의 자녀들이 자신들에게 유익한 무엇인가를 요구할 때 그것을 주기에 가장 적절한 시간을 기다리게 된다. 때로는 아이들이 우리의 말에 순종하는지 혹은 우리가 시킨 일을 제대로 했는지를 지켜보게 된다.

또한 때로는 아이들로 하여금 일정 시간 동안에 그들의 바람이 바뀌어지지는 않았는지 알아보기도 한다. 때론 어린아이들은 예측하지 못하는 좋은 기회를 미리 내다볼 때도 있다.
  내가 추측하기로 우리의 하늘 아버지께서 우리에게 바라는 부흥에 대해서도 비슷하리라고 본다. 하나님께서는 지켜보시고 점검하시며 들어보시면서 최상의 시기를 준비하고 계시는 것이다. 우리의 노력으로 그것을 이룰 수는 없지만 우리가 부흥을 위해서는 어떤 희생도 감수하겠다는 준비된 모습을 보여드리는 것은 필요하다.
  부흥의 불길을 맛본 사람은 그 능력을 알게 된다. 부흥이 임하면 성령께서 주도하시게 된다. 죄의 고백이 터져 나오고 사람들은 울음을 터뜨리며 집회는 몇 시간씩 계속되어지고 사람들은 변화될 것이다.
  「부흥」의 저자 앨빈레이드 교수는 교회의 부흥의 분위기를 지속하기 위한 몇가지 지침을 제안했다.
1. '은사'에 집착하는 최근의 일부 극단주의자들을 경계하라.
2. 개인적인 은밀한 죄는 특히 다른 사람들이 연결되어 있을 때는 은밀하게 자백하라.
3. 부흥에 대해 부정적인 성도들에 대해 관용하라
4. 감정이 아니라 성경의 가르침에 초점을 맞추라.
5. 일어나는 일에 대해 과장하지 말라. 너무 자만하지 않도록 하라.

  부흥은 하나님의 목적에 최선이라고 생각하실 그때에 허락해 주실 것이다. 그때까지 우리들은 그분의 말씀대로 순종하며 겸손히 지상명령 성취를 위해 노력해야 할 것이다.

추수를 준비하라
부흥이 임하여 성도들이 회개하고 주님께 다투어 헌신하게 되면 하나님의 초자연적인 사랑이 사람들의 삶과 대인관계 속에 드러나게 될 것이다. 새롭게 변화 받은 그리스도인들이 교회뿐만 아니라 학교나 정부 관공서, 사업장에서 변화를 일으키게 될 것이다.

세상을 변화시키기 위해 세상의 악한 방식을 따를 필요가 없어진다. 그리스도인들은 경건치 못한 사회와 정욕과 폭력을 멀리 하게 되며 그것들을 슬퍼하게 될 것이다. 변화 받은 그리스도인들은 그리스도의 초자연적인 사랑을 통해 매스컴이나 개인들이 교회를 바라보는 안목을 바꾸어 나갈 것이다.

그들이 이웃을 사랑하고 그들이 속한 도시를 위해 기도하고 축복하며, 주의 나라를 위해 선을 행함으로써 (예를 들어, 선교나 가난한 이웃을 돕고 고아나 과부, 죄수 등을 위한 사역을 함으로써) 세상 사람들이 하나님을 바라보게 될 것이고 그분에 대해 더욱 알고 싶어할 것이다.

세계 복음화의 사명은 위대한 것이다. 이 사명을 이루기 위하여 주님께서는 완전히 헌신한 주의 자녀들에게 능력을 부여하시고 그들을 사용하실 것이다. 하나님께서는 헌신된 성령충만한 자들을 통해 초자연적인 방법으로 역사하신다. 하나님께서 부흥을 허락하시면 수억의 사람들이 주님나라로 들어오게 될 것이다.

우리에게 가능한 모든 자원을 동원한다면 우리는 어느 때보다도 더욱 많은 특권을 누리며 사역하게 될 것이다. 금세기를 끝내며 새로운 세계이자 새로운 2000년대에 들어가는 시점에서 우리는 인력과 재정, 기술과 전략 등 주님의 지상명령을 성취하는데 필요한 모든 것을 가지고 있다.

2000년부터 2020년까지 10억 이상의 새로운 신자들이 생길 것이다. 우리는 그들을 양육하고 제자화해야 할 것이다. 또한 그들도 바울이 디모데에게 권면한 것처럼(딤후 2:2) 또 다른 사람들에게 전도할 수 있게 될 것이다. 이 마지막 때에 하나님께서 행하시는 역사는 놀랍지만 그것은 앞으로 일어날 일의 서곡에 불과할 것이다.

대학생선교회에서는 제자화 훈련을 통해 수많은 새신자를 양육할 준비를 갖추고 있다. 세계의 C.C.C.는 최소한 100만 개의 새생명

훈련원(NLTC)에서 수십만 명을 훈련할 준비가 되어 있는 것이다. 우리는 라디오와 책자들, 인터넷과 CD롬, 통신강좌 및 하나님께서 우리에게 허락하신 모든 수단을 통해 훈련을 제공할 것이다.

하지만 이러한 기술을 통해 전도하고 또 새신자들을 양육하려는 그리스도인들이 없다면 이러한 기술은 소용이 없게 될 것이다. 이러한 측면에서 주님과 교회를 섬기도록 주님께서 여러분을 초청하고 계신다.

1970년대 한국 교회의 부흥운동을 기억할 것이다. Explo '74 대회를 통해 250여만 명이 여의도광장에 모여 철야하며 기도했으며, 323,419명의 성도들이 전도 훈련을 받고 전도의 밀알로 드려졌다.

한국 교회는 당시 270만 명이던 크리스천 수가 10년만에 일천만 명의 신자로 증가했다. 그렇게 폭발적으로 증가하던 한국 교회의 성장은 '90년대 들어 성장세가 둔화되더니 급기야는 마이너스 4, 5퍼센트의 감소를 보이고 있다. 특히 많은 청소년들이 교회를 떠나고 있는데, 그 이유는 교회가 위선적이고 예수님에 대한 처음 사랑을 갖지 않고 있었기 때문이었다.

이제 우리는 20세기의 마지막에 와 있다. 젊은이들은 제 마음대로 옷을 입고, 머리에 물감을 들인 채 다닌다. 그들은 대부분 영상매체에서 영향을 받는데 인생이란 자극적이고 욕심을 채우며 자아중심적이라는 것을 보여준다. 예수 그리스도께서 그들에게 접근하여 전도 하신다면 주님은 그들의 모습 그대로를 받아 주실 것이다. 그러나 교회는 그들을 어떻게 할 것인가? 대부분의 교회는 그들을 쫓아버릴 것이다. 그리스도께서 초대한 자들을 우리는 다시 교회 문 밖으로 쫓아내고 문을 닫아버리는 것이다.

교회들은 어디서든지 젊은이들을 선도하고자 한다면 그들의 있는 모습 그대로를 받아들여 주어야 한다. 그들이야말로 21세기 세계에서 엄청난 영향을 끼칠 장본인인 것이다. 그들의 행동이나 의복에 상관없이 그들을 사랑하도록 하자. 그리할 때 그들은 하나님을 보게 될 것이다. 그러나 우리가 그들을 외면할 때 그들의 삶은 마약과 환락, 절망 그리고 마침내는 영원토록 지옥에 빠지게 될 것이다.

　우리와 같이 행동하거나 같은 복장을 갖추지 않으면 담을 치고 분리해 버리는 영적 자만심을 경계하도록 하자. 우리는 하나님께서 사무엘에게 주신 권면을 기억해야 할 것이다. "사람은 외모를 보거니와 여호와께서는 사람의 중심을 보시느니라"(삼상 16:7).

　예수님의 이름으로 누군가를 사랑한다면 그 사람을 우리의 요구대로 억압하지는 않을 것이다. 우리는 우리의 평안을 포기할 용의가 있어야 한다. 우리들의 종교적 특정용어를 포기할 수 있는가? 전도의 최전선에 나갈 수 있겠는가? 일들을 나의 기준과 다른 방식으로 행하도록 허락하는가?

　중요한 점은 그리스도를 사랑하는 것이며 성령의 능력을 통해 사람들을 하나님의 나라로 끌어들일 수 있다는 사실을 믿는 것이다. 금식을 하게 되면 우리 자신을 낮추게 되고 왕이시고 주님이신 하나님을 더욱 깊이 사랑하게 된다.

　우리는 결코 그분의 거룩한 말씀과 구원의 소식을 세상과 타협해서는 안된다. 기도와 금식 및 하나님의 성령께서 역사한 결과 어떠한 일이 일어나더라도 그리스도께서 판단하시도록 해드려야 한다. 우리들은 단지 사랑하고 순종하며 섬기고 찬양하며 주께서 분부하시는 대로 순종하면 되는 것이다.

이제 앞으로 어떻게 해야 할 것인가?

　하나님께서는 수백 가지 계획들과 사역과 전세계를 향한 복음전파의 방법들을 보여 주셨다. 1997년 1월까지 전세계 C.C.C.에는 172개국에 걸쳐 14,200명의 전임사역자들과 163,000여 명의 협동 사역자들이 함께 우리를 돕고 있다. 하나님께서는 문자 그대로 수백만의 사람들이 예수 그리스도를 영접할 수 있도록, 우리의 노력에 축복해 주셨다. 그렇다! 모든 선한 결과들은 사람들의 심령 속에 초자연적으로 역사하시는 하나님의 축복 때문이다.
　우리들은 단지 그분의 도구일 뿐이고 그분의 부르심에 충실하고자 애쓰고 있다. 만약 우리가 자만에 빠져 우리 스스로 그것을 할 수 있을 것이라 생각한다면 하나님께서는 신속하게 축복의 손길을 거두실 것이다. 하나님께서는 겸손하고도 낮아진, 그리고 교만한 자가 아니라 순종하고 주님께 굴복하는 심령을 쓰신다. 그러므로 우리는 이전 어느 때보다 그분의 뜻에 순종할 것과 겸손과 회개의 태도를 가지고 그분 앞에 무릎을 꿇어야 할 것이다.
　우리에게 부담이 있다면 어떻게 하면 성령의 인도와 능력으로 현재의 사역들을 계속하며 또한 더욱 개선할 수 있을 것인가 하는 것이며, 마침내는 우리들의 가정과 교회에 참된 부흥을 가져올 새롭고도 신나는 전략을 개발할 것인가 하는 것이다.
　우리는 다른 기독교 단체들과 교단, 그리고 독립 교회들과 손에 손을 맞잡고 이 지구상 모든 곳, 모든 사람들에게 예수 그리스도를 영접할 수 있는 기회를 주기 위한 가장 효과적인 전략과 방법들을 활용하기 위해 헌신하고 있다. 여기에 우리 모든 그리스도인들이 함께 움직여주는 일이 무엇보다 중요하다.
　당신은 다음과 같은 질문을 할지 모른다. "이 모든 일이 나와 무슨 상관일까?" 하나님께서는 당신이 참으로 영원을 위한 투자를 하기를 간절히 바라고 계신다는 사실을 알았으면 한다.
　하나님께서 계속적으로 아니, 과거보다도 더욱 우리를 **축복하시고** 또한 우리를 사용하시도록 금식과 기도에 성실히 동참하지 않겠는가? 우리와 함께 하나님의 사랑과 용서의 소식을 온 세계에 전파하는 사명에 경건하고도 성령충만한 그리스도인 남녀의 대열에 참여하지 않겠는가?! 주께서 우리에게 주신 이 새로운 꿈과 전략에 당신이 동참하지 않겠는가?
　참으로 들판은 추수를 기다리고 있다. 부흥의 불길이 전세계에 일어나고 있는 증거가 점차 많아지고 있다. 수백만의 사람들이 하나님

없는 인생의 허무함을 깨닫고 악한 길에서 돌이키고 있다. 역사상 유래없이 열린 문들과 사람들의 심령이 기다리고 있다. 우리가 하나님 앞에서 겸비하고 성령의 능력 안에서 그리스도를 전하라는 그분의 명령에 순종하기만 하면 부흥의 불길은 점점 더 밝게 타오를 것이다.

세상은 예수 그리스도의 기쁜 소식을 위해 최적으로 준비되었다. 하지만 바울이 한탄했듯이 동일한 물음을 재기할 수밖에 없다. "듣지도 못한 이를 어찌 믿으리요? 전파하는 자가 없이 어찌 들으리요?"(롬 10:14). 더 이상 숭고한 부르심은 없으며 하나님을 개인적으로 알 수 있고 그분과 영원토록 교제할 수 있는 방법을 사람들에게 알려주는 것보다 더 나은 투자는 없다.

부흥은 일어나야 한다. 1907년 평양 장대현교회에서 일어났던 회개와 부흥의 불길이 암울한 역사의 빛을 밝혔듯이, 1970년대 걷잡을 수 없이 일어났던 폭발적인 부흥의 불길이 다시 일어나야 한다. 그 부흥의 불길이 이 나라에서 점화되어 전세계로 번져나가야 한다. 부흥의 열매와 축복이 추수의 손길을 기다리고 있다.

우리가 기도와 금식 운동에 동참할 때 우리는 이 부흥의 한 부분으로 참여하게 될 것이다. 우리는 당신도 함께 참여하기를 바란다. 당신도 이 신나는 모험에 함께 동참하겠는가? 금식과 기도, 믿음과 헌금, 그리고 함께 나아가는 일에 동참하지 않겠는가? 함께 와서 세계를 변화시키도록 하자!

제3장 - 부흥이란 무엇인가?

부흥의 불길

"놀라운 부흥이 웨일즈 전역을 덮고 있다. 나라 전체와 도시에서, 지하의 탄광까지 복음의 영광으로 불타고 있다."

1904년 이 기대한 영적 긱싱의 지도사는, 머리카락은 탄신으로 뒤범벅이고 손톱 사이에는 새까만 때가 낀 웨일즈 출신의 한 젊은 광부였다. 그는 웅변가의 어떤 기술도 없었고, 박학도 아니었다. 그가 알고 있는 유일한 책은 성경이었으며, 그의 마음은 하나님과 그의 거룩한 말씀에 대한 정열로 불타고 있었다. 몇 년 동안, 이반 로버츠 청년은 복음 선포하기를 동경해 왔으며, 그는 자신을 변화시키시고 사용하여 주시기를 하늘 아버지께 날마다 부르짖었다.

로버츠가 25세가 되었을 때, 그가 방에서 큰소리로 설교를 하고, 기도를 한다고 집주인이 그를 내쫓았다. 지하 탄광 안에서 휴식시간에 동료들이 담배를 피운다든지 웃으며 지내는 동안, 그는 조용히 앉아서 성경을 읽었다.

1904년 어느날 로버츠가 기도하고 있을 때, 하나님께서 웨일즈에 부흥을 보내실 것이며, 10만명의 불신자들이 그리스도께 돌아올 것을 계시하여 주셨다. 그런 후 성령님은 로버츠에게 앞으로 올 부흥은 프레리 초원에 불이 번지는 것처럼 영국에 퍼진 후, 유럽, 아프리카, 아시아 전역에 퍼져갈 것을 보여주셨다.

이 비전에 불타서, 로버츠는 설교할 기회를 찾았지만, 전혀 없었다. 그는 그의 목사에게 설교를 시켜 달라고 간청했으나, 처음에는 당황한 목사가 이처럼 너무 열광적인 탄광 노동자에게 허락하지 않았다. 여러 번 더 간청한 후에, 목사는 마지못해 허락하였다.

"좋아, 이반, 다음 주 수요일 저녁예배에서 설교를 할 수 있네, 만일 누군가가 남아서 듣는다면 말이야."라고 말했다.

17명이 의아해하며 뒤에 남았다. 젊은 전도자는 담대하게 하나님께 들은 말씀을 선포하였다. 그의 메시지는 단순했다.

1) 당신은 생각나는 모든 죄를 하나님께 고백해야만 한다.
2) 당신은 생활 속에서 좋지 않은 습관은 모두 제거해야만 한다.
3) 당신은 성령님의 인도하심에 즉각 순종해야 한다.
4) 당신은 그리스도를 증거하기 위해서 대중에게 나아가야만 한다.

비록 로버츠의 설교는 미숙했지만, 목사와 17명의 교인들은 마음이 하나님을 만남으로 불타기 시작했다.

다음날 밤에는 더욱 많은 사람들이 젊은 설교자의 말씀을 듣기 위해 모여들었으며, 부흥의 불길은 순식간에 다른 교회에 퍼져갔다.

그후 30일 안에, 3만7천명이 강단 앞에 나와서 그들의 죄를 회개하고 예수 그리스도를 그들의 구세주와 주님으로 영접했다. 그리고 5개월 안에, 10만명이 웨일즈 전역에서 울면서 그리스도의 왕국으로 모여들었고 결국 로버츠의 비전은 성취되었다.

양의 뿔이라고 불리는 신문은 "이반 로버츠는 무명의 청년이지만, 어느날, 하나님의 말씀을 들었을 때, 그는 순종하였다. 그는 자신이 지금의 사역에 인도된 것은, 성령님의 직접적인 인도에 의한 것이라고 말했다. 한번의 의심이나 망설임도 없이 그는 사람들에게 받아들여졌다. 그가 어디를 가든지, 마음들이 하나님의 사랑으로 불붙었다."라고 했다. 또 감리교 기록지는 이렇게 보고하였다.

"웨일즈는 지금, 과거의 어떤 부흥과도 비교할 수 없는 부흥의 격렬한 아픔과 환희의 한가운데 있다. 이것은 이른바 '도덕 혁명'이라고 할 수 있다."

웨일즈의 신문들은 새롭게 태어나서 하나님의 나라에 들어간 사람들의 명단을 싣기 시작했다.

대학은 문을 닫고, 학생들은 하나님을 찬미하고 노래하면서 기도 모임으로 향했다.

어린이들은 집안에서, 타작마당에서 그들 자신의 모임을 가지면서 그들의 영웅인-교회 목사들을 열심히 흉내냈다.

남자들의 '기도 부대'가 형성되기 시작하였다. 보고에 의하면, 그들의 기도는 뜨거웠고 정열적이었다고 한다.

어떤 마을에서는 '침대에서 나오자(Get-out-of-the-bed)'라는 기도 부대가 자랑스럽게 생겼다. 이들은 밤 늦게까지 - 때로는 밤새 철야기도로 하나님께 기도하면서, 다른 남자를 침대에서 일으켜 세워서, 그들의 죄를 깨우쳐서 그들의 영혼을 구원해 달라고 기도하였다. 기록에 의하면, 한밤중에 일어나 침대에서 기어나와 집회장소를 찾으며 자신들을 구원해달라고 주 예수께 부르짖는 사람들도 많이 있었다고 한다.

어떤 기사에 의하면, 법정에서 재판관과 배심원이 심리를 중단하고 피고를 위해 기도하자 피고인이 그리스도를 영접했다고 한다.

부흥은 탄광 안에서도 똑같이, 갑자기 시작되었다. 광부들의 불경건한 말투가 완전히 바뀌어져서, 짐을 운반하던 동물들이 광부들의 말을 전혀 이해하지 못하게 되어, 그들을 순종하지 않게 되어 버렸다는 보고도 있었다.

그러나 모든 사람들이 이 부흥을 기뻐한 것은 아니었다. 교회의 성직자들은 경이롭고 엄중한 태도로 종교생활을 하였으므로, 어떤 성직자들은 이반 로버츠를 비전통적인 방법의 젊은 선지자라고 별명을 붙였다. 그들은 왜 로버츠가 기도할 때 미소지으며, 설교할 때 왜 소리를 내서 웃는지를 이해할 수 없었다. 그러나, 그의 설교를 들으러 온 사람들은 그의 얼굴에는 하나님의 빛이 있고, 그의 마음에는 주님의 기쁨이 있다고 말했다.

하나님이 보여주신 그대로, 로버츠는 영국에 급격한 부흥이 일어나는 것을 보았다. 영국에서 약 200만명이 그리스도를 영접하였다. 그런 후에 성령님은 서유럽과 북유럽으로 부흥을 확산시켰다. 성령님이 노르웨이에 '임하셨을' 때 너무 많은 사람들이 교회로 몰려왔기 때문에 회중에게 성찬을 베풀 성직자들이 부족하여, 평신도들에게 안수를 주고 성찬을 베풀게 하였다. 그런 후에 부흥의 불길은 한국과 아프리카, 인도, 중국 등 전세계로 확산되었다.

부흥이란 무엇인가?

오늘날, 교회들은 몇번 흥미진진한 예배를 드리고, '부흥'했다고 선언한다. 그러나 부흥은 그보다 더 큰 것이다. 부흥의 특징을 몇 가지 간단히 살펴보겠다.

첫째로 부흥은 하나님의 절대주권적인 역사이다.

성령은 이반 로버츠를 사용하여 1904년에 부흥의 불을 붙였으며, 이 부흥을 위해 웨일즈의 사람들은 1901년부터 열심히 기도하고 있었다. 기도하는 신앙인들은 그들 안에서 행하시는 성령의 역사에 응답함으로써 성령의 역사에 협력한 것이다. 사도 바울은 이렇게 썼다.

우리 가운데서 역사하시는 능력대로 우리의 온갖 구하는 것이나 생각하는 것(즉 무한하게 우리의 최고의 기도와 소원, 생각, 소망)에 더 넘치도록 능히 하실 이에게 교회 안에서와 그리스도 예수 안에서 영광이 대대로 영원 무궁하기를 원하노라 아멘(엡 3:20,21).

성령은 오케스트라의 지휘자 같으며, 그리스도에 대한 우리들의 사랑까지도 가능하게 하신다. 우리는 말씀에 영감을 주신 성령이 없이는 하나님의 말씀을 이해할 수 없다. 우리는 성령이 우리를 위해 중보해 주시지 않으면 기도할 수 없다. 우리는 성령의 능력이 없으면 그리스도를 증거할 수 없다. 따라서 부흥은 삼위일체 중 제 삼위이신 성령님의 산물이다.

다음은 국제 C.C.C. 창설자 빌 브라잇 박사의 간증이다.
"1951년 주님이 나에게 대학생선교회(Campus Crusade for Christ)의 비전을 주신 것은 하나님의 절대적인 역사에 의한 것이었다. 그 때 나는 주님에 대해서 생각하지도 않았다. 나는 풀러신학교의 친구들과 같이 최종시험을 위해 공부하고 있었다.
어떤 면에서 보면 나의 체험은 다메섹 도상에서 살아 계신 그리스도를 만난 사도 바울의 체험과 비슷하다. 바울과 동행한 사람들은 주 예수가 바울에게 이야기하시는 목소리도 듣지 못하고, 바울의 눈이 보이지 않을 정도로 밝게 빛나는 빛도 보지 못했다.
주님이 나에게 말씀하셨을 때, 한 친구가 나와 같은 책상에 앉아서 공부하고 있었지만 나에게 무엇이 일어났는가를 전혀 눈치채지 못했다. 나는 음성을 듣지는 못했지만, 주님의 메시지는 만일 대형 스피커 100대를 사용해서 방송한다 해도 그렇게 확실하고 생생할 수가 없었을 것이다.
성령님이 나에게 비전을 주신 이후, 나는 너무나 흥분하고 힘이 넘쳐서 나의 모든 혈액 안의 혈구까지도 하나님께 찬미를 드리는 듯 했다. 그래서 나는 친구에게, "나와 함께 달리자!"라고 말했다. 그는 나와 같이 달렸으나 내가 왜 그렇게 기쁨으로 가득차서 하나님을 찬양하는지 결코 이해하지 못했다."

둘째로, 부흥은 하나님이 방문하신 것이다.
영적으로 새롭게 되는 것이 처음부터 하나님의 계획이었다는 것을 당신은 발견할 것이다. 신앙인들은 자신들이 다만 하나님께 응답하고 있는 것에 지나지 않는다는 것을 발견한다.
때때로 하나님께서 능력으로 오셔서 당신은 자신이 무슨 말을 하는지 무엇이 계기가 되어 그렇게 행동하는지를 전혀 모르며 - 그리고 사실, 그것은 아마도 당신의 경건과는 전혀 상관이 없다.

빌 브라잇 박사의 간증을 계속 들어보자.
"1947년 나는 남가주 소재 Forest Home Christian Conference Center에서 열린 집회에 참석했다. 나의 절친한 친구이며 허리우드 제일장로교회의 기독교교육 부장인 헨리에타 미어즈 박사가 강사였다. 수석 목사의 아들인, 루이스 이반스 2세와 나는 미어즈 박사를 캐빈까지 걸어서 배웅했다. 우리는 서로 이야기하며 교제를 즐기었고, 그녀는 캐빈 안으로 우리를 초대했다. 우리가 계속 이야기할 때, 갑자기 성령님이 우리를 둘러싸셨다.
아직 초신자였던 나는 성령의 성품에 대해 잘 몰랐으므로, 무슨 일이 나에게 일어나고 있는지를 알 수 없었다. 그러나 나는 기쁨으로 충만해 있는 나 자신을 발견하였다. 이반스 박사는 마치 불타는 석탄이 그의 척추를 오르락 내리락 하는 것 같다고 말했다.
리차드 헬버슨 박사가 미어즈 박사의 캐빈에 들어왔다. 그는 남가주 콜링거의 장로교회 목사로 패배감과 좌절감으로 열매가 없었다. 그는 목사직을 사임하고 신앙을 갖기 전에 일하던 허리우드의 오락 세계로 돌아갈 것인지에 대해 미어즈 여사에게 상담하러 들어왔다.
그가 방에 들어왔을 때, 우리는 기도하고 있었으며 아무도 그에게 아무 말을 하지 않았다. 그러나 즉시 성령님이 그의 패배감과 좌절감을 치유하셨고, 그의 마음은 기쁨과 사랑으로 넘쳤다.

순간적으로 우리는 완전히 변화되었다. 우리 중 어느 누구도 이전과 똑같은 사람은 이제 없었으며, 하나님은 우리 각자에게 주님의 포도원에서 중요한 책임을 맡겨 주셨다. 이반스 박사는 후에 전 미국에서 유명한 장로교회의 목사가 되었다. 오랫동안 그는 '역대 대통령들의 교회'인 내셔널 장로교회를 목회하였다. 핼버슨 박사는 미국상원의 채플린이 되어 30년 이상 국제적인 그리스도인 정치가로 인식되어졌다. 우리는 모두 하나님의 방문하심을 경험하였다."

셋째로, 부흥은 성령 안에서 개인적인 겸손과 용서와 회복의 시간이다.

부흥은 성령이 각 사람에게 명백한 죄를 회개하도록 부르시는 때이며, 명백하지 않은 죄-즉, 냉담함, 처음 사랑의 상실, 우리의 개인적인 '안전지대'를 넘어 한 발자국도 앞으로 나가려고 하지 않는 것, 절망적으로 빛과 소금이 필요한 이 사회의 한 가운데서 하나님의 '비밀 요원'처럼 조용히 사는 죄 등이다.

부흥이 오면 치유하기 전에 먼저 타버린다. 목사나 성도들의 신실하지 못함, 이기적인 삶, 십자가를 무시하는 것 등을 성쇠하며, 그들을 일상적인 생활에서 주님과 다시 하나가 된 삶, 가난한 자들에게 복음을 전하게 하고 그리고 매일 깊은 헌신으로 부르신다. 이 이유로 부흥이 교회 안의 많은 숫자의 사람들에게 보편적으로 나타나지 않는다.

왜냐하면 부흥은 (세상적인 방법으로) 그들이 배웠던 사랑이나, 편안함이나, 성공과 같은 능력에 대해서는 아무것도 말해 주지 않기 때문이다. 부흥은 그들의 죄를 비난하고, 그들이 죽었다고 말하며, 그들에게 이 세상과 이별하고 그리스도를 따르도록 부른다.

넷째로, 부흥하는 동안 성령의 기름 부으심 아래 두려움없이 말씀을 선포한다.

사도행전 4장 31절처럼 '담대하게 하나님의 말씀을 말하기 시작'하게 된다. 청교도 설교자이며 후에 프린스턴 대학의 총장이 된 조나단 에드워드의 메시지가 좋은 예이다. 1741년 7월, 그가 코네티컷주 인필드에서 설교를 했을 때 미국의 대각성운동에 불을 붙였다.

설교 제목은, '분노한 하나님의 손 안에 있는 죄인들'로 지옥을 분명하게 묘사하여서 회중의 많은 사람들이 공포로 하얗게 된 손으로 의자를 꽉잡고 간절히 기도했다. 어느 시점에서는 그들이 죄에 대해 크게 자각하여, 그들이 하나님께 부르짖는 것이 잠잠해질 때까지 에드워드는 설교를 계속하기 위해 오랜시간 기다리지 않으면 안 되었다.

"그는 무난한 제스처로 청중의 눈을 즐겁게 한다든지, 능숙한 화술로 그들의 귀를 즐겁게 하려고 한다든지, 듣기 좋은 말로 즐거운 공상을 하게 하는 것은 전혀 안중에 없는 것 같았다. 그러나 그들의 마음과 양심을 목표로 하여 파멸을 초래하는 환상을 밝히 드러내고, 신앙생활에서 그들의 수많은 은밀한 위선적인 행동을 보이면서 힘 없고 불경건한 모습으로 그저 쉽게 지내려는 거짓된 도피처에서 나오게 하는 것을 목표로 하는 것 같았다. 그의 설교는 자주 무섭기도 하고 또 예리하게 마음을 탐색하는 것 같았다."

영국과 미국의 부흥에 크게 쓰임 받았던 요한 웨슬레는 이전에 벌써 비슷한 시도를 하였다.

웨슬레는 전도자들이 메시지를 전할 때의 교훈으로 이렇게 말했다. 먼저 일반석으로 인간에 대한 하나님의 사랑을 이야기한다. 그런 후에 양심을 깊게 성찰하기 위해 가능한 한 온 힘을 다하여 성결의 법칙을 선포한다. 그런 후에, 그때까지는 말하지 않던 용서와 생명의 복음의 영광을 드높인다. 의도적이건 아니건, 그의 설교 방향은 로마서의 전개 방법을 따르고 있다.

다섯째로, 성령의 임재에는 힘이 있다.
두려움 없이, 그리스도 중심의 메시지를 사람들에게 전하고 회중이 하나님 앞에서 문자 그대로 '엎드려 있는' 것이 부흥의 상징이 되었다. 요한 웨슬레와 조지 휫필드에 의한 영국의 부흥은 성령의 엄위하신 임재가 항상 임하여서, 그것이 사람들에게 강한 영향을 주었다. 휫필드의 부흥예배에 관해서, 웨슬레는 자신의 일기에 다음과 같이 썼다.

"그가 모든 죄인에게 그리스도를 믿도록 초청한 후 얼마 안되어 4명이 거의 동시에 그의 옆에 쓰러졌다. 그들 중 한 사람은 의식을 잃고 움직이지도 않았다. 다른 한 사람은 몹시 심하게 몸을 떨었다. 세 번째 사람은 그의 몸 전체에 강한 경련을 일으켰으나, 탄식 소리 이외에는 아무 소리도 내지 않았다. 네 번째 사람은 똑같이 경련을 일으키면서 눈물을 흘리면서 하나님을 향해 크게 울부짖었다."

웨슬레와 휫필드는 이 행동을 이상하게 느껴서 몇 명을 집회에서 내보냈다. 그러나 레이디 헌팅톤이라는 부인이 휫필드에게 편지를 써서, 그들을 밖으로 내보내는 것 때문에 설교를 중단하면 예배에 물을 끼얹은 것이 되니까 사람들을 그대로 두도록 조언했다. "우는 대로 그대로 내버려 두세요."라고 그녀는 말했다. "그것이 당신의 설교보다 훨씬 큰 유익이 될 것입니다." 그리고 웨슬레는 일기에 또 이렇게 썼다.

"이 시간부터는 하나님이 당신 기뻐하시는 방법으로 역사를 하시도록 우리들은 허용할 것이다."

부흥 설교자에게 내리는 기름 부음에 관해, 찰스 피니는 이렇게 말했다. "만일 영감에 의하지 않았다면 나는 내가 어떻게 설교했는지도 모른다. 자주 경험하지만, 설교의 주제를 나도 놀랄 정도로 내 마음에 깨닫게 된다.

이것은 마치 내가 무엇을 말해야 하는지, 생각과 말과 예화가 내가 말하는 것과 같은 속도로 계속 무더기로 떠올라서 마치 직감적으로 분명히 볼 수 있는 것과 같았다."

찰스 피니는 현대 신앙 부흥운동의 아버지로 존경받고 있다. 그가 교회에 오면 하나님의 회개케 하시는 능력이 역사하여 사람들은 의자에서 일어나 통로에 무릎꿇고 엎드려서 회개하며 통곡하는 일이 종종 일어났다.

저명한 부흥의 권위자 에드윈 오르는 1858년의 부흥집회에서 신자들이 보인 다른 반응을 다음과 같이 기록하였다.

"초만원의 집회가 회중의 깊고 기묘한 정숙에 싸여 엄숙하였다. 죄를 철저히 깨달음과 두려워하는 근심이 집중된 묵상과 거의 죽은 듯한 깊은 한숨에서 나타난다.

한편에서는 희망과 용서의 기쁨을 그 눈물에서 엿볼 수 있었는데, 이 눈물은 그들의 눈동자를 적셔서 이전보다 영롱하게 빛내고 있었다.

1858년의 영적 각성은 전혀 다른 종류의 성령의 은사가 더해져서, 교회를 개척하는 사람, 예언적 설교자, 전도자, 목사, 교사 등의 은사가 나타났다. 이 은사들은 교회의 권위자로부터 안수를 받은 사람들 사이에 있었지만, 겸손한 평신도 중에도 나타났는데, 이들이 받은 유일한 안수는 성령에 의한 것이었다."

여섯째로, 부흥은 지역사회와 국가를 변화시킨다.
우리에게 잘 알려진 미국의 신학자 토우저는 부흥을 '사회의 도덕적 풍조를 바꾸는 하나님의 역사'로 정의한다. 역사를 보면 진정한 영적 각성은 교회의 어떤 벽이라도 뛰어넘으며, 지역 사회를 철저히 개혁하였다.

예를 들면, 웨일즈에서 부흥이 일어나는 동안, 사회에 미친 영향은 놀랄 정도였다. 한때는 범죄가 완전히 없어졌다. 강간, 강도, 살인, 주거침입, 공금횡령 등이 완전히 없어져서 판사들은 재판할 사건이 없었다. "지방 영사는 긴급회의를 열어, 할 일이 없어진 경찰에 대해 논의했다. 술주정뱅이들은 반으로 줄었다. 부흥이 시작된 후 1년 간 2개의 주에서 사생아의 출생률이 44% 감소하여, 부흥운동의 영향이 너무나 컸던 것을 알 수 있다."

부흥은 또한 영국의 미래를 형성하였다. 요한 웨슬레와 함께 영국의 부흥을 신선하게 경험한 젊은 조지 휫필드가 뉴잉글랜드 지역에 상륙하였다. 그가 '영국의 압박으로부터 정치적 자유와 죄의 노예상태로부터의 자유'를 예언적으로 말했을 때 수천 명이 기독교인으로 회심하였다.

에드워드와 휫필드 같은 사람들 속에서 성령의 불이 타는 동안에 그 지역일대 인구 25만명 중 5만명의 영혼이 구원되었다. 이미 신앙을 가지고 있던 사람들을 합하면, 그 숫자는 '이 지역의 운명을 결정하기'에 충분했다. 하나님은 에드워드나 휫필드 등의 사람을 이용하여 식민지 사람들을 당신에게 돌아오게 하시고, 독립선언을 하기에 앞서서 기독교적인 기초를 재건하셨다.

1800년 켄터키주의 대부흥은 테네시, 북캐롤라이나, 남캐롤라이나, 그리고 개척지의 최전선까지 확장되어 갔다. 오르의 보고에서 "이 영적 각성으로 전교인 선교사 운동, 노예제도의 폐지, 대중교육이 실시되었다. 중서부 지방에서는 600개 이상의 대학이 부흥의 사역자들에 의해 세워졌다."라고 했다.

부흥을 위한 우리의 사명

우리는 부흥을 가져올 하나님의 절대적인 행위를 기다릴 필요는 없다. 우리는 교회와 국가에 성령의 일반적인 강한 임재를 기다릴 필요는 없다. 우리가 할 일은 그리스도의 주권과 성령의 통제에 순복하며, 금식하며 기도하고, 하나님의 말씀에 순종하는 것이다. 이러한 조건을 채울 때, 성령이 우리의 생활을 변화시켜 주실 것을 기대할 수 있다.

　나는 이것을 두 명의 그리스도인 농부의 이야기와 비교해 본다. 그들은 인접한 농장에서 함께 살았다. 그들은 처음에 모두 다 가난했으며, 가진 농기구도 비슷했다. 오늘날 한 사람은 부자이고, 다른 한 사람은 가난하다.

　부자 농부는 열심히 일했다. 그는 밭에 뿌리는 씨를 신중하게 골랐다. 땅을 비옥하게 하고, 물을 주었으며, 세심하게 농지를 관리했다. 그리고 적당한 때에 곡물을 수확했다.

　다른 농부는 게을렀고 훈련되지 못했다. 그는 좋은 씨를 고르지 않았다. 토지에 적절히 비료를 주지 않았고, 많은 것을 운에 맡겨 버렸다. 그는 단지 현관 앞에 앉아서 쉬며 이 세상의 갖가지 것들을 바라보는 것을 즐겼다.

　하나님은 모든 농장에 태양빛과 비를 주셨다. 그러나 하나님은 그들에게 부탁하신 토지를 그들이 정성들여 관리하며 수고하여 일할 것을 바라셨다.

　나는 이 이야기가 영적으로도 진리라고 믿는다. 하나님은 스스로 자원하여 회개하고 당신을 찾는 한사람 한사람에게 부흥을 주시기를 원하신다. 예수님은 이렇게 말씀하셨다.

　"의에 주리고 목마른 자는 복이 있나니 저희가 배부를 것임이요"(마 5:6).

　만일 우리가 우리 자신을 낮추고 하나님을 경외하고 예배하면, 하나님은 우리를 축복하실 것을 약속하셨다. 그러나 게으른 자나 불순종하는 자에게는 축복은 없고, 훈련만 있을 뿐이며, 혹은 더 나쁠 수도 있다.

　주님은 당신이 택한 때, 당신이 택한 곳에서 역사하시는 절대주권자이시다. 그러나 우리는 민족과 여러 나라의 모든 사건 속에서 역사하시는 하나님의 주권적인 역사를 위해 항상 기도하고 계획해야만 한다. 그러나 개인의 부흥은 성령이 우리의 속마음에 말씀하시고 불러 주시면서 시작된다(빌 2:13, 요 16:8~11). 이러한 부르심에 의해 양심이 움직이며 눈을 뜬다. 우리의 의지가 그 부르심에 순종하든지 혹은 무시하든지를 결정한다.

  오늘날 우리의 결단은 개인적으로도, 교회적으로도, 국가적으로도 대단히 중요하다. 하나님은 우리가 우리 존재의 전체를 가지고 당신을 찾기를 원하신다. 주님이 약속하신 부흥은 우리가 자신을 낮추며 겸손해져서, 회개하며, 금식하고 기도하며 주님의 얼굴을 구하면서 우리의 악한 길에서 돌아설 때 시작된다. 하나님은 주님의 음성을 듣고, 주님을 사랑하며 신뢰하고 순종하는 모든 사람들에게 부흥의 불길로 응답해 주실 것을 약속해 주셨다.

2부

금식기도와 부흥

제 4장 - 금식기도의 성경적 고찰

I. 구약 속의 금식

구약 속의 금식에 관한 이해는 먼저 이스라엘 백성들의 '음식을 먹는 것'에 대한 이해로부터 시작할 수 있다. 그들의 음식을 먹는 것에 관한 태도를 살펴봄으로써 그와 대조를 이루는 개념인 음식을 먹는 행위로부터의 '회피'라는 금식에 관한 이해를 좀더 깊게 할 수가 있기 때문이다. 다르게 표현하자면 영어의 fasting(금식)에 대한 이해에 앞서 feast(성찬)에 대한 최소한의 개념의 이해가 필요하며, 그러한 이해를 염두에 두고 '금식'이라는 주제를 고찰하여야 한다.

성찬(feast)에 대하여 간단히 설명하자면, 유대인들에게는 '음식을 먹는다'라는 것이 단순히 육체적 만족을 얻거나 필요를 채우기 위한 습관적 행위이거나 또는 단순한 사회적 행사의 개념이 아니었다는 것이다. 제사 후와 각종 절기들과 언약을 맺는 것 등의 중요한 모임마다 '식사'는 매우 핵심적이었으며 중요한 의미를 구체적으로 표현하고 있는 역할을 담당하였다. 즉 하나님께 드려지는 예식과 또한 그 예식에 참여하는 사람들을 다루는 부분에서 그 예식과 관련된 음식에 대한 규례가 함께 섞이어 나오고 있음을 볼 때 음식을 먹는 행위는 그들에게 특별한 종교적 의미를 가지고 있었다는 것을 이해하는 것은 매우 중요하다(레 23장, 민 27~28장, 신 16:1~17 등).

이와 같은 생각은 결국 음식을 먹는다는 개념과 반대의 의미를 지니고 있는 먹고 마시는 것으로부터의 회피라는 금식이 일반적으로 종교적 의미를 지니고 있음과도 깊은 연관이 있다. 물론 모든 먹고 마시는 행위가 종교적 의미만을 가지고 있지 않은 것처럼 모든 금식도 종교적 의미만이 있는 것은 아니다.

사무엘서에 나오는 한나의 경우 무자(無子)함으로 인해 브닌나의 놀림과 조롱을 당하자 먹지 아니한 경우나(삼상 1:7), 요나단이 아버지 사울로부터 다윗에 대한 살의를 확인 후 달의 제 이일에는 먹지 않음으로 그의 슬픔을 나타내었으며(삼상 20:34), 악한 왕의 하나인 아합 왕이 나봇의 포도원을 소유할 수 없다는 것을 알고 난 후 근심하고 답답하여 식사를 아니한 경우와(왕상 21:4) 자신과 자신의 부인 및 자신의 집의 다가오는 멸망에 관하여 엘리야에게 들은 후 금식한 경우가(왕상 21:27) 이러한 부류에 속한다.

이러한 경우의 '금식'은 종교적 의미를 가지고 있기 보다는 시기, 분노 또는 원통함의 한 표현으로 식음을 전폐한 경우이다. 그러나 그 외에 구약에 기록된 금식의 대부분의 경우에는 종교적 의미를 가지고 있다. 이제 종교적 의미를 지니고 있는 금식의 경우들을 살펴보자.

(1) 금식의 상황들
종교적 의미를 지닌 '금식'은 다음과 같이 다양한 상황과 연관되어 행하여졌다.

첫째, 금식을 요구하는 모든 날 중에서 가장 중요한 날은 속죄일이었다.

　이 절기는 '금식절'로 알려져 있기도 하며 '금식일' 중의 '금식일'로 알려져 있는 날이었다. 그러나 흥미로운 것은 속죄일과 연결된 말씀들(레 16장, 23장, 민 29장) 속에는 실제로 '금식'이라는 단어가 쓰여져 있지 않다는 것이다. 오직 절제하며 자신을 겸허하게 하는 행위와 가장 근접한 개념이라고 할 수 있는 "스스로 괴롭게 하라"(NIV, "deny yourself")(레 16:29, 23:27, 민 29:7)라는 표현만이 존재할 뿐이다. 바로 이러한 자신을 "괴롭게 하라"는 명령을 실제로 지키는데 있어서 금식을 가장 중요한 것으로 받아들였음은 현존하는 유대 문헌을 통해서 쉽게 알 수 있다.

　한 예로 소위 우리에게 '장로의 유전'이라고 알려진 유대교 랍비들의 가르침을 담고 있는 미쉬나(Mishnah)를 보면 속죄일에는 대추야자 열매 한 개 크기 이상 넘는 양의 음식(액체와 고체 포함)을 취하는 것이 금하여졌으며, 지키지 않는 자들에게는 엄한 벌칙이 가하여졌다는 기록을 찾아 볼 수 있다. 또한 이 날에는 목욕을 하거나 자신에게 기름을 붓는 행위도 금하여졌으며 심지어 샌달도 신지않는 등의 일상적 행위를 금하도록 하는 특별한 날로 여겨져 왔다.

　둘째, 여러 가지 고난과 비탄의 상황에 처하였을 때 금식을 한 많은 기록들을 들 수 있다.

　이러한 기록을 통해 매우 다양한 상황 하에서 금식이 행하여졌음을 알 수 있다. *전쟁을 준비하거나 전쟁의 위험에 처하였을 때* 금식하였다. 예를 들어 사사 시대 중 이스라엘 자손들이 베냐민 자손들에게 전쟁에서 패배를 당한 후 벧엘에서 금식하며 여호와 앞에 번제와 화목제를 드렸으며(삿 20:26), 사무엘 선지자 시대에는 블레셋 사람들과의 전쟁을 준비하며 미스바에서 금식하였다(삼상 7:6).

　어느 경우에는 *병든 이를 위하여* 금식을 하였다. 다윗은 범죄 후 나단에게 자신의 아이가 죽을 것이라는 예언을 듣고 그 아이를 살려달라는 원함을 가지고 금식하였으며(삼하 12:16~23), 시편 기자도 병든 친구를 위하여 기도하여 그 응답을 받았다고 기록하고 있다(시 35:13).

또한 *죽은 이를 애도하기 위해* 금식하였다. 길르앗 야베스 거민들이 사울의 죽음을 인하여 칠일 간 금식하였으며(삼상 31:13, 대상 10:12), 다윗은 사울과 요나단의 죽음을 슬퍼하며 울며 금식을 하였다(삼하 1:12). 이러한 상을 당하였을 때 금식하는 것이 어느 정도 당연시 되었다는 증거는 사무엘하 12장 21절에 기록된 다윗의 신하가 다윗을 향하여 던진 "아이가 살았을 때는 위하여 금식하고 우시더니 죽은 후에는 일어나서 잡수시니 어찜이니이까"라는 질문을 통하여 간접적으로 알 수 있다.

자신이 경험한 *깊은 슬픔의 표현으로* 드려지는 금식을 찾아 볼 수 있다. 예를 들어 시편 기자의 경우와 같이 원수에게 무고하게 괴로움을 당하였을 때 금식하는 등의(시 35:13; 69:10) 경우에서 볼 수 있듯이 금식은 '깊은 슬픔'의 표현이었던 것이다. 의로운 자들이 억울한 경우를 당했을 때 하나님을 향해 드려지는 한 모습이었다.

이러한 것들이 좀더 발전한 경우라고 할 수 있는 것으로 원수들로부터의 핍박에서 구원을 요청하며, 도움을 간구하며 금식하는 시편 기자의 모습을 발견할 수 있다(시 109:24). 물론 후자의 경우는 단순한 슬픔에 대한 표현이 아니라 소망과 희망과 원함을 알리는 도구로서의 역할을 금식의 행위가 담당하고 있음을 볼 수 있다.

회개의 행위로서, 또는 *직면한 위험함으로* 인해 금식을 한 경우를 많이 발견할 수 있다. 특별히 이러한 회개의 행위는, 주어진 재난들이 하나님의 진노하심의 표현이라는 신학적 이해 아래 금식을 통한 회개가 그러한 재난을 그치게 할 것이라는 믿음 하에 행하여진 것이다.

모압 자손과 암몬 자손들이 여호사밧을 치러 온다는 소식을 들은 후 금식을 공포하여 여호와께 간구하였으며(대하 20:3), 여호야김도 자신의 통치 오년 구월에 금식을 선포하였고(렘 36:9), 에스라가 바벨론으로부터 백성들을 이끌고 가나안 땅으로 돌아가며 그 가는 길에 놓여 있는 수많은 위험을 위해 그들을 도울 보병과 마병을 왕에게 구하기보다는 금식하며 하나님께 안전을 구하는 경우도 이러한 범주에 속한다(스 8:21~22).

이외에도 에스라가 율법을 공중 앞에서 읽은 후 회개의 금식을 하였으며(느 9:1), 느헤미야는 성이 훼파되고 성문이 불타버린 소식을 접한 후 금식하였다(느 1:4). 또한 에스더 4장 3절을 보면, 왕이 유다인들을 멸절하려는 하만의 계획 쪽으로 기우는 것이 알려진 후 모르드개를 포함한 유대인들이 금식을 하였으며, 에스더도 이를 저지하기 위해 왕 앞에 나아가기 전에 에스더와 모르드개가 금식을 하였다(에 4:15~16). 이 금식의 행위를 통해서 그 백성들이 죽음을 면하였다는 것은 바로 이것을 기념하기 위해 세워진 부림일에 관한 설명으로 알 수 있다.

"정한 기한에 이 부림일을 지키게 하였으니 이는 유다인 모르드개와 왕후 에스더의 명한 바와 *유다인이 금식하며 부르짖은 것을 인하여* 자기와 자기 자손을 위하여 정한 바가 있음이더라"(에 9:31). 같은 맥락으로 볼 수 있는 금식의 종류로, 다가오는 "여호와의 날"에 임할 재앙을 두려워하며 금식을 요구하는 요엘 선지자의, "금식 일을 선포하여 그분께 돌아갈 것"의 호소도 있다(욜 1:13~15, 2:12~15).

여기까지의 경우는 이스라엘 백성들이 행한 금식이었음에 반해 성경에서 유일하게 이방인들이 금식을 통하여 멸망을 피한 경우가 기록이 되어 있다. 이 기록은 요나서에 나와 있는 니느웨 백성들의 금식과 회개이다. 멸망을 피하기 위해 여호와 하나님께 금식하며 기도했는데, 특이한 것은 '짐승이나 소떼나 양떼'까지 포함하여 금식을 시켰다는 점이다. 그만큼 하나님의 진노를 돌이키려는 간절함이 컸다는 것을 잘 보여준다. 이러한 행위로 인해 하나님께서 그들에게 내리리라 말씀하신 재앙을 내리지 않으셨다고 기록이 되어 있다.
　과거에 경험하였던 재난들을 기억하기 위하여 금식을 한 기록 또한 찾아 볼 수 있다. 특별히 이러한 금식은 바벨론 유수 중에서, 또한 그곳에서 돌아온 후 행하여진 것으로 예루살렘의 멸망의 날들을 기억하기 위한 금식이었다. 이러한 금식은 유대인들의 기록에 따르면 멸망의 마지막 날들 중 중요한 날들로 이러한 날에 금식을 행함으로 그러한 날들을 기억하기 위함이었다.
　그들이 금식일로 정하여 지킨 날들의 근거를 구약 성경의 여러 곳에서 간접적으로, 또는 직접적으로 발견할 수 있다. 여호와의 전과 왕궁이 불살라진 날로 오월의 십일째 되는 날로 기념하였고(렘 52:12, 13), 그달리야라는 방백으로 세워진 자를 죽인 날로 칠월의 둘째 날을 기념하였으며(왕후 25:23~25), 예루살렘의 멸망의 시작이었던 성을 포위하는 시점으로 시월의 십일을 기념하며(왕하 25:1), 마지막으로 사월의 구일째 되는 날을 예루살렘의 멸망의 날로 기념하였다(왕하 25:3, 4). 스가랴서에 나오는 '사월, 오월, 칠월과 시월의 금식' (슥 8:19)이라는 표현은 이러한 금식의 날들과 연결이 되어 있다.

　셋째, 위에서 살펴본 금식들의 대부분은 소원함을 여호와께 알리는 한 방법으로 금식이 행하여진 경우들인데 비하여, 이러한 경우와 약간 다른 경우로 하나님으로부터 받을 계시를 준비하는 금식이라고 말할 수 있는 것들이 있다.
　이런 것들은 하나님의 부르심과 순종과 연결된 부수적인 행위로서의 금식이라고 말할 수 있다.
　예를 들어 모세가 시내산 위에서 여호와와 함께 사십일 사십야를 지낼 때(먹을 것이 없기 때문이라고 추측이 가능함) 떡도 먹지 아니하고 물도 마시지 아니한 경우나(출 34:28, 신 9:9), 엘리야가 로뎀나무에서 누워 잠들기까지 먹지 못한 경우(왕상 19:8) 등이 이러한 범주에 속한다고 볼 수 있다.

이와 유사한 맥락에서 이해할 수 있는 것으로 *하나님과 가까이 가기 위한 준비나 또는 그러한 목적을 성취하기 위해 수반되어지는 행위로서의 금식*의 경우도 존재한다.

예를 들어 다니엘이 예레미야에게 주신 예언을 깨달은 후 금식하며 기도하였다고 기록이 되어 있다(단 9:3 이후). 특별히 다니엘 9장 23절을 보면 천사의 표현 중에서 "네(다니엘)가 (금식하며) 기도를 시작할 즈음에 명령이 내렸으므로 이제 네게 고하러 왔느니라."라고 말하고 있는 부분은 금식과 기도의 중요성을 부각시켜주고 있다.

(2) 금식의 기간

가장 흔하게 발견할 수 있는 금식의 기간은 하루로(삿 20:26, 삼상 1:14, 24, 삼하 1:12, 3:35) 동틀 때부터 해질 때까지였으며 해가 진 후에는 음식을 먹었다. 또는 하루 밤을 금식하는 경우도 있었다(단 6:18).

그러나 이러한 상대적으로 기간이 짧은 금식 외에도 에스더서를 보면 에스더가 모르드개에게 요청한 금식은 밤낮 삼일 동안이었다(에 4:16). 삼일 외에도 칠일 동안 금식한 경우가 자주 기록이 되어 있다.

사울왕의 죽음 후 길르앗 야베스 거민들이 그의 죽음을 애도하며 칠일 간 금식하였으며(삼상 31:13; 대상 10:12), 다윗은 우리아의 아내였던 밧세바와 동침 후 그녀를 통해 얻은 아이가 심히 앓을 때 칠일을 금식하였다(삼하 12:16~18).

이외에도 예수님과 같은 기간인 40일을 금식한 모세와(출 34:28, 신 9:9) 엘리야의(왕상 19:8) 경우가 가장 장시간 금식한 경우이다.

(3) 금식의 '변천'

위와 같이 다양한 금식과 관련된 다양한 상황과 배경들이 있었음에 더하여 지적할 수 있는 것으로 바벨론 유수 사건 이후 금식을 하는 횟수가 증가된 흔적이 있다는 것이다. '사월, 오월, 칠월과 시월의 금식' (슥 8:19)등과 같이 이미 규정되어진 금식일들이 있었을 뿐 아니라, 이러한 경우들은 금식의 횟수가 증가하였다는 증거를 제시하는 부분으로 여겨질 수 있다.

이와 함께 발견되어지는 다른 한 가지의 특징으로는 스가랴 8장 19절에서 말하고 있듯 금식의 절기가 변하여 '기쁨과 즐거움과 희락의 절기'가 될 것이라는 미래적이고 희망적인 요소가 금식하며 기도하는 행위와 연결이 되어졌다는 점도 발견되어진다.

그러나 이러한 금식의 행위가 진행이 되어가며 점차적으로 예식화 되어짐과 동시에 형식적이며 위선적 요소가 가해졌다는 증거들을 구약 속에서 발견할 수 있다.

예를 들어 예레미야 14장 12절을 보면 금식 자체를 '번제와 소제'와 거의 평행한 예식으로 취급하여 하나님께서 "받지 않으시겠다"고 하셨으며, 스가랴 7장 5절에서는 "너희가 칠십년 동안 오월과 칠월에 금식하고 애통하였거니와 그 금식이 나를 위하여, 나를 위하여 한 것이냐"라고 질문을 던지시는 하나님의 모습 속에서 나타난다.

또한 이사야서 58장을 보면, 특별히 3절에서 5절은 이러한 형식적이며 위선적인 금식을 힐문하고 있다.

"이르기를 우리가 금식하되 주께서 보지 아니하심은 어찜이오며 우리가 마음을 괴롭게 하되 주께서 알아주지 아니하심은 어찜이니이까 하느니라 보라 너희가 금식하는 날에 오락을 찾아 얻으며 온갖 일을 시키는도다 보라 너희가 금식하면서 다투며 싸우며 악한 주먹으로 치는도다 너희의 오늘 금식하는 것은 너희 목소리로 상달케 하려 하는 것이 아니라 이것이 어찌 나의 기뻐하는 금식이 되겠으며 이것이 어찌 사람이 그 마음을 괴롭게 하는 날이 되겠느냐? 그 머리를 갈대같이 숙이고 굵은 베와 재를 펴는 것을 어찌 금식이라 하겠으며 여호와께 열납될 날이라 하겠느냐?"

이러한 하나님의 거부는 흔히 '특별히' 하나님께 드리는 행위라고 여겨지는 금식이라는 행위조차도 위선적 요소로 물들여질 수 있다는 것을 보여준다.

연속하여 나오는 6, 7절에서는 "나의 기뻐하는 금식은 흉악의 결박을 풀어주며 멍에의 줄을 끌러주며 압제 당하는 자를 자유케 하며 모든 멍에를 꺾는 것이 아니겠느냐? 또 주린 자에게 네 식물을 나눠 주며 유리하는 빈민을 네 집에 들이며 벗은 자를 보면 입히며 또 네 골육을 피하여 스스로 숨지 아니하는 것이 아니겠느냐?"라고 하여 금식이라는 수직적 관계는 궁핍한 자들과 불의로 인해 고통을 당하는 자들을 향한 사랑의 수평적 행위와 별개의 것이 될 수 없음을 밝히고 있다.

그러할 때 부어 주시는 축복과 역사에 관하여서도 분명히 보여 주고 있다. 8, 9절 전반부까지를 보면 "그리하면 네 빛이 아침같이 비췰 것이며 네 치료가 급속할 것이며 네 의가 네 앞에 행하고 여호와의 영광이 네 뒤에 호위하리니 네가 부르짖을 때에는 말하기를 내가 여기 있다 하리라"고 약속하신다. 즉 올바른 태도로 드려진 금식은 하나님께서 응답하실 뿐 아니라 커다란 축복과 함께 하신다는 것을 가르쳐 주고 있다.

II. 신약 속의 금식

신약과 구약 사이의 시대를 다루고 있는 중간사를 살펴보면, 금식은 매우 중요한 위치를 차지하고 있었음을 알 수 있다. 그러나 유대교의 분파가 막카비 반란 이후 나누어짐에 따라 각 분파마다 금식이 다르게 행하여졌음을 발견할 수 있다.

이들간의 차이점을 예로 들자면, 사두개인들은 모든 것을 성전 중심으로 행하였으며, 바리새인들은 매주 2회의 금식을 더하였다는 것을 4복음서의 기록을 비롯한 현존하는 자료들을 통해 알 수 있다 (눅 18:12).

또한 이들과는 달리 예루살렘을 떠나 쿰란이라는 곳으로 이주하여 집단으로 공동생활을 하며 나름대로 금식을 지켜나간 무리들도 있었다.

　이러한 증거들은 금식의 중요성은 지속적으로 받아들여졌으나, 그것을 행하는데 있어서는 각 지파 간에 약간씩 다른 모습으로 지켜졌음을 보여준다. 예수님이 이 땅에 오시기 전에도 누가복음 2장에 나오는 안나라는 나이든 과부의 경우를 보면 금식은 규정된 행위를 넘어서 개인적으로도 행하여지고 있었음을 볼 수 있다.

　신약 속에 나오는 금식에 관한 기록의 대부분은 예수님과 연결되어 나온다. 그럼으로 예수님의 삶과 사역을 금식이라는 주제와 연결시키어 이해하는 것이 가장 자연스럽다.

(1) 예수님과 제자들의 금식

마가복음 2장 18절에서 20절(눅 5:33)을 보면 사람들이 예수님께 요한의 제자들과 바리새인의 제자들은 금식을 하는데 "왜 당신의 제자들의 금식을 하지 않는가?"라고 묻는다. 그 질문에 대한 예수님의 답은 그것이 너무나 당연한 행동이라는 듯 다음과 같이 말씀하신다.

　"혼인집 손님들이 신랑과 함께 있을 때에 금식할 수 있느냐 신랑과 함께 있을 동안에는 금식할 수 없다." 즉 신랑과 같이 있을 때나, 또는 결혼식이 진행되는 동안에 금식을 하지 않는 것은 지극히 당연하다는 것이다. 여기서 예수님은 구원의 시대를 상징하고 있는 결혼이라는 기쁨의 잔치의 비유를 통하여 자신을 신랑으로 비유하여 그가 같이 있는 동안에는 금식을 하지 않는 것이 정당하다고 가르치신다.

　그러나 다음 구절에 나와 있듯, "그러나 신랑을 빼앗길 날이 이르리니 그 날에는 금식할 것이니라"고 하시어 예수님이 그들로부터 떠났을 때가 오면 그때는 금식을 행할 것임을 분명히 하고 계신다.

　이 구절을 통해 알아야 하는 것은 예수님께서 이러한 말씀을 하신 것은 십자가 사건 이후 금식이 꼭 행하여져야 하는 것을 강조하고 있기 보다는 예수님이 이 땅에 계시는 동안에 경험하고 있는 교제와 구원의 기쁨과 그분의 떠나심으로 인해 전개될 슬픔을 대조하고자 하는 데 그 초점이 있다는 것이다.

(2) 예수님과 금식에 관한 일반적 가르침

위에서 지적한 마가복음 2장 19, 20절의 말씀이 예수님의 금식을 향한 가르침의 전부는 아니다. 다른 곳에서는 예수님의 지상 사역 동안에도 금식이 지속되는 것을 당연시 하셨다.

예를 들어 마태복음 6장 16절에서부터 18절을 보면 제자들이 금식을 하는 것을 전제로 하여 "사람에게 보이지 않게 은밀한 중에 계신 네 아버지에게 보이게 하라"고 말씀하고 계신다. 이 말씀에서 강조하고 계시는 것은 외식하며 남에게 보이기 위해 하는 금식을 비판하고 계신다.

오히려 참된 금식은 하나님만을 향하여 행하여져야 하기 때문에, 다른 이들에게 금식하고 있다는 것을 감추는 노력을 할 것과 오히려 기뻐하며, 기름을 바르고 얼굴을 씻어 치장할 것을 가르치시고 계신다.

이러한 참된 금식은 이 말씀이 나오는 산상수훈의 다른 부분과도 일치한다. 예수의 제자의 삶의 모습인 다른 모든 경건의 행위(구제, 기도)와 같이 위선적 요소가 없어야 하며, 하나님께 모든 것을 맡기며 사는 것이다.

이 외에도 우리 개역 한글판에는 존재하지 않으나, 흠정역과 같은 번역본에서는 제자들의 무능함을 지적하며 "금식과 기도 외에는 다른 것으로는 이런 유가 나갈 수 없느니라"는 말씀을 통해 만약에 이것이 예수님의 가르침이 아니라고 할지라도 초대 교회에서는 이러한 금식의 중요성과 특별히 기도와 연결된 금식의 중요성을 인식하였으며 이러한 생각의 근원을 예수님에게 두었다는 것을 알 수 있다.

(3) 예수님과 그분이 행하신 금식

수차례에 걸쳐 예수님은 음식을 취하시지 않으셨다고 기록되어 있다. 사역의 시작 부분에서 40일을 광야에서 금식하신 후 시험을 받으신 것으로부터 그분이 행하신 금식에 대한 기록이 시작된다.

그러나 이러한 장기간의 금식 외에는 사역의 바쁨으로 인해 경험하신 식사를 거르심 외에는 규칙적으로 금식을 하셨다는 기록이 복음서에는 존재하지 않는다.

그렇다고 이러한 기록의 부재가 하시지 않았다는 증거로 여겨질 수 있다기 보다는 복음서 저자들이 그 저서를 통해서 전하고자 하는 신학적 메시지에 연결이 없는 이유로 기록하지 않았다고 볼 수 있다. 오히려 초대 교회에서 금식을 강조한 사실을 통해 간접적으로 예수님께서도 금식을 하셨으며 제자들에게도 행할 것을 가르치신 결과로 이해해야 한다.

(4) 사복음 이외에서의 금식에 관한 기록

먼저 사도행전 속에 기록이 되어 있는 금식의 경우들을 찾아 볼 수 있는데 매우 중요한 사건들과 연결이 되어 있다.

먼저 사도 바울이 다메섹 도상에서 예수님의 환상을 본 후 금식하였으며(행 9:9), 고넬료가 환상을 보기 전에 '금식하며'(흠정역) 기도하였다고 기록되어 있고(행 10:30), 안디옥 교회에서 바나바와 사울을 선교사로 세울 때에 "금식하고 기도하고 두 사람에게 안수하여 보냈다"고 기록이 되어있으며(행 13:2,3), 또한 1차 전도여행시 각 교회에서 장로들을 택하여 금식기도하였다고 되어 있다. 마지막으로 바울과 함께 풍랑을 경험하던 배를 타고 있던 자들이 14일 동안 금식하였다는 것을 27장 33절을 통해서도 알 수 있다.

서신들 속에서는 그렇게 많은 기록이 나와 있는 것은 아니다. 고린도전서 7장 5절에서는 부부가 합의하여 분방할 한 경우로 "금식과(흠정역) 기도할 틈을 얻기 위하여"라고 말하고 있으며, 고린도후서 11장 27절에서는 사도 바울의 고난들 중에서 '주리며' 라는 표현이 '금식'으로도 표현이 가능함을 통해, 사도 바울 또한 금식을 자주 행한 사람일 것이라고 생각할 수 있다.

이러한 생각은 고린도후서 6장 5절에 나오는 사도 바울의 삶의 일부로 '먹지 못함'을 말하고 있는 것에도 나타나 있다. 물론 마지막 두 가지의 경우는 음식을 먹을 수 없는 상황이어서라고도 볼 수 있으나, 헬라어에서는 두 가지 경우 모두 같은 단어를 쓰고 있다. 이 외에는 신약의 서신에 금식에 관한 다른 기록이 존재하지 않는다.

그렇다고 해서 초대 교회에서 금식의 중요성이 강조되어지지 않은 것은 아니다. 오히려 2세기의 기록을 보면, 금식의 중요성이 매우 부각이 되었었다는 증거들을 찾아 볼 수 있다.

예를 들어 디다케라는 사도들의 가르침을 모아놓은 책을 보면 유대인들과 다른 날을 택하여 일주일에 이틀을 금식할 것을 말하고 있으며, 세례식을 거행하기 전에 세례를 받는 자 뿐 아니라 세례를 집례하는 자와 그 세례 받는 자가 속한 공동체에서 금식에 동참할 수 있는 모두가 금식을 할 것을 가르치고 있다

이제까지 신구약을 통해 살펴본 것을 종합하여 보면 개인적인 이유로 음식을 안 먹은 경우가 존재하나, 대부분의 성경의 기록들은 '금식' 특히 금식과 기도를 병행하는 것은 종교적인 절기나 행사 또는 의식에 있어서 중요한 위치를 차지하며, 또한 급박하고 절박한 위기의 상황에 처했을 때 금식과 기도로 하나님께 겸손하게 나아가는 것이 성경 속의 많은 믿음의 선진들이 보여준 모범이었음을 보여준다.

또한 금식과 기도는 하나님과의 개인적인 관계 속에서도 깊은 신앙과 간청의 표현이며 단체와 그룹, 또는 민족적으로 하는 금식과

기도는 하나님의 주권을 믿고 신뢰하며 철저히 순종하겠다는 믿음의 강력한 표현임을 볼 수 있다.

악한 이방인 도시 니느웨성 전체가 금식을 선포하고 하나님께 나아옴으로 멸망의 운명에서 구원을 받았다면, 믿는 자가 연합하여 하나님께 상한 심령으로 나아가 금식을 선포하고 기도할 때 어떠한 결과를 기대할 것인가?

그것은 우리 민족과 나라를 위하여 하나님의 자비하심과 선하심과 인자하심을 구하는 가장 강력한, 믿는 자들이 할 수 있는 최선의 방법임을 확신한다.

제 5장 - 금식의 필요성

부흥의 불을 내리게 하는 원인

본성적으로, 우리는 누구나 가장 저항이 적은 길을 취하려는 경향이 있다.

학생들은 참고서를 복습함으로써 과제를 빠른 시간 안에 해낸다. 우리는 땀을 많이 흘리지 않고 하는 쉬운 운동 프로그램을 찾는다.

우리는 비만의 원인이 되는 음식은 즐기면서, 한편으로는 체중을 줄이는데 도움이 되는 다이어트를 위해 온갖 방법을 동원한다. 배고픈 것을 참지도 않고 운동을 하지 않으면서도 체중을 줄이려는 변덕스런 방법이 매달 유행처럼 새로워지고 있는 것 같다. 다이어트 음료, 다이어트 약, 에어로빅, 운동 등 그 목록은 이루 셀 수 없이 많다.

이런 상황에 직면하게 되면, 우리의 대부분은 힘든 일을 하고 싶지 않다. 우리가 가장 흥미있다고 인식하는 분야 즉 공부, 운동, 다이어트 등에서조차도 우리는 자신을 위한 훈련을 피하려고 한다.

이것은 특히 금식과 기도라는 영적인 훈련에 있어서도 특히 사실이다. 우리 모두는 하나님과 규칙적인 교제를 지속하는 것이 심각하게 중요한 것을 잘 알고 있다.

옛날부터 지금까지, 하나님을 위해 위대한 일을 했던 경건한 사람들은 금식기도의 필요성을 간증해 왔다. 18세기 말엽, 감리교 교회가 탄생하게 된 대 영적 각성 운동을 하는 동안 하나님을 위해 전세계를 뒤흔들었던 요한 웨슬레는 이러한 위대한 영적 지도자의 전형이다.

요한 웨슬레와 그 동생 찰스 웨슬레는 1732년 옥스퍼드 대학 학창시절에, 그들의 친구인 조지 휫필드와 다른 동료 친구들과 함께 정기적으로 금식하며 기도했다. 이러한 그리스도인 '자비량 학생'들은 그들에게 홀리 클럽(Holy Club)이라고 별명을 붙여준 젊은 귀족계급 학생들의 조소 속에서, 공부하며 예배드렸다. 금식과 기도의 영적인 힘을 경험한 그들은 이 훈련을 그들의 역사적인 사역에도 도입했다.

요한 웨슬레는 이 힘을 매우 강하게 믿었으므로, 초기의 감리교 신자들에게도 매주 수요일과 금요일에 금식을 시켰다. 주 2회, 이처럼 금식하는 것이 대단히 중요하다고 느낀 웨슬레는, 감리교 교단에서는 이것에 동의하지 않는 사람에게는 목사 안수를 주는 것을 거절했다.

웨슬레 이외에, 일상생활의 일부로 금식기도를 도입하기로 결심한 다른 위대한 기독교 지도자들의 이름을 열거해 보면, 마치 '영예의 전당(hall of fame)'에 있는 이름을 읽는 것과 같다. 즉, 마틴 루터, 존 캘빈, 존 낙스, 조나단 에드워드, 매튜 헨리, 찰스 휘니, 앤드류 머레이, D. 마틴 로이드 죤스 등 더 많은 사람들이 있다.

그들은 왜 금식과 기도의 필요성을 그처럼 강하게 확신했을까? 그리고 금식은 어떻게 하여 개인의 생활과 교회 위에 하나님의 성령의 불을 내리는 계기가 되는 것일까?

부흥에 있어 금식의 필요성

성경 말씀과 교부들의 저서, 그리고 오늘날 많은 기독교 지도자들의 저서는 금식의 영적인 필요성에 관하여 몇 가지 성경적인 통찰을 제공해 주고 있다.

- 금식은 하나님 앞에서 전심으로 자신을 낮추는 성경적인 방법이다(시 35:13, 8:22).
- 금식할 때 성령은 우리 각자의 진정한 영적 상태를 분명히 계시해 주며, 그 결과 마음이 깨어지고 회개하며 변화를 받는다.
- 금식은 개인의 부흥을 위해 극히 중요한 수단이다. 왜냐하면 금식할 때, 성령은 우리의 내면에서 가장 독특하고 힘 있는 방법으로 역사하시기 때문이다.
- 금식할 때, 말씀이 보다 의미있고 생생하며 실제적인 것이 되면서, 우리가 하나님의 말씀을 좀 더 잘 이해할 수 있다.
- 금식은 기도를 더욱 풍성하게 하며 개인적으로 더 깊은 은혜를 체험하게 함으로써 변화시킨다.
- 금식은 역동적인 개인의 부흥을 일으키며, 성령에 의해 지배되며 인도함을 받으면서 영적인 결단을 하는 강한 의지를 얻게 할 수 있다.
- 금식은 우리 주님을 향한 우리의 첫사랑 잃은 것을 회복시킬 수 있다.

신구약 시대를 통하여, 그리고 최근 2천년 동안에, 금식은 하나님 앞에서 스스로 겸비하기 위한 최고의 방법이었다.

이사야 58장 5절에서, 예언자는 금식을 '사람이 자기를 괴롭게 하는 날'이라고 표현하였다. 시편 69편 10절에서 다윗은 금식을 통해서 자신의 영혼을 '괴롭게 했다'라고 말한다. 또한 시편 35편 13절에서는, "나는 금식하여 내 영혼을 겸손히 낮추었다."(NKJ)고 말한다. 예수님은 "누구든지 자기를 높이는 자는 낮아지고 누구든지 자기를 낮추는 자는 높아지리라"(마 23:12)라고 가르치셨다.

사도 베드로는 "그러므로 하나님의 능하신 손 아래서 겸손하라 때가 되면 너희를 높이시리라"(벧전 5:6)고 말했다. 그리고 야고보는, "하나님을 가까이 하라 그리하면 너희를 가까이 하시리라 죄인들아 손을 깨끗이 하라 두 마음을 품은 자들아 마음을 성결케 하라 슬퍼하며 애통하며 울지어다 너희 웃음을 애통으로 너희 즐거움을 근심으로 바꿀찌어다 주 앞에서 낮추라 그리하면 주께서 너희를 높이시리라"(약 4:8~10)고 훈계하였다.

겸손은 마음의 자세이다. 성경은 "하나님이여 상하고 통회하는 마음을 주께서 멸시치 아니하시리이다"(시 51:17)라고 말씀한다. 하나님은 우리가 낮아지고 깨어진 심령으로 당신 앞에 나아갈 때, 즉 우리 자신의 죄를 인정하고 회개할 때, 예수님의 보혈로 우리를 깨끗게 하시고, 성령으로 우리를 충만케 해주십사고 기도할 때 우리를 들으시고, 우리의 부르짖음에 응답하신다.

금식은 그리스도를 향한 우리의 헌신을 증명한다. 아더 월리스는 금식에 관한 그의 저서에서, "사람이 자진하여 육체의 정당한 욕구를 접어두고, 기도하는 일에 집중할 때, 그는 자신이 진심으로 원하며, 마음을 다하여 구하고 있으며, 하나님께서 응답해 주실 때까지 하나님을 놓지 않겠다는 의지를 증명하는 것이다."라고 썼다.

금식이 어떻게 도움이 되는가?

금식은 신앙을 회복하는 우선적인 수단이다. 우리의 영혼을 겸손히 낮춤으로써, 금식은 성령이 우리의 내부에서 특별한 사역을 자유롭게 행하시게 한다. 이것은 우리와 하나님과의 관계를 영원히 변화시키고, 그리스도 안에 있는 보다 깊은 삶으로 우리를 데리고 가서, 우리의 생활 속에서 하나님의 실재와 임재하심을 더 분명히 느낄 수 있게 한다.

금식은 자신의 힘은 감소시키고, 성령이 우리들의 내면에서 보다 뜨거운 사역을 할 수 있도록 한다. 사도 바울은 이렇게 썼다.

"너희 안에서 행하시는 이는 하나님이시니 자기의 기쁘신 뜻을 위하여 너희로 소원을 두고 행하게 하시나니"(빌 2:13) (현대어 성경 - "하나님께서는 여러분 안에 계시면서 순종하는 마음을 일으켜 주고 하나님께서 원하는 일을 할 수 있도록 여러분을 도와주십니다.")

"우리 가운데서 역사하시는 능력대로 우리의 온갖 구하는 것이나 생각하는 것에 더 넘치도록 능히 하실이에게"(엡 3:20) (현대어 성경 - "우리가 기도나 소원이나 생각과 희망으로 감히 꿈꿀 수 없는 것을 위대한 능력으로 우리 가운데서 역사하시는 하나님께 영광을 돌립니다.")

비록 이런 구절이 금식에 관하여 직접 언급하고 있지는 않지만, 주 앞에 우리 스스로를 낮추는 것이 우리 속에서 하나님의 능력의 통로를 분명히 확장시킨다. 그 결과, 하나님은 우리 속에서 당신의 뜻을 실현하시고, 우리의 상상을 초월하여, 우리를 위해 '차고 넘칠 정도로' 일을 행하실 수 있게 된다.

금식은 우리들이 영적으로 거룩해지는 것을 돕는다. 금식에 관한 권위자인 리 부에노는 그의 저서에서 이렇게 썼다.

"금식은 우리의 자아를 태워 버린다. 금식하면서 우리는 삶의 최고의 즐거움 중 하나를 포기할 때, 그 권리의 포기에 따른 심한 동요를 자진해서 감수하는 것이다. 금식은 우리들이 거룩해지는 용광로이다. 그 불은 우리의 믿음을 단련한다. 그 불꽃은 그리스도 안에 있는 우리의 원래의 성품과 질 나쁜 불순물을 분리시킨다. 이 뜨거운 열풍은 우리의 마음을 거룩하게 한다."

금식은 우리의 마음과 감성을 잠잠케 함으로써 우리의 영적인 감수성을 증가시킨다.

　국제적으로 알려진 영양학자이며 목사이고, 또한 금식기도에 대한 전문가인 줄리오 루이벌은 "사람의 뇌는 생활 습관의 많은 요소에 의해 영향받는다."고 말한다. "금식은 우리의 영적인 감수성을 맑게 하는데 도움이 된다. 우리가 금식할 때, 하나님이 지금보다 더 큰소리로 말씀하시는 것이 아니라, 주님이 말씀하시는 것이 전보다 더 잘 들린다는 것이다."

　금식은 다른 방법으로도 도움이 된다.
　- 하나님께 자신의 의지를 양보하게 되며, 거룩하게 속사람이 깨어지기까지 하면서, 그 결과로 속사람은 평온해지고 절제할 수 있게 된다.
　- 영적인 비전이 새롭게 된다.
　- 당신의 인생을 위해 이미 계시된 하나님의 계획을 따르겠다는 결단이 생긴다.

　앤드류 머레이는, "금식은 하나님 나라를 위해, 우리가 구하는 바를 위해 우리 자신을 포함하여 모든 것을 희생할 준비가 되어 있다는 각오를 표명하고, 그 깊이를 더하며, 확인하는 것을 돕는다."라고 말했다.
　금식을 마칠 때에 관하여 리 브에노는 "우리는 부드러운 그리스도인을 절제력으로 서서히 가라앉히면서 강하게 되도록 돕는다. 우리의 정욕에 가득찬 욕망의 찌꺼기를 걷어내면서… (금식은) 예술작품을 생산하는데, 금식 이외에는 다른 정제 방법이 없는 이 과정을 통하여 온유하고 이타적인 그리스도인을 창조할 수 있다."라고 말했다.

금식은 희생을 요한다

　1562년 영국 호밀리 교회에서, 금식의 제1목적은 "육체를 벌하고,

육체가 그렇게 방탕한 것은 아니나, 길들여서 성령에 순종하게 하기 위해서이다."라고 지적하였다.

감리교 설교자인 윌리엄 브람웰은 1809년에 이렇게 썼다. "많은 사람들이 구원의 능력 안에서 살지 못하는 이유는, 너무 많이 자고 너무 많이 고기를 먹고 마시면서, 너무 적게 금식하며 자아를 부정하고, 또한 이 세상의 일을 너무 많이 하는 것에 비해… 너무 적게 자아를 성찰하고, 너무 적게 기도하기 때문이다."라고 말했다.

우리는 개인적인 희생없이 하나님 앞에서 진정으로 자신을 낮출 수가 없다. 리 브에노는 이렇게 썼다.

"겸손과 자기부정은 동전의 양면이다. 우리에게 우리 자신을 부인하라는 예수님의 위대하신 부르심은, '아무든지 나를 따라 오려거든 자기를 부인하고 자기 십자가를 지고 나를 좇을 것이니라'(마 16:24)는 말씀에서 알 수 있다. 금식함으로써 우리는 십자가를 위하여 우리 자신을 부인하고 주님의 부르심에 대답한다."

사도 바울은 '자주 주리며'(고후 11:27), 또한 '내가 내 몸을 쳐 복종하게 함은'(고전 9:27)이라고도 말했다. 이러한 희생을 통하여, 성령은 영혼을 정결케 하는 불을 제공한다.

금식은 육체와의 싸움이다.

그러나 이런 모든 영적인 혜택에도 불구하고, 금식은 항상 실천하기 쉬운 경건한 훈련이 아니다. 금식에 익숙하지 않은 사람에게는, 음식물을 입에 대지 않고 지내는 것은 괴롭기도 하고, 그 사람의 영과 육의 맹렬한 싸움이다.

성경 학자인 아담 클라크는, 요한 웨슬레와 안면이 있어 그를 위해 집회에서 설교 봉사도 한 적이 있는데, 그는 1825년 신약 주석에서 '육(flesh)'은 오래된 육적인 속성으로, 영혼이 '악한 버릇'으로 끌리는, 누구나 가지고 있는 경향이라고 정의하였다.

  육은 그리 쉽게 놓아 주려고 하지 않는다. 많은 이들이 금식을 시작할 때, 특히 음식물을 끊은 처음 며칠 동안은 그들의 영혼 전투를 인식한다.

  바울은 갈라디아서 5장 17절에서 이 싸움을 이렇게 표현했다.

  "육체의 소욕은 성령을 거스리고 성령의 소욕은 육체를 거스리나니 이 둘이 서로 대적함으로 너희의 원하는 것을 하지 못하게 하려 함이니라"(현대어 성경 - 우리는 성령께서 바라는 것과는 정반대로 악한 일 하기를 좋아하는 본성을 지니고 있습니다. 그러므로 성령께서 인도하는 길을 따라 살며 선한 일을 하고자 하는 마음은 우리 본성의 욕망과는 정반대의 것입니다. 우리 속의 있는 이 두 힘은 서로 우리를 마음대로 조종하려고 끊임없이 싸우고 있습니다. 그리고 우리는 양쪽 틈에 끼어서 자유롭게 원하는 대로 할 수가 없습니다.)

  바울은 육이 성령에 대항하여 '싸우며', 성령은 육에 대항하여 '싸우고' 있다고 말했다. "너희 안에서 행하시는 이는 하나님이시니 자기의 기쁘신 뜻을 위하여 너희로 소원을 두고 행하게 하시나니" (빌 2:13)와 같다.

  금식할 때 생기는 정신적, 감정적 싸움이 때때로 우리를 교란시킬 때가 있다. 금식의 베테랑은 이것이 음식은 멀리하고 하나님께 가까이 다가갈 필요가 있다는 확실한 증표라고 말한다. 이것은 식욕과 의지를 가진 자연인을 의미하며, 이 자연인은 영의 사람과 성령의 내면적인 역사에 대적해서 우리를 이기려고 하는 것을 의미한다.

  웨일스의 위대한 중보기도자로 기억되는 리즈 하웰즈는 그의 사역을 시작할 당시 성령이 먼저 금식을 하도록 인도하였을 때 대단히 고통을 느꼈다.

"내 마음의 동요는 금식이 내 마음을 움켜잡고 있다는 증거였다. 만일 금식이 내게 어떠한 영향력도 갖고 있지 않다면, 왜 내가 금식과 논쟁하는가?"

'상습적인 금식가'로 알려진 마틴 루터는, 영적인 이유로 금식할 때, "육은 늘 버릇처럼 지독하게 불평 불만으로 투덜댔다."라고 말했다. 음식물이 인간을 지배하는 것에 대해, 아서 월리스는 이렇게 썼다.

"분명히 음식물의 노예가 되어 있는 것 같은 사람들이 있으며, 또한 여기서는 영적인 힘이 빠지고 있는 것도 사실이다. 그들은 자신을 노예로 삼는 욕망을 자연스런 건전한 식욕이라고 착각하고 있다. 다른 이들은 자기가 위(밥통)의 노예라는 것을 알면서도 놀라지 않는다. 그리스도인의 제자 훈련은, 이런 금식의 영역에서 자기 훈련을 내포한다는 사실이 그들의 의식에 분명히 침투되어 있지 않다. 음식에 대한 그들의 욕망과 식사량은 심한 농담이 되었다. '나는 음식의 유혹 외에는 무엇이든 거절할 수 있다.'"

금식은 능력을 가져온다.

초대 교회는 금식을 영적인 능력을 얻는 수단으로 생각했다. 월리스는 이렇게 말한다.

"금식은 우리의 기도에 긴급성과 끈질김을 가져오며, 그리고 천국의 법정에서 우리 문제를 간청하는 능력을 공급하는 것으로 계산되었다."

그러나 수년 간에 걸쳐, "교회 안에 영성이 약해지고 세상적인 것이 번성하는 동안, 성령의 능력과 은사가 후퇴하였다."고 월리스는 덧붙여 말했다.

동일한 영적인 붕괴가 오늘날 그리스도인들의 생활 속에서도 있을 수 있고, 또 실제로 일어나고 있다. 그러나, 하나님의 말씀은 금식과 기도가 우리 개인의 생활 속에 또 다시 하나님의 불을 내리게 하는 강력한 수단이라고 선언한다.

이 불은 사랑, 희락, 화평, 오래 참음과 자비와 양선과 충성과 온유와 절제라는 성령의 열매를 맺게 하나, 그 중에서 특히 육체의 정욕과 대적의 속임수를 이기는 의의 열매와 영적인 능력을 생산한다.

금식은 누가 주인이고, 누가 종인지를 세우는 최대 최고의 수업이다. 당신의 몸은 훌륭한 종이지만, 동시에 두려운 주인인 것을 기억하라.

갈라디아서 5장 17절에 의하면, 육체의 소욕은 항상 주도권을 장악하려고 악착같이 싸우고 있다.

금식기도를 할 때, 영, 혼, 육이 우리 주이며 구세주이신 예수 그리스도께 순종하게 하며, 또한 성령의 임재를 지각하는 높은 감각도 생긴다. 또한 금식기도는 생생하고 맑은 기쁨과 하나님을 섬기고자 하는 회복된 결심을 창조한다. 짧게 말하면, 금식기도는 개인의 부흥을 가져온다. 우리의 영적인 능력은 돈이나 재능, 기름 부음 받은 계획이나 헌신된 활동에 있는 것이 아니다. 오히려, 영적인 승리의 힘은 사람들이 성화된 금식기도를 열심히 하면서 하나님의 얼굴을 구할 때 성령께서 가져다 주시는 것이다.

당신과 내가 전능하신 창조주 하나님을 믿고 금식과 기도로 하나님의 초자연적인 무진장한 자원과 능력을 끌어낸다면 지금보다 얼마나 더 큰 일을 성취할 수 있겠는가를 기대해보라.

제 6장 - 금식기도와 지상명령

"내 이름으로 일컫는 내 백성이 그 악한 길에서 떠나 스스로 겸비하고 기도하여 내 얼굴을 구하면 내가 하늘에서 듣고 그 죄를 사하고 그 땅을 고칠지라"(대하 7:14)

만약 당신이 "주님이 오늘날 그의 백성 중에서 역사하신다."는 사실을 의심한 적이 있다면, 당신의 마음이 변화되고 당신의 믿음이 극적으로 커질 수 있도록 준비하기 바란다. 믿지 않는 친구와 가족들이 영적으로 성숙하며, 육체적 치료와 물질적인 필요가 채워지며, 죄로부터의 해방과 구체적인 인도와 주님을 섬기기 위해 더 크나큰 헌신에 대해 응답한 크리스천들은 각성하였고, 교회들은 부흥하였다. 특히 주님을 찾는 장·단기 금식기도의 결과로서, 주의 은혜가 그의 백성들 위에 쏟아부어졌다.

당신은 이 글을 읽으면서, 주의 성령이 영적인 부흥을 위한 금식기도에 참여한 사람들에게 임재했었다는 것을 깨닫게 될 것이다. 그 결과 그 사람들은 그들의 교회와 공동체에 영적인 불을 지피기 시작했다. 주님과의 관계 속에서 발전된 더 깊은 친밀감은 더 심오한 방법으로 많은 그리스도인들을 축복하고 있다.

많은 주의 백성들이 겸손히 주의 얼굴을 구할 때 주께서 어떻게 응답하실지 상상할 따름이다. 우리가 사람들을 옭아매는 죄를 인정하고 회개할 때, 주님의 강력한 임재를 경험할 것이라고 믿는다.

수천 명의 기독교인들이 개인적, 국가적, 세계적인 부흥을 위해 금식기도 하라는 주님의 부르심을 실천했을 때, 그들이 엄청난 영적 축복을 경험했던 역사는 교회사 가운데 많이 나타나 있다.

우리가 겸비하고, 기도하며, 주의 얼굴을 구하고, 악한 길에서 돌이킬 때, 그는 우리 가운데서 위대하고 강력한 일, 심지어 초자연적인 일들까지 행하실 것이다.

우리의 개인적인 죄와 국가적인 죄에도 불구하고 주님이 우리 민족을 구원하기를 원하시며 우리 세대가 가기 전에 이 민족 가운데 위대한 영적 각성을 일으키실 것이라 확신한다. 전세계 그리스도인들은 이 비전을 깨달아야 한다. 당신은 주님의 부르심에 응답할 것인가? 당신은 다른 수천 명의 기독교인들과 함께 당신의 삶, 우리나라, 더 나아가 세계를 변화시키기 위해 주의 얼굴과 그 능력을 구하겠는가?

개개인을 전도자가 되도록 하는 가장 최상의 방법은 주님과의 관계를 통해 성령이 그들을 새롭게 할 수 있는 기회를 마련해 주는 것이다. 그리고 금식만이 역대하 7장 14절의 모든 기준을 충족시킬 수 있다. 당신이 겸비하고 기도하며 주의 얼굴을 구하고 악한 길에서 돌이킬 때, 당신에게 '어떤 일'이 일어날 것이며, 당신은 다른 어떤 방법을 통해서도 얻을 수 없는 기쁨을 주님과의 관계에서 얻을 것이다.

왜 금식이어야 하는가?

첫째, 금식하는 그리스도인들에 의하면, 금식은 그들의 영적인 능력을 보다 예민하고 민감하게 함으로써 주님이 전세계에 걸쳐 역사하고 계시는 일을 보다 잘 알고 느낄 수 있게 해준다는 것이다.

당신이 그들의 직접적인 경험을 읽을 때, 당신도 용기를 얻어 당신의 삶, 가족, 교회와 국가에서 주님께서 이전과는 다른 방법으로 당신을 사용하시기를 기다리게 될 것이다. 이것은 예수 그리스도에게서 올 것이다.

둘째, 금식은 결국 주님과 더욱 친밀한 관계, 주에 대한 더 깊은 열정을 갖게 해주므로 그 열정과 친밀함은 결국 당신의 다른 삶의 부분으로 퍼져 나간다.

다른 사람들도 주님의 기쁨을 훨씬 더 잘 느낄 수 있게 되고, 그 기쁨을 실제로 알고자 하는 동기가 훨씬 더 강하게 된다. 금식과 기도는 전세계 수백만 사람들이 부흥을 위해 준비할 수 있도록 그 어떤 다른 수단보다 많은 역할을 한다. 또한 주님은 금식을 기뻐하시므로, 그 부흥의 물결 속에서 더 많은 사람들이 예수 그리스도에게로 올 것이다.

셋째, 금식은 우리가 영적인 추수를 위해 준비할 수 있게 해준다. 오늘날 전세계에 걸쳐 있는 많은 사람들이 복음에 굶주려 있다. 주님이 20세기에 전례없는 방법으로 위대하고 강력한 사역을 하고 계신다. 지금은 명백한 추수의 시기이다. 기회의 문이 전세계적으로 빠르게 열리고 있으며, 주의 백성들은 놀라운 숫자로 그 부르심에 응답하고 있다. 인류 역사에 있어서 그 어느 때 보다 더 많은 사람들이 오늘날 복음을 듣고 있으며 주를 알기 위해 찾아 오고 있다.

불행스럽게도 이 추수의 기간이 그리 길지 않으리라는 것을 계시록은 우리에게 알려주고 있으며, 역사는 그것을 확신시켜 준다. 익은 곡식은 특정기간-기껏해야 2, 3주-동안 반드시 추수되어야 한다. 그 곡식이 땅에 떨어져 썩어 버리기 전에…, 곡식의 수확도 그렇다. 마찬가지로 우리가 오늘날 보고 있는 영적 수확도 단지 몇 년 동안만 지속될 것이다. 그러나 지난 2000년 동안의 전도 기간에 우리가 보았던 것보다 더 많은 사람들이 주께 돌아오리라는 것을 믿는다.

만약 당신의 공동체가 금식과 기도로 변화될 수 있을지 확신하지 못한다면, 이 책에 실린 금식기도의 사례들을 마음깊이 새기라.
지면상 비록 많은 사례들이 이 글에 실리지는 못했지만, 그 모든 개인적인 경험들은 우리가 기도와 금식으로 주의 얼굴을 구할 때, 주님이 우리에게 응답하실 준비가 되어 있다는 것을 확신시켜 준다.

당신은 주님을 더 많이 드러내고 자신은 적게 드러내는 삶을 원하는가? 당신은 우리의 교회와 도시를 변화시키고 결국은 사랑하는 조국을 부흥시킬 수 있는 잠재력을 가진 개인적인 부흥을 위해, 금식하며 기도하라는 주님의 부르심에 당신의 마음을 기꺼이 열 준비가 되어 있는가? 과연 이 민족은 다시 한번 우리가 바라는 부흥이 일어날 수 있을까? 공의의 저울이 성경적 진리에 입각할 수 있을까? 과연 한국 교회의 울부짖음이 교권과 지방색과 물신숭배라는 오랜 악을 내쫓고 영적 부흥을 가져올 수 있을까?

우리는 지상명령이 우리 세대에 성취될 것을 믿는다. 주의 백성이 금식기도를 통해 주님과 바른 관계를 유지하고, 주를 위해 잃어버린 자들을 구하고자 하는 동기를 부여받을 때-즉 그들의 가정, 교회, 학교, 도시, 나라를 변화시키고자 하는 동기부여를 받을 때 나는 주님이 그들의 노력을 기뻐하시리라고 확신한다. 주님은 하늘에서 들으시고, 우리의 죄를 용서하시며, 약속하셨던 대로 우리의 땅을 치유하실 것이다.

3부

내가 체험한 금식기도

제 7장 - 금식기도는 세상을 변화시킨다

금식기도는 우리 자신과 이 세상을 변화시킨다

"나는 금식을 단 하루도 못합니다." 얼마 전에 한 젊은이가 질문했다. "어떻게 금식을 할 수 있습니까?" 우리들 대부분은 금식은 너무나 도달하기 힘든 것처럼 여긴다. 그것은 불가능한 것이라고.

그러나 우리는 의심이 있더라도 믿음으로 전진하며 이렇게 말할 수 있다. "주님! 만일 이것이 당신이 원하시는 것이라면 당신의 도우심으로 나는 시작하겠습니다. 나는 날마다 이것을 명심하며 당신 앞에서 당신의 음성을 듣도록 겸허히 서겠습니다. 주님! 그 무엇보다 당신을 간절히 바랍니다." 우리가 하나님께 믿음으로 드릴 때, 그분은 우리로 하여금 그분이 하도록 요구하신 모든 일들을 할 수 있게 하신다

사람들은 가끔씩 이렇게 묻는다. "금식에 있어 40이라는 숫자의 중요성이 무엇입니까?" 성경을 보면, 하나님은 40이라는 숫자에 특별한 의미를 부여하시는 것 같다. 때때로 그것은 완전한 시험과 회

개의 숫자이다. 성경의 다음 예들을 보라

- 대홍수가 지상에서 40일 동안 있었다(창 7:17).
- 하나님께서 타는 가시덤불에서 모세에게 나타나시기 전에 40년 동안 미디안에 머물렀다(행 7:29~30).
- 이스라엘 사람들은 40년 동안 블레셋에게 구속되어 살았다(삿 13:1).
- 모세는 40주야 동안 시내산에 있었다(출 34:28).
- 이스라엘 사람들은 40년 동안 광야에서 유랑하였다(신 8:2).
- 골리앗은 40일 동안 이스라엘을 공공연히 얕보았다(삼상 17:16).
- 요나는 니느웨 사람들에게 회개하지 않으면 40일이 지나 멸망한다고 경고하였다(욘 3:4).
- 예수님은 시험받으시는 동안 40주야를 금식하셨다(마 4:2).
- 예수님은 부활 후 40일 동안 나타나셨다(행 1:3).

우리들 대부분에게 40일은 대단한 헌신이며 엄청난 노력에다 놀랄 만한 성취라는 사실을 알게 될 것이다. 그러나 중요한 것은 금식의 숫자가 아님을 강조하고 싶다. 40일은 하나님이 우리를 향해 강요하시는 숫자는 아니다.

금식은 우리가 그분께 지정해 놓았던 틀을 깨뜨리도록 돕는다. 우리가 이미 지정해 놓은 틀은 물론이고, 우리가 하나님을 경배하는 새로운 길을 찾으며 더 높은 수준으로 그를 따르며 순종하도록 돕는다.

어떻게 하나님이 나를 변화시키실까?

금식은 우리로 하여금 하나님을 전적으로 의지하게 만든다. 어려움이 우리 생활에 다가와서 뿌리 깊이 자리잡더라도 우리는 그분께 돌이킬 어떤 것들을 그분이 주실 때까지 오랫동안 그분에게로 돌이키지 않을 것이다. 아마 마지막 때가 되면 지상에서 미리 연습했던 사람들이(비록 달갑지 않았다 해도) 제일 행복할 것이다. 그러나 그 당시에는 그것이 좋은 것이라는 것을 느끼지 못하여 '나는 왜 이렇게 힘들지.' 라고 생각할 것이다.

우리가 금식할 때, 우리는 항상 우리의 관심을 사로잡는 것들로부터 돌아서서 주님께로 온전히 초점을 맞춘다. 그 시간 동안에 우리는 음식과 세상 것들이 얼마나 많이 우리의 생각과 시간과 행동과 재정을 차지했었는지를 깨닫게 된다.

또한 영적인 것에 대해서는 굶주려왔었다는 것도 깨닫게 된다. 물과 음식이 없이 살아 남을 수 있을까? 당신은 한 시간 동안 인간의 관심과 즐거움으로부터 과감하게 돌아설 수 있겠는가? 물론 우리가 즐겨보는 TV 쇼나 잡지, 쇼핑, 스포츠 심지어는 수많은 교회의 사회적 활동도 없다고 생각해 보라. 요점은 우리가 이런 것들을 40일 동안 내려놓고 사랑의 구주이며, 보호자이며 왕 되신 주님께로 초점을 맞출 수 있겠냐는 것이다.

아마도 당신은 당신의 몸에 해로울 것이라 걱정하여 금식을 안할 수도 있다. 만일 당신이 전에 금식해본 적이 없으면 지금 당장 한끼 금식을 한 번 시작해보라. 그 다음에는 두끼, 그 다음에는 일 주일을, 다음은 10일을 해보라. 당신의 걱정이 줄어들 것이다.

40일 동안 금식한 사람들의 간증을 읽어보면 또한 두려움이 없어질 것이다. 그들은 수천의 다른 사람들도 불가능하다고 생각했던 일을 해냈다. 그러나 하나님이 당신에게 원하지 않으신다면 굳이 40일 금식을 시도할 필요는 없다. 그분이 지금은 금식에 당신을 부르지 않을 수 있다. 그러나 지속적으로 주님의 인도하심에 마음을 열어두라.

우리 모두는 금식에 대해 성경적으로 부름받았다. 예수님은 "만일 네가 금식하며"라고 말씀하시지 않으시고 "네가 금식할 때"라고 하셨다(마 6:16). 그러므로 성령이 세밀히 인도하시도록 하라.

우리가 금식할 때, 하나님은 우리가 그분께 제한했던 삶의 영역들과 우리가 삶을 통제하기 위해 구하던 것들을 보다 명확히 보여주신다. 금식을 하는 동안 우리 마음의 차디찬 부분이 녹아진다. 그리고 주님과 동행하는데 있어 강력해지며 진보가 된다.

"하나님이 내 기도에 응답하실까? 내가 만일 금식하면 내 기도가 응답되어질까?"라고 생각할 수 있다. 그러나 성경은 하나님의 백성이 금식할 때에 하나님이 어떻게 응답하실지 수많은 예를 보여주신다.

느헤미야의 백성들은 마음을 겸비하고 경외함으로 금식할 때에 주님이 그들의 도시를 공의롭게 인도하시는 것을 깨달았다. 그리고 하나님의 보호하심이 있었다.

에스더와 그의 백성들은 왕이 그들을 멸망시키고자 조서에 싸인했을 때에 주님의 보호하심을 구하는 금식을 했다. 하나님은 에스더의 백성을 보호하셨고 그의 조서를 변경했다. 그러나 하나님은 항상 우리를 어려움에서 구해 주시지는 않는다.

예수님은 그의 고난 앞에서 "아버지여 당신의 뜻이거든 이 잔을 내게서 거두옵소서. 그러나 내 뜻대로 하지 마옵시고, 당신의 뜻대로 하옵소서"(눅 22:42)라고 기도했다. 하나님은 예수님께서 우리를 위해 고난을 당하시고 돌아가시게 하셨다. 그리스도의 죽음과 부활은 우리가 아버지께로 나아가고 영원한 구원을 받도록 했다. 하나님은 우리의 기도를 들으시고 응답하시는 좋으신 사랑의 아버지이시다.

그분은 우리에게 최선의 것을 무한히 주기를 원하신다. 그러나 그분은 우리가 알지 못하는 것을 알고 계신다. 누가복음의 같은 본문을 보면 "사자가 하늘로부터 예수께 나타나 힘을 돕더라"(43절)라고 한다. 하나님은 예수님께 고난을 이길 힘을 주셨다. 하나님은 당신에게도 원하는 것을 주지 않을 수 있으나, 당신이 필요한 것을 주실 것이다. 순전한 제자로서의 금식은 우리를 주님께로 더 가까이 가게 하며 우리의 길을 그분께 양도하게 한다.

"금식을 통해 하나님께서 우리가 원하는 것을 주도록 만들 수 있을까?" 이것이 우리의 동기라면 우리 자신은 겸허해지지 않은 것이다. 하나님의 주권과 통치에 대한 의식없는 금식은 최후에는 공허 뿐이다.

이사야 58장 3, 4절에서 하나님은 솔로몬에게 하나님을 향하지 않고 자신을 향했던 금식에 대해 경고하신다. "왜 우리는 금식했는가?" 그들은 말한다. "왜 우리는 겸허해져야만 하는가? 또 당신은 나를 주목하지 않는가?" 당신이 금식할 때에 당신이 좋은 대로 행하고, 모든 일을 잘 감당할 수 있다. 당신의 금식은 경쟁과 다툼으로 끝이 나면서, 당신은 오늘 하는 것처럼 금식할 수 없고 고상한 것을 들을 것이라는 기대를 할 수 없다.

금식하려는 동기를 생각해 보면, 주님을 대항하는 죄로부터 당신을 보호할 수 있다.

첫번째로 당신이 아는 모든 죄를 회개했는지 스스로에게 물으라.

두번째로 영원의 호흡을 연습하라(생각나는 죄를 고백하고, 성령 충만 하도록 기도하는 것). 이것은 하나님 앞에서 당신의 동기를 점검하게 된다.

세번째로 하나님의 말씀과 성령을 통해 당신의 변화될 생활의 영역들을 보여주실 때, 적기 위한 노트를 준비하라. 그분이 당신에게 원하는 변화들을 실행하라.

금식은 기도응답을 의미한다. 하나님은 그분의 은혜대로 당신의 기도에 응답할 것이다. 그러나 그보다 더 중요한 것은 당신은 예수님처럼 될 것이고, 새로워지며, 그분을 위해 세계에 복음을 전하는 일을 위해 그리스도의 사랑으로 압도될 것이다.

내가 금식한다고 다른 사람들에게 이야기해야 할까?

많은 사람들은 그들이 금식한다고 말하는 것에 대해 썩 내켜하지 않는다. 그래서 바리새인들이 범했던 실수를 하지 않으려고 한다(단지 인정 받으려고 하는 금식).

그러나 나는 금식을 비밀로 하려는 것은 적의 책략이라고 확신한다. 다른 그리스도인의 지원으로부터 우리 자신을 고립시켜 놓음으로서 우리는 더 부정적 영향(인간적이고 사단적인)을 받기 쉬울 수도 있다. 우리는 우리가 외로움을 느끼고 포기하고 싶은 적의 유혹을 받을 때, 지속적으로 우리를 도울 가족과 그리스도인 친구들의 기도의 장막이 필요하다.

사람들은 당신이 먹는 것을 주목하여 본다. 그러나 만일 당신이 그들을 매일 보지 않는다면 그들은 당신이 자주 식사를 거르는 것을 모를 것이다. 만일 불신자들이 물었다면 그들은 다음과 같은 짧은 대답에 만족했을 것이다. "오늘 점심은 다른 계획이 있어."

크리스천들에게는 오늘 금식한다고 대답하면 된다. 만일 당신의 가족과 친구들이 당신의 건강을 걱정한다면 주님이 그만두도록 인도하시거나 몸에 해롭다 느껴지면, 금식을 그만두겠다고 이야기함으로 그들의 걱정을 풀어 주라.

그리스도인들은 영적인 이유로 금식에 대해 참된 관심을 표현한다. 그들은 금식이 기도 응답과 개인적이고 세계적인 부흥에 어떻게 기여하는지를 이야기하도록 하기 위해 당신에게 열려 있다.

주님께 귀를 기울이라

금식하는 동안, 주님과 교제함에 가능한 많은 시간을 할애하라. 금식을 하면서 매일 특별한 시간을 주님과 함께 보내기 위해 스케줄을 지정하지 않는다면 정말 어리석은 일이다.

어떤 사람은 금식 중에도 바쁜 일정이 필수적일 수도 있다. 그러나 주님은 그를 섬기고 구하는 마음을 원하신다. 매일의 일정을 정리하라. 식사 시간을 이용해 주님께 경배하고 그를 의지하라. 주님이 당신을 깨우시거든 밤 시간에 주님께 기도하라. 이러한 경건하고 집중되어진 시간에 특별한 방법으로 주님의 음성을 듣는 길이 열려질 수 있다.

사람들은 대개 금식하는 동안 더 맑아지며 영적인 필요를 보며 하나님의 말씀을 이해하게 된다. 우리가 말씀을 묵상하는 데 많은 시간을 보내면서 영감 있는 자료들을 읽으므로 온종일 주님과 친밀한 교제를 하라. 더 풍성한 기도의 체험이 우리 생각의 주변에서 시작될 것이다. 전쟁, 범죄, 욕심, 악 때문에 다른 이들에게 끼쳤던 고통과 세상의 죄에 대한 양심의 가책이 당신 마음을 사로잡을 수 있다. 이러한 것들로부터 마음을 가다듬고 주님께 우리의 오래된 죄악을 용서해 주시도록 청하며 세계 가운데 중요한 필요들을 위해 중보해야 한다.

때때로 우리는 이 세상의 많은 사람들이 그리스도를 모르고 죽어간다는 것과 더 많은 사람들이 아직도 주님께 돌아오지 않은 채 죽어간다는 것을 깨달으므로 더 깊이 기도에 빠진다. 우리가 하나님 앞에서 자신을 겸허히 할 때 잃어버린 영혼과 선교사, 목사, 사역자들, 교사들, 그리고 복음 전도자들을 위해 우리의 기도가 더 열정적이 되어질 것이다.

금식에 순종한 사람들 중의 다수가 예전에는 경험해보지 못한 주님과의 교제의 기쁨을 기술하고 있다. 그들은 그들의 생각과 열망 가운데 주님의 임재를 기술했다.

어떤 사람들에게는 금식이 육체적으로, 감정적으로 그리고 영적으로도 전혀 변화가 없을 수도 있다. 그러나 하나님이 금식하도록 그들을 부르셨고 주님을 경배하는 태도로 나아왔음을 알고 있다. 하나님은 그를 신뢰하는 사람들에 의해 특별히 영광을 받으신다. 제자 도마는 예수님의 부활을 믿기 전 예수님을 보고 옆구리에 손을 넣어 볼 필요가 있었다. 우리 주님은 도마에게 믿을 만한 증거를 주셨다. 그리고 말씀하시기를 "너는 나를 본고로 믿느냐? 보지 못하고 믿는 자들은 복되도다"(요 20:29)라고 하셨다. 우리가 주님 앞에 금식할 때, 그 유능한 손을 믿고 아버지의 선하심과 사랑을 신뢰해야 한다.

금식을 하는 대부분의 사람들은 그들의 삶에 하나님이 새롭게 풍성히 역사하시는 것을 경험한다.

1) 나의 금식기도 간증

금식은 광고해서는 안된다. 자기 과시와 외식과 교만의 위험성이 있기 때문이다. 우리 나라에는 40일 금식기도한 분들이 많은데 그것을 훈장처럼 달고 다니는 시험을 받기 쉽다.

미국의 빌 브라잇 박사는 네 번째 40일 주스 금식기도를 하고, 200만명이 합세하면 미국과 세계에 전도의 문이 열리고 악령의 세력이 결박되며 21세기를 준비하는 성령의 대부흥의 바람이 불 것 같다는 환상을 보았다. 지금 미국에서는 일만 교회가 인공위성으로 서로 교신하며 금식기도 운동에 동참하고 있다. 주님 재림 전에 최후 최대의 부흥운동의 기폭제가 될 것 같다.

독자들의 이해를 구하면서 나는 C.C.C. 운동 40년 경험을 토대로 금식기도의 필요성과 중요성을 나누고 싶다. 머리 끝에서 발바닥까지 성한 곳이 없다고 개탄한 이사야의 말과 같이(사 1:6) 우리는 지금 총체적 위기의 밑바닥을 헤매고 있다. 성령의 바람이 불어야 하겠다(겔 37장, 슥 4:6, 행 1:8).

우리 민족의 약속의 땅, 가나안은 어떤가? 21세기 통일 기독교 민족이다. 교회도 거품을 거둬내고 기독교 인구 25퍼센트의 벽을 뚫고 여호와를 하나님으로 삼는 민족(시 33:12), 예수 그리스도를 주로 삼고 신구약 성경을 신앙과 행위의 표준으로 삼는 민족이 되기 위해서 이 세기가 지나가기 전 요엘서의 금식 성회처럼 민족 단위의 비상구국 금식 성회를 선포하는 환상을 보아야 한다. 홍해나 요단강처럼 건너야 할 강이다. 그런 목적으로 개인적인 금식기도 체험을 간증하고 나누고 싶다.

필자의 금식기도는 일제시대 때부터 시작되었다. 1944년 나는 일본군의 강제징병으로 끌려갔다. 입대했을 때 일본 군대는 지옥의 악마같이 느껴졌다. 신앙의 이유도 있어서 도망가기를 결심했다. 영광 불갑사 해불암으로 피신했다. 40일간 하루 밥먹고 이틀은 금식기도를 했다. 주님께 살려달라는 기도를 했다. 다시 붙잡혀 목포의 초등학교에 집단수용 됐는데 두 번째 탈출을 해서 소만국경으로 갔다. 소련으로 가기 위해서였다.

그러나 관동군 경비망이 너무 삼엄해서 국경 목단강성 마창이라는 한국인 화전민촌으로 숨어 들어갔다. 크리스천들이 예배 드리는 교회도 있었다. 그곳은 강원용 목사님도 일시 피신했던 곳이고, 한국의 해군 군목실장이었던 인광식 목사님, 그리고 성결교의 김인석 목사님이 피신해 계셨다.

나는 일본군의 도망병과 지명수배자가 되었고 아버지는 날마다 주재소에 끌려다녔다. 잡히면 총살형이었다. 거창한 애국 애족 항일 같은 의식은 없었다. 다만 나는 살고 싶었다. 내가 살려면 일본이 망해야 하고 잡히지 않아야 했다. 그곳은 일본 관동군 한복판에 있었다.

하루하루가 생사의 기로에 있었다. 24시간 살려달라고 기도했다. 내 생애에 가장 많이 책을 읽었다. 일 년 동안 김인석 목사님 윗방에 숨어 있으면서 반은 금식을 했다. 잠도 세 시간 정도 잤다. 기도하다가, 살려 주시면 이렇게 살겠다고 누구나 하듯이 약속기도를 했다. 민족을 복음화하는데 작은 씨앗 되겠다고도 수백번 약속했다.

해방이 되고 주님과 약속한 대로 신학교에 들어갔다. 장로교의 평양신학교는 봉천(심양)에 망명했고 장로교신학교는 유일하게 조선신학교밖에 없었다.

필자는 지금 합동신학대학원대학 총장인 신복윤 목사님과 룸메이트가 됐다. 두 사람은 몹시 은혜를 갈망했다. 필동의 어느 집 이층방을 빌려서 15일간 금식기도를 했다. 섭식의 지식이 없어서 금식이 끝나자마자 두부장사가 "두부 사세요." 하고 지나가기에 두부 사서 간장에 찍어먹고, 신목사님은 괜찮았는데 나는 반 죽다가 산 경험을 했다. 기숙사로 돌아왔는데 그때 식사는 통밀밥이었다. 먹는 대로 100퍼센트 통밀밥을 설사로 배설했다.

　이렇게 시작한 금식기도는 내게 문제가 생길 때마다 필수적인 의무처럼 되었다. 반드시 기적적 응답을 받았다. 6.25 3개월 동안도 반은 금식을 했다. 매년 두세 번씩 산으로 가서 3일씩 금식기도를 했다.

　'57년 공부하러 미국 가는 날부터 지금까지 아침을 금식하기로 서원했는데 특별한 손님과 아침식사를 하게 되는 때를 제외하고는 38년간 하루 한 끼는 금식을 하면서 살아왔다. 큰 일이 있을 때마다 20일, 15일, 10일, 7일, 3일, 수없이 금식하며 기도를 했다.

　특히 '76년 12월 4일부터 '77년 1월 12일까지 월남이 공산화되면서 김일성 남침 위협이 초읽기로 접어 들었을 때, 주님이 시켜서 19인의 C.C.C. 간사들을 데리고 물만 마시고 40일 비상 구국 금식기도를 한 일이 있다. 그 기도가 주님의 명령이라고 확신하는 여러 증거가 내게는 있었다.

　26가지 기도 제목이 있었는데 기적같이 응답되었다. 그중에는 정동의 구 러시아 대사관 자리에 짓는 C.C.C. 회관에 관한 것도 포함되었는데 기적이라고밖에 설명할 수 없는 방법으로 응답해 주셨다.

　가장 큰 응답은 월남이 공산화된 후 김일성이 북경에 가서 "없어지는 것은 38선, 새로 생기는 것은 통일"이라고 오만한 호언을 하고 남침 위협을 했는데 많은 성도들의 기도와 나의 금식기도도 응답하시고 위기가 사라졌다.

　'74년 8월 13일~16일, 323,419명이 합숙 전도 훈련받음(사상 최대 합숙 훈련인 Explo '74).
　'80년 복음화 대성회
　'84년 국제 기도성회
　'85년 인공위성을 통한 Explo '85
　'94년 6.25 여의도 기도성회
　'95년 세계선교대회

'40년 C.C.C. 역사상 처음으로 C.C.C. 내부에서 일어났던 연옥 같은 시련을 당할 때, 조선일보에 2년, 동아일보에 1년 매일 예수칼럼을 쓸 때, '80년 창조과학회를 만들 때, '65년 국회 조찬기도회를 만들고 68년부터 네 번 대통령 조찬기도회에서 설교를 준비하면서, 내 딸이 암으로 죽게 될 때, 나와 C.C.C.의 위기 때마다 나는 3일에서 일 주일씩 콘도나 기도원 같은 곳을 가서 금식기도를 했다.

박정희 대통령이 시해되고 나라가 위기에 빠졌을 때 '80년 세계선교대회를 준비하면서 300여 명의 전 C.C.C. 간사가 3일간 금식기도를 했고, 횃불센터 원장 이형자 권사의 재정 도움으로 전 매스컴에 구국회개 비상 금식기도를 40일간 캠페인 호소하고, 3.1운동 기념일을 마감으로 한얼산 기도원에서 3일간 1만명이 금식기도를 한 일도 있다.

'84년 I.P.A.(International Prayer Assembly:국제기도성회) 준비위원장을 하면서 뚝섬에 우중임에도 천막을 치고 연 3만명이 3일간 금식기도를 했다. 40일 금식기도 한 사람의 동기가 철저한 회개와 성령의 인도하심 없이 사도행전 8장의 마술사 시몬처럼 신유와 기사와 이적 행함과 안수해서 성령받게 해주는 이기적 목적의 기적사가 되기 위한 안수권을 돈 주고 사려는 사람처럼 불순한 이기적 목적으로 한 사람들을 나는 알고 있다. 금식기도 하기 이전보다 그 이기성과 사기성이 고단수로 위장되고 교만하고, 직업적인 신유, 예언, 거짓 선지자 노릇하는 사람도 알고 있다.

하나님 기뻐하는 참 금식은 더 성결, 경건, 겸허하고 선한 사마리아 사람처럼 이웃을 돕고 더 절제하고 더 온유하고 더 열심히 전도하고 성령의 9가지 열매가 무르익어야 한다.

다음에 나오는 간증들은 C.C.C.가 매년 원단에 개최하는 금식기도회에 참석하여 받은 은혜와 기도 응답들이다. 당신에게도 금식과 기도를 통해 그러한 영적 각성과 부흥, 기도응답을 기쁨으로 누리길 바란다.

2) 금식기도회 참석자들의 간증

가정 복음화와 만년 축농증을 고침 받음

1987년 나는 대학에 입학했고 선배의 전도를 통해 예수님을 개인적으로 알게 되었고, 순모임을 통해서 예수님을 영접하게 되었다. '87년 12월에 원단 금식수련회가 있는 줄도 몰랐다. 이전에는 금식이라는 뜻도 모를 뿐만 아니라 금식할 필요도 없었다.

'87, '88년 원단 금식수련회에서 금식하며 기도할 수 있었는데, 가장 절실한 기도 두 가지가 있었다. 하나는 가정의 완전한 복음화였다. 내가 예수님을 알고부터 나의 가족들도 예수님을 영접하고 구원받는 것이 절실하게 필요함을 발견하게 되었다.

두 번째는 만년 축농증으로 고생하는 것이 낫게 되는 것이었다. 체질이 바꿔지는 것이었다. 봄, 여름, 가을, 겨울 4계절을 손수건 없이는 생활할 수 없을 정도로 심한 상태였다.

첫 번째 기도를 조금씩 조금씩 하나님께서 응답하고 계신다는 것을 '98년 현재 하나씩 나타나는 열매로 볼 수 있다. 어머님, 형수님, 여동생이 예수님을 영접하고 누나, 형님, 매형들이 예수님에 관하여 관심을 갖고 있고, 완강했던 아버지도 복음에 대하여 관심을 갖고 있다. 틀림없이 하나님께서 첫 번째 기도를 응답하실 것을 확신할 수 있다.

두 번째 기도는 즉시 응답되어서 손수건이 필요 없이 생활할 수 있게 되었다. 가정 속에서 간증거리가 되었다. 매년 금식수련회가 있을 때마다 어머니는 나에게 기도한 모든 것 응답 받고 오라고 격려해 주시고 등록비를 주시곤 하셨다. 기도 중에서도 특별히 금식기도는 체질을 바꿀 수 있는 하나님의 능력이 있다. 전국적으로 하게 되는 '99년 원단 금식수련회는 나의 절실한 기도와 민족의 절실한 기도가 응답 받는 역사적인 날이 될 것이라 확신한다.

김한수 간사 / C.C.C. 원주지부

떠나야 할 것을 깨닫게 해준 금식기도

내가 최초로 참석했던 원단 금식기도회는 '79년 12월 31일로 기억된다. 시골에 사시던 아버님께서 여행하실 차림으로 오셨다. 나사렛 형제들의 '80 원단 금식기도회에 참석하러 가시기 위해서였다. 아내도 동참하겠다고 했다. 3박4일 동안 정동에 있는 C.C.C. 회관에서 한다고 했다.

나는 입장이 매우 난처했다. 팔순인 아버님께 안녕히 다녀오시라고 할 수도 없었다. 또 아내도 없이 썰렁한 집에서 밥 지어먹는 홀아비 생활을 하는 신세가 처량할 것 같았다. 모두가 기도의 제목도 정했단다.

도대체 금식기도회는 어떻게 하는 것일까? 노인을 아내에게만 부탁한다는 것은 무책임하겠고, 오래간만에 효도 한 번 하는 셈치고 서둘러 짐을 꾸려서 출발했다.

막상 도착해 보니 참석자들은 어린아이로부터 노인에 이르기까지, 사회 초년생으로부터 상당한 지위에 있는 분, 휴가 나온 사병으로부터 고급 장교에 이르기까지 그야말로 천태만상이었다. 지역적으로는 전국에서, 심지어는 해외에서도 참석하였다.

도대체 이많은 사람들이 무엇 때문에 모였을까? 맛있는 음식을 제공하는 것도 아닌데, 잠자리가 편한 것도 아닐 터인데, 원단 금식기도회가 벌써 몇 번째라던데… 나는 호기심도 더해갔지만 한편으로는 배가 고파왔다.

순서에 따라 찬양, 말씀, 기도 등이 이어져갔고 어지간히 지쳤을 때에야 끝났다. 남자들은 숙소가 부족해서 여관을 사용했다. 나는 서대문 로터리에 있는 여관을 배정 받아 찾아가야 했다. 회관을 벗어나자 연말이기 때문에 손수레에서 파는 오징어나 밤, 땅콩의 유혹에 직면하게 되었다. 숙소로 가는 도중에는 왜 그리도 음식점은 많은지…

하필이면 이렇게 먹거리가 풍성할 때 기도회를 해야만 직성이 풀릴까, 배정받은 방에 들어가니 점입가경이었다. 네 사람이 누워 보니 발끝과 머리는 양쪽 벽에 닿을 정도며 옆으로는 한쪽 팔이 겹쳐질 정도로 비좁은 방에서 밤을 지냈다.

그런데 놀라운 것은 그런 상황인데도 불평한 사람이 없다는 것이었다. 의식이 아스라할 때 들려 오는 기상을 알리는 찬양은 정말 천사들의 화음이었다. 여러 해가 지난 지금도 내 귀에 여전히 은은히 메아리쳐 오는 것만 같다.

그러나 그 여관의 음식 끓이는 구수한 냄새는 먹고 싶은 충동을 불러 일으켰다. 함께 모여 찬양, 말씀, 기도하면서 3박4일도 어려움 없이 승리하게 되었다. 마지막 시간에 보식할 때 한 공기도 못되는 무죽과 동치미 국물을 받아 들고 쏟아지는 눈물을 걷잡을 수가 없었다. 왜 체면없게도 눈물이 날까 생각해 보았다. 6.25 당시는 먹을 것이 부족해서 모두들 어려움을 겪던 시절이 생각난 것이다.

"여호와께서 아브람에게 이르시되 너는 너의 본토 친척 아비 집을 떠나… 가라… 너는 복의 근원이 될지라"(창 12:1~2) 내가 복을 받으려면 떠나야 되는 것이 탐심이었다. 욕심껏 먹었을 때는 소화제 신세를 져야만 되었다. 그러나 그 후로는 단 한 번도 소화제를 먹은 적이 없었다. 또 술에서 떠나라는 것이었다. 출세도 해야 되고, 사교도 해야되니 술자리에 나도 자연히 함께 어울렸다.

그러나 그 결과는 말할 수없이 많은 시간과 금전의 낭비, 실수, 후회의 연속이었을 뿐이다. 그런데 지금은 술로 인한 어떠한 낭비나 실수도 있을 수 없으니 그것이 하나님께서 나에게 주신 복이 아니고 무엇이겠는가.

그 기도회를 통해서 내가 떠나야 할 것을 알게 해주신 주님을 영원히 찬양할 뿐이다. 기회가 주어질 때마다 새롭게 내게 주시는 말씀이 무엇인가 듣기를 소원한다.

조동섭 교수/전남대 독어독문학과

많은 기도 제목을 정확하게 응답해 주심

우왕! 말만 들어도 끔찍했다. 밥을 굶다니, 그것도 하루도 아닌 3일씩이나, 솔직히 자신이 없었다. 두 끼만 굶어도 현기증과 온 몸이 저려오는 현상이 일어나는 나로서는 도저히 감당하기 힘든 수련회였다. 그래서 난 한 달 전부터 "그래 난 안 가."라고 다짐하곤 그렇게 밀어 붙였다.

하지만 나의 생각과는 다르게 내 마음이 조금씩 변해 갔다. "그래 한번 가 보자. 다들 하는 건데 뭐, 나라고 못 할 거 없지." 그때부터 부랴부랴 기도 제목들을 뽑아갔다. 수련회 기간 내내 졸립고 슬슬 배가 고프기도 하고 무척 힘들었다. 배가 너무 고픈 나머지 소금을 왕창 먹기도 했으나 배가 뒤틀려 고통스럽기만 했다.

그러나 찬양의 시간은 감동의 시간이었다. 다들 어디서 그런 힘들이 나오는지 춤추며 찬양하던 그 시간! 그것은 육체의 찬양이 아니라 영혼의 찬양이었다.

나의 기도 제목은 성결대에 편입하게 해주실 것과 영어의 장벽을 깨고, 등록금의 장벽을 깨는 것이었다. 두 번째는 순원 4명만 달라는 기도였다. 세 번째는 단기선교에 가게 해 달라는 기도였다. 네 번째는 찬양의 길과 귀한 사역자를 만나게 해 달라는 기도였다. 다섯 번째는 어머님의 건강을 위한 기도였다. 그 결과 첫 번째 기도 제목부터 네 번째 기도 제목은 너무도 정확하게 응답을 받았다. 성결대로 편입도 하고, 4명의 순원을 만났고, 단기선교도 갈 수 있었고 복음성가 가수인 이은수씨를 만나게 되었다.

그러나 마지막 기도 제목은 무참히 거절되었다. 단기선교가 끝나기 하루 전 어머님이 소천하신 것이다. 처음엔 울분의 감정 때문에 견디기 힘들었지만 나중에 이 기도 제목도 응답해 주셨음을 알 수 있었다. 간경화 말기에 이미 간 기능의 회복은 불가능. 더 살아봐야 삶의 고통인 것을 주님은 아셨다. 가장 적절한 때에 주님이 불러 가신 곳. 그곳에 계신 것이 건강의 회복이요, 근심 걱정 없는 최고의 기도 응답이라는 것 이제야 진실을 깨달았다. 주님의 보너스 선물은, 꼭 한 번씩은 감기 몸살로 앓아 누워야 했던 내게 건강을 주신 것이다. 할렐루야!

강산구/대학부 원

가정복음화와 캠퍼스 파수꾼의 삶을 응답해 주심

처음 금식수련회에 참석했던 대학 1학년, C.C.C.를 통해 하나님을 인격적으로 만났고, 배우며 따르기로 작정하고 기도하며 뛰어다녔던 그때는 값진 것이 별로 없어도 참 행복했던 것 같다.

새내기라는 예쁜 이름도 거의 퇴색이 되어 갈 12월, 금식수련회라는 것을 준비하며 100여 가지의 기도 제목을, 순장님의 흉내를 내어가며 민족, 가족, 교회, 중보기도, 순사역 등으로 작성했던 것이 기억난다. 그 당시 나는 만 4년의 신앙생활을 하고 있었고 하나님은 나에게 가정을 향한 주님의 마음과 사랑을 허락하셨다. 정말 그 동안 한번도 빠짐없이 식사기도 때마다, 기도회 때마다 가족들을 위해 기도했다.

금식수련회를 준비하며 7끼, 8끼를 금식한 적이 한 번도 없어 "혹시 금식을 하다가 죽을 수도 있겠구나!" 생각하면서 가정을 위해, 다른 기도 제목보다는 가정복음화를 위해 정말 죽기를 작정하고 기도했다.

나중에 알게 됐지만 그 정도 금식으로 죽은 사람은 없단다. 순원들을 만나기 위해서도 빠짐없이 조목조목 기도를 했다. 금식수련회 후 2월, 우리 가정은 어머니의 갑작스런 병환으로 예수님을 영접하였고 교회를 다니게 되었다. 순원들 또한 준비된 3명을 만났고 나중에 그들 또한 신실한 캠퍼스 파수꾼으로 서는 것을 보게 되었다.

임순주/대구교육대 '97년 졸업

평생 공동체의 꿈을 주심

'금식수련회'하면 가장 먼저 떠오르는 곳이 있다. 양산 감림산 기도원. 해마다 부산, 경남의 C.C.C. 지체들이 모이는 곳. 한겨울의 얼음 같은 물로 머리를 감던 곳.

하지만 그 추위를 모두 녹여버린 뜨거운 찬양과 회개의 역사와 구원의 감격과 눈물의 기도와 말씀의 풍성함이 느껴지는 곳. "그 곳에 대한 간증을 할 사람?" 하고 물었을 때 가장 먼저 "제가 하지요."라고 대답했다. 그만큼 할 말이 많았기에….

양산 감림산 기도원과 인연을 맺은 것은 1학년 때인 1992년이 처음이었다. 처음엔 평소 사랑방에서 하루 금식을 하던 터라 일곱 끼는 약간의 두려움으로 가슴을 조렸다. 하지만 그 일곱 끼의 횟수가 나를 괴롭게 하지 못했다. 갈수록 깊어져 가는 말씀의 깊이 속에 이미 나는 육체의 배고픔은 잊어버렸다. 그래서 해마다 한 번도 졸 수가 없었다. 기도도 풍성했다. 먹지 않는다는 것이 그렇게 많은 시간을 가지게 하는 줄 이전엔 몰랐었다.

'93년에는 집이 학교에서 30분 거리지만 사랑방에서 살고 있던 순원 민호의 순장의 삶과 평생 방장으로 살 것과 졸업 후에도 함께 살 평생 공동체에 대한 확신과 비전을 놓고 기도했었다.

그 응답으로 민호는 '98년에 사랑방에서 훈련받았고 지금은 다음 방장을 준비하며, 경남대 총무 순장으로 섬기고 있다. 비전은 금식수련회에서 알 수가 없었지만, 사흘 금식에 대한 두려움의 벽을 수련회에서 이미 깨뜨린지라, '97년 5월 캠퍼스 학기 중에 작정 금식을 통해 평생 선교사로, 전임 사역자로의 비전을 발견하게 되어 지금은 쥬비 중이다

'94년 수련회는 한 해 동안 순사역의 실패와 캠퍼스 대표단으로서의 6개월이 아픔이 되어 상한 마음으로 갔었다. 그 응답으로 하나님께서 한번도 교회에 다녀본 적도 없었던 조재열 순장을 붙여주셨다.

그리고 내가 준비된 후인 4학년 1학기 중에 군에 가게 하셔서 군 속에서도 10여 명과 순모임을 하는 은혜를 주셨다.

　전역 후 바로 맡았던 대표순장이라는 직책이 너무나도 바빴기에 하나님과의 교제를 위한 기도 제목을 안고, 또 캠퍼스 복음화를 위해 4학년인 나를 대신할 사람들을 위해 기도했던 '97년에는 여섯 명의 순원들과 순모임을 하는 영광을 주셨다. 이제는 이들이 평생 방장으로 공동체를 꿈 꾸기를 기대하며 금식수련회를 기다린다.

김선봉/ 경남대 행정학과 92

한 해를 주님이 인도해 가심

C.C.C.에서 4영리를 통하여 예수님을 믿게 된 나는, 여태껏 한끼도 굶어보지 않았는데 원단 금식수련회로 하루도 아니라 7끼를 금식하게 되었다. 순장님은 순장의 삶은 금식기도 없이는 감당할 수 없으며, 특별히 금식기도는 기도 응답이 100%로 보장된다고 동기부여했고, 나는 그만 가겠다고 말했다.

　내가 가정에서 예수님을 처음 믿었기 때문에 가정 복음화와 순원에 대한 기도 등 40여 가지의 기도 제목을 적어 금식기도에 들어갔다. 한 끼, 두 끼, 세 끼 금식을 할수록 인간의 나약함과 한계, 음식에 대한 깊은 감사가 저절로 나왔다.

　그리고 하나님의 은혜를 구할 수밖에 없었다. 힘이 없어 적어간 기도 제목을 읽기만 하는 수준으로 기도를 하고 수련회를 마쳤다. 금식이 너무 힘들어 '다음에는 절대로 가지 않으리라!'고 속으로 다짐했다.

　그런데 그 해 사역을 통해 금식기도의 맛을 보게 되었다. 순원들이 쉽게 연결되어 잘 성장하고 가정의 핍박도 그리 심하지 않았다. 그 다음 해 나는 순장으로서 순원들을 데리고 금식 수련회에 가야 했다. 내게는 금식이 너무 힘들었지만 순원들에게 "할머니 순장님이랑 같이 금식 수련회 가렴"이라고는 도저히 말할 수 없었다.

그래서 이번에는 금식이 힘들지 않게 해달라고 금식을 위한 준비 기도를 많이 하고 순원들을 동기 부여하여 또 다시 금식수련회에 갔다. 준비 기도를 많이 해서 그런지 이번 금식기도는 힘들지 않고 마칠 수 있게 되었다. 그 이후 새로운 해를 맞이하면서 금식기도로 준비해서인지 많은 축복을 누리게 되었다.

무엇보다 한 해를 주님이 인도해 가심을 볼 수 있었고 기도한 대로 예수님에 대해 마음이 열린 올케 언니가 들어와서 아이들이 모두 교회에 다니고 기독교에 대해 아주 부정적이었던 오빠가 이제 나를 후원해 줄 정도로 긍정적이며 교회에도 몇 번 나갔다.
지금은 가족이 모두 예수님을 영접했고, 어머니와 오빠가 지속적으로 교회에 나가는 일만 남았다. 한 가지 정말 재미있는 기도 응답은 임신 중인 올케 언니가 이번에 낳을 둘째 아이는 외모가 오빠를 쏙 빼닮은 아들을 가지고 싶다(첫째 아이는 고모를 닮았고 딸임)고 기도 제목을 부탁했는데 신실하신 하나님이 정말 100% 응답해 주셔서 복사판(?), 붕어빵(?)이라는 소리를 듣고 있다.
전심으로 기도할 때 우리에게 최선의 것을 주시고자 하시는 하나님께 감사와 찬양을 돌려드린다.

세일선 간사/ C.C.C. 교육국

캠퍼스 부흥을 체험케 함

"내 이름으로 일컫는 내 백성이 그 악한 길에서 떠나 스스로 겸비하고 기도하며 내 얼굴을 구하면 내가 하늘에서 듣고 그들의 죄를 사하며 그 땅을 고치리라"(대하 7:14).
하나님께서 자신을 전심으로 찾고 찾으면 만나 주시겠다고 성경은 약속하고 있다. 매년 연말이 되면 우리는 한 해의 사역을 마무리하기 위해 금식수련회를 개최한다.
민족의 총체적인 위기와 IMF로 인한 국가 경제 부도 위기 앞에 하나님의 긍휼하심과 인자하심을 구할 수밖에 없었다. 죄로 인해 국가가 역사에서 사라져 버린 경우는 있어도 가난으로 나라가 망한 민족은 없었다고 한다. 또한 이제 막 사역을 시작한 부천지부에 하나님이 함께 하시지 않으면 안되었다.

5개 대학에 3명의 간사로 사역을 효과적으로 한다는 것이 쉽지 않지만 하나님의 은혜 앞에 무릎을 꿇을 때 가능하리라는 확신이 들었다. 배고픔보다는 하나님께서 주시는 성령의 능력을 힘입어 잘 감당할 수 있었다.

새 학기가 되었을 때 하나님께서 사역에 함께 하심을 생생하게 체험할 수 있었다. 전도를 통해 신입생들이 연결되기 시작했고 채플 때마다 신입생들을 많이 보내 주셨다. 여름수련회 목표를 150명으로 정하고 기도했었다. '97년에 85명이 갔었는데 하나님께서 '98년에는 140여 명의 학생들을 보내주셨다. 우리 사역에 함께 하신 하나님을 찬양한다.

신철우 간사 / C.C.C. 부천지부

정확하고 빠른 응답 체험

매년 12월 말이면 C.C.C.에서는 금식수련회를 가진다. 금식은 쉽지 않지만 응답은 빠르다. 2학년 때는 호산나(율동팀)로 서면서 찬양 속에 거하시는 하나님을 만났다.

그때는 2가지를 놓고 집중 기도하였다. 첫 번째는 "자매 사랑방을 세워 주소서."였고 두 번째는 "92학번 지체들과 하나되는 동역을 이루소서."였다.

금식수련회가 끝나고 새 학기를 맞이하면서 하나님은 너무도 신실하게 응답하셨다. 사랑방이 처음 세워진 것이라 무엇보다 기도를 많이 심었다. 물건을 구입하는 것부터 차근차근히 주님께서 응답하셨다. 냉장고, 밥통, 책상···. 두 번째 기도 제목에도 주님이 적절히 응답하셨다. 92학번 지체끼리 너무 잘 뭉쳐서 순원들이 질투하기까지 했다.

　이렇게 금식기도는 응답이 정확하고 빨리 된다. 육체적으로 피곤하고 힘들지만 1년을 기도로 준비한다는데 의의가 있다. 무엇보다 지금은 나라와 민족을 위한 비상기도를 모을 때이다. 모든 교회가 연합하여 기도에 힘쓴다면 주님께서 더없이 역사하실 것이다.

엄일남 간사 / C.C.C. 대전지구

주님의 시간에 주의 뜻 이뤄지리!

금식이라는 단어를 접할 때에는 왠지 성경적이고, 은혜스러운 것같이 느껴진다. 그렇지만 막상 참여해 보면 배고픔의 고통을 이겨야 하는 관문이 있게 마련이다.

　그럼에도 불구하고 나에게 잊혀지지 않는 '96년도 금식수련회! 그 어느 때보다도 나의 진로와 가정, 학교, 교회 등 여러 가지로 인하여 나를 짓누르게 했던 때도 없었던 것 같다.

　어느 것 하나 나에게 숨을 쉴 틈조차 주지 않았다. 아버지의 갑작스러운 사고는 집안의 근심이 되었고 더군다나 회사가 부도나 더 이상 생계가 불가능하게 되었다(아버지의 수술비, 생계 유지비 등). 누나와 난 아직 학생 입장이어서 더 답답하기만 하였다.

　또한 나의 순원들! 어떤 순원은 군대에 가기 위하여 휴학을 하고, 어떤 순원은 보이지 않는 담으로 인하여 관계가 너무 어색해졌다. 한편 사랑방 사역으로 인해 내 생활은 더욱 긴장되어 있었다. 그동안 같이 순모임하고 있던 순장님과도 이별을 해야만 했다. 그 순장님이 너무 힘들어 하였고 군대 문제도 있기 때문에 난 다른 순장님과 연결되었다. 순장이 바뀐 것이 벌써 3번째다.

　그렇지만 나를 더욱 근심하게 했던 것은 음악 사역이었다. 이제까지 쌓아왔던 것들이 군대에 가면 무너지고 말 것 같은 느낌이었다. 난 정말 탈출하고 싶었다.

　영·육간에 너무 피곤하여서 어디에서 단 일 주일 아니 하루만이라도 조용한 곳에 있고 싶었다. 철저한 고독으로 너무 외로웠다. 그냥 막 울고 싶은데 울음도 나지 않았다. "하나님 정녕 나를 버리시렵니까? 엘리 엘리 라마 사막다니!" 나의 환경, 나의 생활이 이러하기 때문에 금식수련회가 더 기대되었고 하나님을 더욱 더 찾게 되었다.

교회사역으로 인해 첫날부터 가지 못하고 둘째 날 오후쯤에 도착하게 되었으나, 수련회장에의 뜨거운 기도의 열정들을 금방 느낄 수 있었다. 하나님께서 금방이라도 나에게 다가올 것만 같았다.

나의 기도의 노트를 펴는 순간 하나님께서 나의 마음을 위로해 주시는 것만 같았다. 난 그냥 막 눈물이 나려고 하는 걸 참을 수가 없었다. 하나 하나 기도 제목을 놓고 기도하기 시작했고, 하나님께서 응답해 주실 거라는 확신이 왔다. 난 무엇보다도 군대 입대 문제와 음악사역 문제를 놓고 기도하였다.

또한 가정을 놓고 기도를 하는데 과거에 우리 가정의 모습들이 하나 하나 지나가는 과정 속에서 그냥 감사하는 말밖에는 나오질 않았다. 언제라도 가정의 분열 위기에 놓여 있음에도 불구하고 끝까지 지켜주시는 주님! 나를 모태에서부터 조성하신 주님! 순원을 떠올릴 때는 기도하지 않으면 견딜 수 없는 마음과 순장으로 그의 앞길을 위하여 기도하게 되었다.

그리고 찬양의 시간은 너무 은혜스러웠다. 가사의 내용들이 나를 위해 지어놓은 것만 같았다. "주님의 시간에 주의 뜻 이뤄지리 기다려 하루 하루 살 동안 주님 인도하시리. 주 뜻 이룰 때까지 기다려"

또한 영성있는 말씀은 나의 영적 필요를 채워주기에 충분하였고 나의 생활에 깊이 있게 적용하게 되었다.

금식수련회 후 아버지의 건강은 점점 회복되었고 돕는 손길을 통하여 가정의 필요가 채워졌다. 또한 군대도 연기되었고, 음악 선교단체를 통하여 훈련도 받게 되었다.

지금도 그때를 생각해보면 주님의 손길이 아니었으면 도저히 감당하기 힘든 일이었다. 금식수련회를 통하여 나의 인생 길에 주님을 신뢰하는 마음이 더욱 깊게 되었다. 이제는 말씀 속에서 깊이 있게 주님을 만나게 되었고, 살아 숨 쉬는 것, 주님께서 지으신 모든 만물에 대하여 감사를 드린다.

윤진영/ 목원대 3학년

실명 위기에 있던 형제를 고쳐주신 하나님

'90년에 함께 사역했던 한 지체가 배드민턴을 치다가 실수로 셔틀콕이 눈에 맞아서 한 쪽 눈이 실명되고 피가 소뇌로 흘러 들어가 상당히 위급한 상태였다. 그때 함께 했던 지체들과 하나님의 뜻을 기대하면서 하루를 통째로 금식하면서 기도했었는데 하나님의 인도하심을 확신할 수 있었다.

우리가 목숨을 걸고 금식기도 한 다음 날 다행히 소뇌로 흘러 들어가던 피가 마르게 되었고 한쪽 눈이 실명의 위급한 상태였는데 기적적으로 눈이 정상으로 돌아왔고, 전혀 움직일 수 없었던 그가 바로 며칠 후엔 퇴원을 하게 되었다.

그 당시에는 모두가 기적 같은 일이라고 말을 했는데, 하나님께서 선하게 인도하셨고 기도하면서 얻은 확신도 우리에게 주신 비밀스런 은혜였다. 그 지체는 지금도 건강하고 눈에 아무런 문제가 없다. 그 지체를 볼 때마다 괜시리 흐뭇해지고 그때 마음을 다해 절실하게 기도했던 것이 생각난다.

강희경 간사/ C.C.C. 서울 성동지부

극도의 절망 속에서 이룬 가정 복음화

나는 체력이 약하고 특히 위 기능이 안 좋아 어려서부터 식사를 거른 적이 별로 없었다. 그랬기에 금식수련회로 처음 발걸음을 떼기가 어려웠던 게 사실이다.

하지만 지금까지 6번의 금식수련회와 기도를 통해 소화불량이 해

소된 것을 보며 하나님께 감사드린다.

특히, 4학년 겨울 금식수련회는 잊지 못할 것이다. 해마다 믿지 않는 가정을 위해 기도하는 것이 가장 큰 기도 제목이었는데, 그 해도 변함없이 기도하는 내게 알 수 없는 힘이 함께 하는 것이었다. 너무 지쳐서 기도를 쉬고 싶었지만 쉴 수가 없었고 가족을 향한 뜨거운 기도와 눈물이 계속되었다. '성령이 시키는 기도가 이런 것이구나.' 깨닫는 순간이었다.

그렇게 성령께서 시키는 기도로 3박4일을 보내고 가정 복음화에 대한 확신을 가지고 내려갔을 때 나를 기다린 것은 '아버지의 간암 시한부 6개월'이라는 충격적인 사건이었다. 그러나 참 이상하게도, 극도로 절망적인 가족 앞에서 나는 너무나 평안할 수 있었다.

하나님께서 금식수련회 때 그토록 기도시키신 이유가 여기에 있었음을 깨달았기 때문이다. 기도를 통해 우리의 가정을 변화시키실거란 확신을 얻었기에, 또한 로마서 8장 32절 말씀을 통해 합력하여 선을 이루실 하나님을 기대하였기에 담대히 가족을 위로할 수 있었고 절망하지 않을 수 있었다.

그러나 그 뒤 6개월은 절망한 가정과 극심한 재정과의 싸움이었다. 그러나 6개월이 지나고 아버지는 예수님을 믿기로 결단하셨고, 어머니도 7월 첫 주부터 교회에 나가기 시작하셨다. 아무리 아파도 교회에는 의지하지 않겠다고 하시던 아버지는 그 후 세례까지 받으시고 죽더라도 천국에 가니 감사하다는 말을 남기고 믿은 지 2개월 후, 8월 마지막 날에 숨을 거두셨다.

이후 독실한 불교 신자인 어머니도 개종하셨고, 군에서 제대한 철저한 무신론자 동생도 교회에 나가기 시작했다. 온 집안을 부적으로 도배할 정도인 할머니 또한 1년 후 모든 부적을 불사르고 예수님을 믿기로 결단하셨다. 무엇보다 제사로 일관되던 명절에 아버지의 추모식이 예배로 드려진 것 또한 의미 깊은 사건이었다.

지금까지 오빠와 새언니는 예수님을 믿지 않고 있지만, '94년 금식수련회의 하나님의 약속을 믿는다. 2년여에 걸쳐 오빠를 제외한 가족을 변화시키신 하나님의 증거가 있기에 기대한다. 역사를 일으키기 전 기도로 준비케 하신 하나님, 또한 신실하게 응답하신 하나님. 그 하나님을 신뢰하기에 다시 한번 금식으로 주님 앞에 나아간다.

조미연 간사/ C.C.C. 서울 성산지부

재정 문제까지도 간섭하신 하나님

팔월의 뜨거운 여름. 소명감 가운데 지원한 GCTC 훈련(간사요원 훈련)을 받은 지도 중반이 되어 가지만, 후원에 대한 부담감으로 여전히 힘들어 하며 100일 간의 아침 금식기도를 결정하였다. 막상 금식기도를 시작하고 하니, 첫사랑 때 그렇게 쉽고 좋던 금식이 두려움과 의심으로 다가와 잘 할 자신이 없었다.

결국 하나님의 동행과 보호를 기도하며 금식을 하였다. "하나님이 기뻐하는 금식은 흉악의 결박을 풀어준다"는 말씀처럼 혹이라도 하나님께 기쁨을 드리지 못하는 죄로 인해 후원이 되지 않은 것이라면, 금식을 통해 하나님의 자비를 다시 한번 베풀어달라고 기도했다. 무엇보다 미국 언어연수의 재정 150여 만원을 위해 구체적으로 간구했다.

아침 12시부터 오후 12시까지 기도와 성경 묵상, 찬양, 팡세들의 순서를 가지고 거의 방이나, 때로는 기도원, 교회에서 시간을 보냈다. 물론 훈련 프로그램이 있기에 그것에 충실한 적도 있다. 그러나 주님은 나의 마음의 중심을 보신 것이었는지, 100일의 금식기도를 아주 수월하게 기도와 찬양 가운데 하게 하셨고, 생각지도 않은 분들을 통해 단지 일 주일만에 150여 만원의 재정을 채워주셨다.

너무 놀란 것은 내가 행동하기 전에 기도 가운데 주님이 먼저 일하고 계신 것을 목도하는 시간이었다. 그 어떤 기도보다 힘들지만 생생한 하나님을 만날 수 있는 금식기도도 주님이 하셨기에 잘 할 수 있었던 모습 속에서 내가 의지할 분은 하나님 한 분밖에 없음을 다시 한번 깨닫게 하신 살아 계신 하나님께 감사드린다.

이선화 간사/ C.C.C. 서울 동북지부

금식의 열매, 감사드립니다

작은 언니네 이혼설이 있었는데 금식으로 작정하고 기도한 결과, 기도로 무사히 처리하게 하심을 감사드린다. 아버지가 인격적으로 하나님을 만나서 변화하게 하심을 감사드린다.

최영희/ 순천청암대 1학년

100가지의 기도 제목과 응답들

지금도 나를 사랑하셔서 인도하여 주시고 응답해 주시는 주님께 찬양드린다. 날마다 삶 속에서 회개로 인해 울음이 터질 것 같고 기도하고 싶음으로 인해 강권하시는 주님을 확인할 수 있다.

이렇게 변화된 삶의 시발점은 바로 금식기도 수련회였다. 태어나 처음으로 수련회를 간 것이 우연찮게도 금식하며 기도하는 '97 원단금식수련회였다. 최초의 수련회라는 설레임과 기대감도 있었지만 그것보다 더 떨리게 만든 것은 금식하며 기도할 때 응답하실 하나님에 대한 기대감이었다.

100가지가 약간 넘는 기도 제목을 열흘 동안 작성하면서 내가 기도해야 될 것들이 정말로 많았다는 것을 깨달았고, 기도하지 못한 것에 대해 많은 회개를 했다. 오산리 기도원에 가서는 순서, 순서가 은혜로웠고 큰 도전의 시간이었다. 지금 이 순간 이 글을 쓰면서 나는 하나님께 감사하고 있다. 그때부터 내 생애의 본격적인 기도 생활이 시작되었고, 또한 그 때의 기도 제목들이 하나 하나 1년에 걸쳐 응답되고 있음을 체험하고 있기 때문이다.

집안의 복음화가 진행되고(할머니 두 분), 휴학을 통한 개인적인 신앙이 성장한 해, 비전에 대한 구체적인 방법 제시, 배우자에 대한 기도 제목들이 이루어져 가는 것, 기도가 갈수록 풍성해지는 것 등, 여러 가지가 있으며, 이루어져 가는 응답도 있다. 물론 아직도 답하시지 않는 기도 제목도 있다. 하지만 그것들도 최선의 것으로 적합한 때에 채워 주실 주님을 기대하며 정욕으로 구하지 않을 때 응답해주실 것을 믿는다.

이번에도 '99년 금식수련회를 통하여 '99년을 계획하며, 하나님의 뜻에 합하는 더욱 능력 있는, 깊이 있는 기도를 하고자 하는 마음으로 기다리고 있다. 이 귀중한 체험을 더욱 지체들이 '99년 금식수련회를 통해 함께 나눴으면 한다.

김진희/ 성균관대 93학번

한 영혼을 향한 기도 속에 품은 세계선교

초등학교 때부터 어머니와 기도 짝이 되어 열심히 기도했던 기도 제목. 그것은 '아버지의 영혼과 마음이 주님과 가정으로 돌아오는 것' 이었다. 가족들은 아버지와 경제적인 어려움으로 인해 마음들이 뿔뿔이 나뉘어져 있었고, 다들 어디론가 도망하고 싶어했다. 어린 생각에 가정을 책임질 사람이 없는 듯 보이기도 했으나, 순간순간 듣게 되는 어머니의 기도 소리가 우리를 지켜주셨다.

대학 1학년 C.C.C.를 통해 예수님을 구체적이고 인격적으로 만나면서 나의 기도는 더욱 절실해졌다. 그래서 아침은 거의 금식을 했고, 그것도 모자란다고 생각하여 한 달에 2, 3회씩은 며칠 간 금식하는 날을 정하여 기도했다. 81Kg이던 몸무게가 대학 한 학기를 마치고 나니 65Kg으로 줄어 있었다.

그러나 나의 영과 마음은 주님 주신 평안과, 아버지께서 곧 주께로 돌아오실 것에 대한 확신으로 가득했다. 그리고 안타까움 반, 미움 반이었던 아버지에 대한 감정에는 새로운 사랑이 자라나기 시작했다. 간혹 연락을 드리면 여전히 퉁명스러운 음성으로 전화를 받으시는 아버지, 그러나 그것이 오히려 사랑스럽게 느껴지게 되었다.

아버지의 영혼에 대한 안타까움으로 금식기도를 시작했으나, 기도를 하는 동안 아버지처럼 구원받아야 할 잃어버린 영혼들이 기도 속으로 찾아 오기 시작했다. 그리고 이 민족 전체 속에 구원받아야 할 영혼들, 나아가 세계 열방 가운데 구원 받아야 할 영혼들이 기도 속에서 '복음 전해 달라'고 소리치고 있었다.

하나님께서는 한 영혼의 구원을 위한 지속적인 기도가 세계선교에 대한 눈을 뜨게 하는 하나님의 방법임을 알게 하셨다. 캠퍼스에서 언제나 4영리를 들고 전도하는 나의 모습은 그 후부터 지속적이게 되었다. 대학 1학년이었지만, 학년과 상관없이 하나님은 기도하는 사람을 사용하신다는 사실도 알게 하셨다.

하나님과의 개인적이고 인격적인 관계 속에서 기도하던 중 연말에는 '원단 금식수련회'가 있다는 말을 들었다. 반드시 참석하고 싶었다. "주 예수를 믿으라 그리하면 너와 네 집이 구원을 얻으리라"는 약속의 말씀을 붙잡고 기도했다.

금식 속에 맞이한 청주 C.C.C. 제자훈련원(기도의 마을)에서의 '88년 아침은 정말 새로운 기대감으로 시작되었다. 그 해 하나님께서는 내게 교통 사고를 주셨는데, 이것을 계기로 청주에 올라오신 아버지는 순장님들과 지체들에게서 아버지와 잃어버린 영혼을 향한 나의 기도 생활에 대하여 들으셨고 "나는 아무것도 해준 것이 없는데…"하시며 눈시울을 적셨다.

벌써 10년이 넘었다. 지금 IMF로 건축업에 종사하는 사람들이 많이 어려워하고 있다. 아버지도 건축업을 하신다. 여러 가지로 많은 어려움을 가지고 계신다. 그러나 전화를 드리면 "하나님께서 도와주시겠지" 하신다. 그리고 예전 나와 기도 짝이셨던 어머니와 함께 새로운 기도 짝이 되어 새벽 예배에 참석하시며 기도하신다.

연초에는 집 가까이에 새로 개원한 개인병원을 찾아가 한 번도 교회에 나가 보지 않은 원장님을 교회로 인도하시기도 했다. 요즘 기도 제목이 무엇이시냐고 여쭈어 보면, "빨리 건물이 팔려서 결혼도 않고 나를 도와준 애경(필자의 누님)이에게 유치원 하나 지어 주는 것이고, 기도원을 세워 너희 어머니가 기도원 원장하고 나는 청소도 하고 운전도 하는 것이지" 하신다. 몇 년 전만 해도 "포항 땅에 있는 돈 다 모으는 것이다" 하셨던 아버지시다.

아버지께서 하나님을 개인적으로 만나 그 관계를 즐기시는 것이 내게는 행복이다. 이 모든 것은 금식을 통해 말씀하신 하나님의 약속이었다. 앞으로 더 크고 비밀스러운 약속을 풍성히 경험하고 싶다.

송주형간사/ C.C.C. 청주지구

그리 아니하실지라도 감사해요!

"네가 부를 때에는 나 여호와가 응답하겠고 네가 부르짖을 때에는 말하기를 내가 여기 있다 하리라"(사 58:9)

순원으로 처음 참석하는 금식수련회, 순장님은 금식하며 기도하는 것은 하나님께서 다 들어주신다 하시며 100가지 기도 제목을 조목조목 뽑아 가자고 했다. 7끼를 금식한다는 것이 굉장한 두려움으로 다가왔었지만, 하나님의 기도 응답의 기대 속에 참여하게 되었다.

금식수련회를 통해 하나님께서 은혜를 부어주셨던 것들 중에 특별히 깨닫게 해 주셨던 부분이 있었는데, 그것은 내 안에 내주하시는 성령님에 대해서였다. 지금까지 살아오면서 시기하고 원망했던 일들 속에 내주하시는 성령님이 얼마나 가슴 아파하시고, 또 내 자신이 얼마나 성령님께 많은 근심과 걱정을 끼쳐드렸는지…, 내 마음속에는 탄성과 울음이 그치지 않았다.

내 안에 계신 성령님께서 얼마나 나를 사랑하시고 붙드시고 계시는지를 알게 되었다. 그리고 앞으로의 생활들은 나를 품고 계시는 성령님께 모두 맡기겠노라고 고백하게 되었다.

금식수련회 이후에 내주하시는 성령님께서는 기도 제목 한 가지,

한 가지를 품어주시고 응답해 주셨는데, 그 중 한 가지는 장학금을 타게 해달라는 것이었다. 캠퍼스 신입생 면접 때 노방 찬양을 하게 되었는데, 같은 과 학우가 지나가면서 "길승아, 시험 성적이 좀 떨어졌더라." 말하는 것이었다. 순간 나는 찬양이 입 밖으로 나오지 않았다. 견디다 못해 조용히 그곳을 벗어나 한적한 곳에 가 앉았다.

하나님 앞에 불평도 해 보았다. 하지만 마음에 평안이 없었다. 그래도 감사할 수가 없었다. 난 주님의 일을 위해 열심히 시간을 드렸고 또한 학업에서도 최선으로 드렸는데 왜 이런 소리를 학우에게 들어야 하는지. 빛과 소금의 역할을 감당해야 하는데, 그래서 주님을 믿는 자녀는 이렇게 멋지고, 풍성하게 삶을 살아갈 수 있다고 당당하게 말하고 싶었다. 모델적인 크리스천이 되고 싶었던 것이다.

이렇게 한참 생각 속에 잠겨 있다가 내 안에 위기감이 느껴졌다. 이대로 머무를 순 없다 라는 생각 속에, 그렇다면 지금 상황의 최선은 무엇일까? 그것은 감사하는 일이라고 생각되어졌다. 그래서 내가 할 수는 없지만 주님께서 주시는 믿음으로 감사하기 시작했다. 그리 아니하실지라도 감사하겠노라고 고백하기 시작했다.

몇 달 후 학교 통장을 정리하려는데 4월 13일자로, 장학금이란 명목으로 480,000원이 입금되어 있었다. 참으로 감사가 끊이지 않았다. 역시 하나님께서는 신실하게 나의 기도에 응답하셨다. 특별히 금식하며 기도하는 부분은 우리의 간절함을 보시고 응답해 주신다는 것을 깨닫게 되었다.

양길승/ 서울 의포지부 신흥전문대 96학번

예수님을 인격적으로 영접하다!

좀 색다른 경험이었다. 다들 대학생이 되어 참석하는데 난 고등학교 3학년으로 참석했다. 형의 권유로 왔는데 교회도 그땐 다니지 않을 때였다. 아무런 준비 없이 참석했고 사전 정보도 없었다.

그런데 금식을 하기 시작하면서 기운이 없어지고, 아무 생각도 없어져 쓰러져 잠만 잤다. 거의 첫 날부터 마치기 전 날까지 강의, 찬양 시간에는 잤다. 엄밀히 말하면 쓰러져 있었다. 마지막 날 헌신예배 때였다. 그 날도 마찬가지로 자고 있었다. 그런데 설교가 끝나고 불이 꺼졌다. 그리고 '예수' 영화가 상영되었다. 난 순간적으로 잠에서 깼다.

한 청년이 등에 큰 십자가를 지고 가는데 뒤에서 웬 무서운 사람이 채찍을 휘둘렀다. 난 겁이 났다. 그런데 큰 강당의 뒤에서부터 앞까지 몇 번을 쓰러지며 갔다. 그리곤 십자가에 못 박혔다. 갑자기 내 눈에 눈물이 흘렀다. '내가 죽어야 할 자리에 왜 그가 있는가?'란 생각을 하여 하염없이 울었다. 그리고 예수님을 인격적으로 영접했다. 금식이 힘들었음에도 내겐 너무도 소중한 기회였다. 그 후로 6번을 참석했고 참석할 때마다 새로운 은혜로 채워 주셨다.

이병천 / C.C.C. 부산지구

기도의 응답으로 이끈 군대 생활

3박4일의 금식수련회를 공포의 시간으로 생각하며 임했던 기억이 생생하다. 어떻게 하면 아무 탈없이 3박4일을 지낼까. 고민과 걱정 속에 임했던 그 첫날 밤. 그런대로 배고픔은 이길 수 있었지만 그렇게 마음이 뜨겁지는 못한 채 하루가 지나고, 다음 날이 시작되면서 배고픔을 심하게 느끼게 되고 내 마음 속엔 간절함이 생기기 시작했다.

인생의 가장 기본적인 욕구를 참으며 낮아질 수 있었던 것 같다. 가족을 놓고, 캠퍼스를 놓고, 나의 미래(군, 비전)를 놓고 아주 지극히 연약한 상황 속에서 부르짖었을 때 주님은 결코 모른 체 하지 않으셨다.

기도하며 그 다음 해 2학기에 군에 가게 되었다. 군에서의 생활 속에 하나님이 인도하신 것을 느낄 수 있었다.

좋은 동역자를 만나게 해 주셨고, 처음에는 선임자의 횡포와 매일 밤의 음주 시간이 너무 원망스럽고 한스러웠지만, 시간이 흐르고 돌아보니 내가 정말 기도했던 부분에 대한 연단이었음을 알게 되었다. 또한 나중에는 정말 성경 읽기와 기도를 마음껏 하게 되었고, 심지어는 저녁 금식마저도 할 수 있었다.

가족에 대한 기도 응답 역시 잊을 수 없는데, 지금은 작은형이 교회를 다니며 주님을 영접하여 신실한 크리스쳔으로 변하게 되었고, 전 인격적으로는 아니지만 큰형이 직장 동료와 교회 예배를 드리며 차에 성경책을 가지고 다니는 일도 기도의 응답이었다.

또한 미래에 대한 응답 역시 하나님은 신실하게 주셨다. 비전을 깨닫게 되었고, 구체적으로 준비케 하셨다.

그 때 기도 제목 중에 "주님 꼭, 제대 후에는 오토바이를 주소서!"라는 제목이 있었는데 지금은 오토바이를 타며 캠퍼스를 누비고 있다. 정말 신실하신 하나님.

오병철/ 조선대 2학년

20년을 참석한 금식수련회!

매년 C.C.C. 나사렛형제들 원단 금식기도성회에 참석한 것도 20년, 이젠 그 은혜를 사모하게 된다.

'95년에 일산으로 이사온 후 교회를 새로 건축하는 일에 관여하게 되었다. 땅을 구입하고 교회건축을 위한 군사보호 지역 해제, 산림 훼손 등등 행정관청에서 받아야 되는 허가사항들로 염려와 관심으로 많은 시간을 보냈다. 온 교회가 함께 기도하며 진행사항에 대하여 주님께 간구했다. 토지 매매의 과정에서 주님은 교회의 재정형편에 따라 시간을 조절해 가면서 허가 과정을 진행시켜 주심을 깨닫게 되었다.

그런데 건축허가 과정에서 잘 풀려 나가지가 않았다. 전 교회가 기도를 계속하였다. 여기저기 가능한 방법을 강구했으나 모두 실패로 돌아갔다. 이사야의 말씀이 생각났다.
 "나의 기뻐하는 금식은 흉악의 결박을 풀어주며 멍에의 줄을 끌러주며 압제당하는 자를 자유케 하며 모든 멍에를 꺾는 것이 아니겠느냐." 금식기도를 통해서만 건축허가가 날 것 같은 생각이 들었다. 그래서 일산 광림교회 교인들은 아침을 금식하면서 기도했고 이 일을 맡은 나는 3일 온전히 금식을 선포하였다.
 "주님 저는 3일만 온전 금식을 하겠습니다. 회사 일을 하면서 계속 하기는 곤란하니 3일 금식으로 문제를 해결해 주십시오." 3일 금식기도를 마치고 매주 목요일마다 남성속회로 모였다. 그런데 변명근 집사님이 사람을 소개하겠다고 제의를 해왔다. 소개해준 분을 만나 상의를 했더니 의외로 문제를 풀어줄 수 있겠다고 쉽게 이야기를 한다.
 믿어지지가 않았다. 그러나 믿음으로 그 회사에 건축허가 제반 수속을 의뢰하였다. 여러 가지 행정절차를 거치면서 드디어 건축허가를 얻었다. 실로 오랜 기간 동안 기다려오던 문제를 모두 극복하게 되었다. 기공예배를 드리는 날(1998.10.6) 주님께 다시 한번 감사를 드렸다.
 "오늘은 참으로 기쁜 날입니다. 새 성전 건축을 기도하는 날이기 때문입니다." 이렇게 시작되는 나의 기공예배시 인사말은 감사로 가득차 있었다. 문제가 어렵거든 금식을 선포하자. 그리하여 우리 주님과 근접해서 속삭이는 기회를 가져보자.

서운영/광림교회장로, C.C.C. 나사렛형제들

하나님 마음을 움직이는 금식기도

살아계신 하나님, 은희의 인생을 가장 최선의 길로 인도하시는 하나님께 찬양드린다. 응답받는 기도, 살아있는 기도의 맛을 깨달아 알게 된 금식수련회!
 나는 특별하신 하나님의 계획 가운데 6년째 학교를 다니고 있다.

두 해를 휴학하게 되었는데 한 해는 부르심이 있어서 필리핀으로, 또 한 해는 교통사고로 병원에 입원하게 되었다. 덕분에 금식수련회를 다섯 번이나 다녀오게 되었다. '93년에 처음으로 금식수련회를 갔을 때의 기도 제목은 "사랑방에 들어갈 사모하는 마음과 환경을 인도해 주심"이었다. 수련회 마지막 날 밤 하나님은 나의 마음을 감동하여 주셔서 사랑방에 들어갈 마음을 확정시켜 주셨다. 그 이후 사랑방에 입방하여 지금까지 공동체의 삶을 통해 하나님을 더 깊이 만나고 있다.

'94년 금식수련회를 통해 나의 비전을 확신하게 되었다(해외 어린이 선교사). 그래서 필리핀에 갈 마음을 주셨다. 필리핀 자비량을 준비하면서 가게 된 '94년 금식수련회는 더욱 간절했었다. 많은 후원자를 만나게 해 주시도록, 필리핀 문화에 빠른 적응과 건강하도록…. 신실하신 하나님은 필리핀을 가기 전까지 재정을 넉넉하게 채워주셨고 필리핀에 있으면서도 건강하게, 그리고 성령충만하게 정말 멋진 사역이 되도록 일마다 때마다 인도하셨다.

필리핀을 무사히 다녀와서 참석하게 된 '95년 금식수련회는 정말 은혜의 순간이었다. 필리핀을 다녀와서 캠퍼스 부대표라는 직분을 맡게 되었고, 몸은 적응하느라 지쳐 있고 위염은 재발되어 병원에 입원하라는 의사의 처방을 받아 놓고 있던 순간에 모든 것을 주께 맡기고 금식수련회를 참석했던 것이었다. 그런데 놀랍게도 수련회를 통해 하나님은 위와 몸 각 마디 마디를 치료하시고 완전케 하셨다.

그리고 전도할 영혼을 주시도록 기도했다. '96년 3월 마지막 날 교통사고를 당해 입원하여 수술도 하고 4개월 동안 병원에, 퇴원 이후엔 5개월 동안 물리치료도 받았다. 캠퍼스에 있었던 날보다 병원에 있었던 날이 더 많았는데 하나님은 금식하며 했던 기도를 들으셨다. 병원에서 전도할 기회도 주시고, 순모임도 하며 아침마다 병실에 있던 6명이 모두 찬양하고 말씀을 읽기도 하는 일들이 일어나게 하셨다. 그때 병원에서 예수님을 영접했던 여학생이 교회에 연결되어 지금도 교회를 잘 다니고 있다. '96년 금식수련회를 통해 다시금 사랑방에 들어갈 마음과 사역의 기대감을 회복해 주셨다.

'97년 2학기부터 부총순장으로 사역을 섬기면서 금식수련회를 참석하여 가장 큰 기도 제목이 캠퍼스를 졸업하기 전에 어머니가 교회를 다시 나가실 수 있도록, 신실한 98학번들을 만나는 것이었다. 벌써 이루어졌다.

6월 7일부터 어머니가 15년 만에 다시 교회를 다니시게 되었고, 순모임에 연결되어진 3명의 98학번들과 순모임을 하고 있다. 그 중 한 명은 사랑방에서 살고 있다. 금식수련회는 꿈이 있다. 절대로 이루어지지 않을 것 같은 것이 반드시 이루어지고야 마는 곳이다. 하나님의 마음을 움직일 수 있는 곳이다.

정은혜/ 경남대 교육학과 4학년

나는 구원의 하나님으로 기뻐하리라

2학년 복학 후 그리 만족할 만큼은 아니지만 순장의 삶을 사모하며 살아왔던 나는 한 해가 끝나는 무렵, 금식수련회에서 하나님 앞에 간절한 마음으로 기도하기를 원했다. 어느 수련회 보다 금식수련회에 대한 기대는 크기에 팜플렛이 제작될 때부터 설레는 마음으로 준비했다.

그런데 막상 수련회 하루 전 감기가 근 한 달 간 안 나아서 심한 기침에 결국 병원에 갔었는데, 의사 선생님이 심각하게 "사진을 찍어 보아야겠습니다."라고 말을 하는 것이다. 마음 속으로 혹시 폐렴이라도 걸렸다면 큰일날 일이라고 생각했다. 결과가 나오기까지 별별 생각이 다 들었다. 기도하고 싶은데, 꼭 가고 싶은데, 내 몸이 아픈 건 괜찮은데 다른 사람들에게 옳기는 병이라면 위험할텐데. 정말 다행히도 기관지염이라는 결과로 만족하고 감사했다.

건강 때문에 기도하지 못하는 일이 없도록 미리 기도하면서 나는 심한 감기에 걸린 상태로 금식수련회에 참가했다. 대구, 경북에서 온 많은 지체들이 동양대 강당을 가득 메웠다. 나 말고도 하나님 앞에 밥을 굶어가며 기도하기를 원하는 사람들이 그렇게나 많았다. 수련회 주제는 '민족에 소망을, 세계에 빛을'이었다. '97년 체제에 돌입하여 나라의 구조적인 문제가 표상되었던 그 시점에, 우리는 때 맞춰 이 민족에 대한 죄를 낱낱이 고하며 하나님의 긍휼을 구했다. 예배 때마다, 개인기도 시간마다 하나님의 의가 이루어지기를 눈물로 간구하였다.

　하루 하루 하나님께서 은혜를 주시기를 원하신다는 사실이 새롭게 다가왔다. 점점 배가 고파서 더 이상은 힘이 없어져 가기 시작했는데, 육체가 연약해져갈수록 내가 할 수 있는 아무런 것도 없음을 발견하게 되었다. 금식의 의미가 생명을 걸면서 주님 앞에 간구하는 것임을 다시 한번 되새기면서 그냥 그렇게 의미 없는 시간으로 보내고 싶지 않았다. 그래서 뭔가 큰 것들을 기대하기를 원했는데, 주님은 개인적으로 아무런 것도 보여주시지 않는 듯 했다.

　나는 금식을 하면서 "하나님을 두려워 할 수 있는 마음을 주십시오"라고 기도를 했었는데 오히려 육체가 쇠약해질수록 여러 가지 나의 생각이 온 머리를 가득 채우고 있었다. 이틀째 날 밤에 나는 잠자리에 들기 전 소리없이 눈물을 흘려야 했다. 같이 있던 한 지체가 금식수련회 도중에 흔적도 없이 가버린 것이다. 나는 그것은 나의 탓이라고 여겨 죄책감에 휩싸여서 마음이 아파왔다. 하나님 앞에 거룩하여지기를 원하는 수련회···. 그리고, 아직도 인간적인 문제들로 고민하고 있는 자아. 하나님과의 관계가 다시 어려워지는 듯 했고, 금방 원망이 찾아 왔고, 혼돈에 휩쓸려서 차라리 이런 상태에서 수련회에 참가 하는 것보다 집에 가는 것이 나을 것 같다고 말했다. 어제보다 두려운 밤이었다.

　사흘째 날, 항상 이 때가 고비였다. 제작년도 사흘째 날 구토 증세를 일으키면서 못 일어나는 징크스가 나에게 있었기 때문이다. 그

날도 역시 어지럽고, 양치를 하면서 토할 것 같았다. 서러웠다. 어젯밤에는 나의 영적인 문제가 괴롭히더니, 오늘은 육체적인 문제까지 나타난다. 앓아 눕지 않도록, 용기를 주시도록 기도했다.

아침 QT 시간 나는 어젯밤의 눈물에 대한 하나님의 위로의 말씀을 받았다. 그것은 바로 하박국 말씀 중에 있었다. "비록 무화과나무가 무성치 못하며 포도나무에 열매가 없으며 감람나무에 소출이 없으며 밭에 식물이 없으며 우리에 양이 없으며 외양간에 소가 없을지라도 나는 여호와를 인하여 즐거워하며 나의 구원의 하나님을 인하여 기뻐하리로다"(합 3:17~18).

그것은 나의 연약함에 대해 믿음을 가지기를 원하는 하나님의 마음을 하박국 선지자의 신앙 고백을 통해 들려주신 것이었다. 어젯밤에 그렇게 눈에 보이는 현실적인 문제를 두고 아파했는데 하나님은 더욱 성숙한 면모들을 나에게 제시해 주셨다. 감사하게도 육체적인 어지러움은 그때만 나타나고 이내 사라졌다. 아무 것도 없어도 하나님이 있어서 안도했던 그 선지자의 믿음대로 수련회를 무사히 마치기를 기도했다. 그래서 계속된 기간동안 기쁨으로 기도했다.

하나님은 나에게 믿음을 보여주셨다. 그것은 전적인 하나님을 향한 신뢰였다. 하나님을 두려워하는 것, 그것은 바로 나의 믿음이 갖추어지는 것이었다. 또한 금식수련회 동안 건강해지기를 기도했는데, 신기하게도 한 달간 낫지 않아서 고민하던 감기가 수련회 이후 씻은 듯이 나았다. 하나님은 금식을 기뻐하신다. 금식은 밥을 안 먹는 것이 아니라, 하나님 앞에 정직하게 나아가는 것이기 때문이다.

그러기에 눈물과 기도를 더욱 더 하나님 앞에 퍼붓는 귀한 시간이 그 곳에 있었다. 여러 지체들과 함께 말이다. 이 땅의 부흥을 위해서도 이들과 함께 기도했던 순간들을 하나님은 기억하고 계실 것이다. 일들을 진행시켜 가실 구원의 하나님께 찬양드린다.

김희경 / 안동대 95학번

초신자라도 좋으니, 열심 있는 자를

순원을 놓고 금식기도 했었다. 정말 초신자도 좋으니 열심 있는 자가 되기를 기도했다.

2명은 초신자, 1명은 집안에서 혼자 신앙생활 하는 자매, 정말 이들의 열심을 보면서 그리스도 안에서 교제하는 걸 보면서 나까지 도전 받는다. 주님이 나에게 보내주신 순원들을 잘 키울 수 있도록 훈련된 자가 되길 바란다.

최연/ 순천청암대 2학년

한 달을 작정한 두끼 금식!

"하나님 저에게 무엇이 문제입니까"라는 질문과 함께 나의 순사역은 점점 힘들어져가기만 했다. 기도하였고, 순모임하였고…. 그렇게 사역하는 나에게 하나님은 왜 열매를 주시기 않으시는지, 나에게는 심장을 파고드는 아픔으로 느껴졌다. 순원을 사랑한다고 고백하였고, 또 그들을 위해 눈물 흘리며 기도하였는데 내게 보이는 것은 열정이 없는 순원들의 모습 뿐이었다. 그런 아픔들을 겪는 중에 하나님께서 금식하며 기도하라는 말씀과 마음의 소원함을 나에게 주셨다.

한 달을 작정한 두끼 금식! 점심, 저녁을 굶으면서 계속적으로 순원들과 또 문제의 해결책을 간구하였던 나에게 하나님은 더 할 수 없는 은혜를 허락하셨다. 첫번째로는 하루에 두 끼나 굶는데 전혀 어려움이 없었다는 것이다. 음식의 유혹으로 기도를 못하는 일이 없도록 주님은 나를 지켜 주셨다. 먹는 것을 무진장 좋아하는 나에게 있어 그것은 기적(?)임에 틀림없었다.

그리고 하나님께서 응답의 말씀을 주셨다. 그 말씀은 "하나님의 하시는 일의 시종을 사람으로 측량할 수 없게 하셨도다"라는 전도서 3장 2절의 말씀과 더불어 "그 시작은 미약하였으나 그 끝은 창대하리라"는 욥기의 말씀이었다.

이 말씀을 통해 하나님의 시작과 끝을 알려고 했던 나의 어리석은 모습을 깨닫게 되었고, 믿음으로 기도하고 있는 나의 순원들이 언젠가는 하나님의 역사하심 아래 창대케 되리라는 믿음을 가지게 되었다. 아직 순원들의 모습은 변화되지 않았다.

하지만 주님께서 시종을 주관하여 주시고 창대케 하실 것을 믿음으로 기대하며 기도하고 있다. 한 달 간의 금식은 물론 아픔과, 눈물 그리고 견디기 어려운 영적 어미로서의 부담감 또한 믿음의 연약함이 있었지만 나에게 주신 하나님의 은혜에 비긴다면 아무 것도 아닐 것이다.

금식의 소원함을 주신 하나님. 그리고 금식 내내 주님의 음성을 들려주시며 지켜주신 하나님을 잊을 수 없다. 기도하였던 그 모든 것이 응답되지는 않았다. 하지만 평생을 두고 나에게 주실 하나님의 계획하심과 그 최우선을 알게 되었다.

신혜정/ 수원대 3학년

4가지 보물을 얻은 금식수련회

금식수련회에 간다는 이야기를 듣고 마음의 동요없이 가기로 했다. 지난 번 금식 실패 때문에 솔직히 걱정은 되었다. 그래도 내게 주님의 사랑이 필요하기 때문에 기도로 준비했다. 기도원에 가서 육적으로 영적으로 많이 힘들지는 않았다. 나는 금식에 자신이 없었기 때문에 성령님의 인도하심에 맡겼더니 승리할 수 있었다.

금식기도원에 가서 배운 것이 있다면 첫째는, 주님께 나의 모든 것을 드리는 것이었다. 즉, 헌신하는 것이다(시간, 물질, 마음으로). 둘째는, 늘 기도하는 것이다. 난 하나님의 일을 많이 해왔다. 그러나 기도 없이 한 것이 더 많다는 것을 깨달았다. 이것이 요즘 나의 많은 것들을 변화시켰다. 하나님께서 나에게 가장 바라셨던 것 같다.

셋째, 사랑이다. 기도원에 와서 같이 지냈던 형제·자매들을 보면서 크게 느낀 것이다. 우리는 우물 안의 개구리였던 것 같다. 사랑

해야 한다는 것을 알면서도 아직도 실천하지 못하는 지체들을 볼 수 있다. 그래서 다른 교회나 많은 그리스도인들과의 교제가 있으면 한다.
 넷째, 겸손이고 마지막으로 제자를 기르는 것이다. 이제는 복음을 전파하기로 했다. 주님의 복음을 전해서 하나님 나라를 확장하는데 드려지고 싶다.

김양희/ 동대전고등학교 2학년

단기선교 재정을 채워주심

대학 1년, 금식은 두려운 것이기도 했지만 간절히 하나님께 매달리며 기도할 수 있었던 놀라운 체험이기도 했다. 무엇보다 살아 계신 하나님의 기도에 대한 응답하심에 감사드린다. 처음으로 선교에 대한 부담감과 영혼을 향한 하나님의 마음을 품게 되면서 헌신예배 때 일본 단기선교 신청서를 적었다.
 재정과 모든 환경들은 가길 원하시는 하나님께서 예비해 주시길 기도하며 또한 가슴 가득히 믿음이 넘쳤다. 신실하신 하나님은 기도에 응답하심을 수련회가 마친 뒷날 바로 알게 되었다. 소방대원이신 아버지께서 장학금 신청을 해 보라는 것이었다.
 많은 학생들이 신청했는데(300명), 60만원의 등록비를 내게 주셨다. 그 이후로 재정적 부분들을 하나님께 온전히 맡기는 첫걸음이 시작되었다.

허희선/ C.C.C. 부산지구

주님의 능력을 깨달은 금식수련회

일반 수련회는 몇 번 가본 적이 있으나 금식수련회는 처음 가보는 것이라 부푼 마음으로 갔다. '일곱 끼를 먹지 않는 것 뭐 까짓 것 한번 해보자.'는 생각과 함께, 주님과 더욱 더 깊은 만남을 갖고자 하는 두 가지 마음으로 기쁘고 가벼운 발걸음으로 갔다.

대구에 도착하여 강당에서 짧은 찬양시간을 가졌는데 마음이 편안해졌다. 지구별로, 순별로 각각 순장님과 함께 3박4일 동안 하루에 두 번 모여 QT를 하고 찬양하며 대화를 나누는 시간이 조금은 부담이 되었지만 그 시간이 제일 좋았던 것 같다. 특강과 예배시간보다는 찬양시간과 QT 시간이 더 좋았다.

이틀째가 되었는데도 힘이 넘쳐 마음이 조금 해이해졌다. 그런데 저녁 때부터 힘이 빠지기 시작하더니 결국 강당에 앉아 특강 듣기가 힘에 부쳤다. 하루를 더 견뎌야 한다는 것이 끔찍하게 느껴졌다. '나 혼자만 실패한다면' 이란 생각으로 난 주위를 의식하게 되었다.

주님 없는 금식이란 '금식'이 아니라 '굶식'이라고 했는데 내가 남들에게 보이는 것이 되기 위하여 금식을 하게 된다면 난 아마 온전한 믿음으로 주님께 드리지 못하게 될텐데라는 생각이 들었다. 계속 누워 있으면서 주님께 하나 둘 간구하기 시작했다.

"아버지, 난 이 싸움에서 질 수 없습니다. 주님께 제 목숨을 드리는 한이 있어도 전 질 수 없습니다. 제 목숨을 가져 가시든가 아니면 성령의 도우심으로 제가 이길 수 있게 도와주세요."

성령이 임하게 해달라고 한참을 간구했을 때 이사야 41장 10절 말씀을 기도 중에 주셨다. 이 말씀으로 난 굶식이 아닌 금식을 할 수 있었다. 주님 안에서 간구하는 모든 것들… 주님 안에서는 능치 못하는 일이 없다는 것을 다시 한번 깨우쳐 주신 주님께 감사드린다.

유인사/신탄진고 등학교 2학년

금식기도 속의 비전

'76년 12월 4일부터 시작한 40일 간의 금식기도에서 성경 읽기와 기도, 주님이 보여주신 계획들이 그 후의 삶에서 하나씩 이루어지고 앞으로도 계속 나타날 것을 생각하면 늘 가슴이 벅차다. '76년 3월에 간사로 발령받은 후 참석한 첫모임이 바로 이 금식기도였다. 단지 장기 금식이라는 정도만 알았을 뿐 제일 나이 어린 간사로서 존경하는 김목사님과 여러 선배 간사님들과 함께 민족과 세계복음화를 위한 기도회에 참석한다는 것만이 기뻤었다.

12월 4일 밤에 전국에서 모인 간사님들과 함께 김준곤 목사님의 메시지를 들은 후에야 금식기간이 40일이라는 사실을 알았다. 금식이 시작되자 나는 건강한 신체를 가진 덕분에 생수와 석유 나르는 일을 맡았는데 힘이 넘쳐났다.

목사님의 메시지와 간사님들의 간증, 찬송, 운동 및 산책 이 모두가 기쁨이 넘치는 은혜와 축복의 시간이었다. 주님만을 더욱 사랑하고 싶고 주님을 찬양하며 모든 것에 감사하고, 어떻게 주님의 영광을 표현해야 할까? 안타까울 정도였다.

하나님께서는 금식기간 중에 특별히 장래의 비전을 많이 보여주셨다. 기도 중에도, 성경 읽을 때에도 계속 보여주시고 꿈꾸게 하셨다. 이러한 특별한 경험들이 머리와 가슴, 몸 전체에 새겨질 정도로 생생하게 남아 있었으며, 나는 그때에 떠오르는 생각들을 열심히 적었다. 연속적인 생각들은 날이 갈수록 구체화되었고, 결혼과 가정에 대한 계획들도 나왔다.

배고프고 고통스럽고 지루할 때마다 이 금식기도가 끝난 후에 주님께서 인도하실 나의 삶을 생각하면 모든 괴로움은 순식간에 사라지곤 하였다. 간사로서 처음 인천지구로 발령을 받아 갔을 때 이와 비슷한 경우가 있었다. 먹을 것이 절대적으로 부족했을 때 밤에 잠자리에 누우면 창자가 방바닥으로 쏟아질 것같이 고통스러웠다.

그때에 '내일 새벽기도회에 가서 나를 사랑하고 아껴주시는 장로님 옆에 앉았다가 그 댁에 가서 식사를 하면 되겠다'는 생각만 해도 배고픔은 사라지고 단잠을 이룰 수 있었던 것과 같은 비슷한 경험이었다.

금식기도가 끝난 직후 나는 인천에서 방을 얻어 6명의 학생들을 데리고 자취를 시작했다. 일종의 합숙훈련인 셈이었다. 결혼 후에도

형제들과 함께 생활했는데 하숙을 치면서 가정훈련(Hometraining)
을 했다. 이렇게 일 년 간 성경을 가르치고 사랑을 먹여주면 이들이
성경 속에서 금방 튀어나온 사람처럼 살아갈 수 있으리라는 확신이
있었다. 참다운 제자화는 가정을 통해서만 가능하다고 믿었다. 한
영혼을 향한 최고, 최대의 사랑은 그 영혼 속에 잠재된 은사를 계발
하여 하나님과 사람 앞에 은총을 받으며 귀중히 쓰임을 받게 하는
것이다.

"자녀들아 우리가 말과 혀로만 사랑하지 말고 오직 행함과 진실함
으로 사랑하자"(요일 3:18). 먼저는 가정에서 아내를 사랑하고 주님
의 제자를 양육하는 일이 제자화의 첫걸음이 되어야 한다고 생각했
다. 부부로서, 주님의 제자로서 서로의 신앙성장을 격려하며, 나는
3년 간의 신학 과정을, 아내는 동시통역대학원에 다닐 수 있었다.
간사 봉급이 후원제로 바뀐 후 많은 어려움이 있었지만 금식기간 중
에 보여주신 일들을 생각나게 하셨고, 다 응답하여 주심으로 넉넉히
이기고 나갈 수 있었다.

결혼과 가정, 그리고 전도자로서 C.C.C. 사역에 대한 구체적인
계획들이 지금까지 계속 생생하게 나의 삶을 이끌어 왔기에, 흔들리
지 않고 한 길을 걸을 수 있었고 주님이 인도해주시는 기쁨을 누릴
수 있었다. 젊고 순수했기 때문에 쉽게 시작할 수 있었던 40일 간의
금식기도를 통해 주님은 나의 목자로서 나를 붙드시고 삶의 구체적
인 비전들을 보여주시고 끝까지 나의 간구들을 이루어 주실 것을 신
뢰하게 되었다.

할렐루야! '여호와 이레'의 하나님을 찬양합니다.

황학선/미주 선교사

금식기도 현장에 임한 천군 천사

하루가 천년 같다는 성경 말씀이 실감되는 나날이다. 벌써 이곳 청

계산 기도원에 들어와 금식기도를 시작한 지 30일째가 되었다. 잠이 오지 않고 호흡은 가빠지며 심장의 고동은 감지하기 어렵고 복부에서만 경련이 계속된다. 물을 마시기가 쉽지가 않다. 산에서 내려오는 물을 주전자에 떠다 수시로 의식적으로 마시지만 물 마시는 그 자체가 고통이다. 소변 색깔은 붉은 색을 띠고 있었다.

이제 금식을 끝마쳐야 되지 않을까 '주님의 고난에 동참한다', '십자가의 은혜를 체험하고 싶다'는 금식 동기가 다 이루어진 것이 아닌가 생각되었다. 과거 3일, 5일, 일주일씩 금식하던 때와는 다르게 육체적인 쇠약함은 날로 더 심해갔지만 반면 영적인, 정신적인 세계는 너무나 맑아만 갔다. 내가 성자가 되어버린 것 같은 착각이 들만큼 더럽고 추한 그 어떤 생각이나 욕망이 전혀 들지 아니하였다.

내 영의 주파수가 주님의 영의 주파수와 맞아 있는 것 같았다. 읽는 성경 말씀마다 힘이 되고 능력이 되었다. 바르게 앉아 있기가 불편한 가운데에서도 기도원 방문을 열었다. 날카로운 한겨울의 차가움이 방안으로 몰려 들어왔다. 하얀 진눈깨비가 휘날리고 있는 한겨울 허공을 향하여 신음처럼 주님을 불렀다. 주여! 주여! 더 이상 이 몸을 지탱할 힘이 없습니다. 주님께서 더 금식하기를 원하신다면 힘을 주십시오. 주여!

바로 그때 이상한 광경이 펼쳐졌다. 내가 거처하는 기도원 방안이 환해졌다. 그리고 광채를 발하는 하얀 물체들이 방안을 둘러 진치고 있었다. 순간적으로 성령의 음성이 느껴진다. 금식하며 기도하는 나를 이렇게 천군 천사가 지키고 보호하고 있다. 나 혼자 기도원 방에서 금식하며 기도하고 있었던 것이 아니라 천군 천사가 나를 이렇게 지키고 있다는 사실을 확인하니 눈물이 쏟아지기 시작했다.

눈물을 닦고 보니 금방 보았던 물체는 보이지 아니하였다. 일어나서 몸을 움직여 보았다. 이상하게 힘이 나기 시작했다. 홍얼홍얼 찬송 소리가 나온다. 밖으로 나왔다. 그리고 허리운동을 하고 맨손체조를 하였다. 나도 이해할 수 없는 새로운 힘이 위로부터 공급되고 있었다.

그날 이후 나는 10일간을 더 금식하며 기도하면서 청계산을 오르내리기 시작했다. 내가 연탄불을 직접 갈고 머리를 감고 방을 정리하면서 장기간의 금식기도를 끝내게 되었다. 산에서 내려와 체중계에 올라보니 금식 전보다 20Kg 정도 몸무게가 줄어 있었다. 내 생애에서 가장 긴 금식기도기간 중 말할 수 없는 신령한 체험의 시간들이었다.

주서택 간사 / C.C.C. 청주·충북지구 대표

3) 공동체 금식기도

기독교 공동체 안에 리더십의 부재, 재정적인 압박, 분쟁 그리고 그 외의 다른 많은 문제들이 있음에도 불구하고 하나님께서는 교회 속에서 역사하셔서 우리들을 사역과 치유를 향한 그 분의 열망 가운데로 이끌고 계신다.

앞서 간증들을 읽어보았듯이 금식기도를 향한 그들의 헌신을 나눈 열정적인 개개인들로 인하여 많은 교회들이 더 좋게 변화되었다. 마찬가지로 교회의 성도들이 시간을 떼어서 금식기도를 한다면 동일한 성령의 역사를 경험하게 될 것이다.

또 어떤 경우에는 교회 전체적인 금식이 같은 지역 내에 있는 다른 교회들에까지 퍼지게 될 것이다. 그러한 금식이 교회 내의 단지 몇몇 사람들에 의해서 시작되든, 또는 교회 전체적인 것이든 간에 하나님께서는 놀랄 만한 일들을 행하실 것이다.

4) 한 도시를 위한 금식기도

한 도시에서 대부분의 교회들이 연합하여 금식하며 기도할 때, 과연 무슨 일이 일어날 것인가? 이러한 일은 많은 교회들이 발견하는 놀라운 경험이다.

　당신이 지역 사회를 위해 하는 기도는 성경적이다. 모세(출 32:31,32), 히스기야(왕하 19:14~20), 다니엘(단 9:3~19), 니느웨 왕(욘 3:4~10), 그리고 많은 선지자들이 그 나라와 국가를 위해 기도하였으며 기도할 것을 권면하였다.

　바울은 우리에게 영적인 악한 세력들에 대해 기도로 대적할 것을 권면하고 있으며(엡 6:10~13), 사람들에게 담대하게 전도할 수 있도록 기도를 부탁하였다(엡 6:18~20). 바울은 성도들이 또한 모든 지도자들을 위해서도 기도할 것을 명령하였다(딤전 2:1,2). 우리의 기도는 목사님들과 교회의 지도자들을 지원하며 강하게 할 것이다.

　지난 '94년부터 서울의 카페촌이자 청소년 유해지역인 방배동 먹자골목을 정화하기 위한 깨어 있는 크리스천들이 중심이 돼서 우리 동네 기도회를 조직, 지역교회와 함께 대대적인 기도회와 영적 정화운동을 펼친 결과 유흥업소의 60퍼센트가 문을 닫고 대신에 옷가게나 꽃가게가 들어서는 놀라운 일이 일어났다.

　경북 김천지역에서는 C.C.C. 대학생들이 중심이 돼서 유흥업소, 무당집, 여관 등의 사진을 찍어 매주 금요일마다 철야기도 시간에 그 사진들을 발로 밟고 기도한 결과 술집이 문을 닫고 건전업소들이 들어서는 결과를 가져왔으며 영적 각성과 부흥운동이 일어났다.

　충북 청주에서는 C.C.C. 회원들이 앞장서서 금식하며 청주 성시화운동과 C.C.C. 아카데미센터 건축운동을 전개했다. 어떤 때는 600명, 어떤 때는 900여 명의 C.C.C. 대학생들이 눈보라 속에서 산 속에 비닐하우스를 치고 4일씩, 5일씩 지속적으로 금식하며 기도했다. 전국 어떤 도시에서 찾아볼 수 없는 많은 기적들이 청주에서 일어나고 있으며 1만 2천여 명이 참여한 가운데 C.C.C. 아카데미센터가 건축되어 지역 사회 전인구원센터로 드려지고 있다.

　당신이 살고 있는 도시나 지역을 위해 하나님의 얼굴을 구하는 일을 적극적으로 시도하라. 하나님은 개개인이 개인적으로 기도하며 금식할 때 놀라운 역사를 이루실 수 있으며, 또한 그러한 역사를 이루실 것이다.

또한 교회들과 당신이 속한 도시와 지역을 하나님께 드리려는 동일한 기도의 부담을 가지고 있는 다른 그리스도인들과 함께 연합하여 기도할 수 있다. 당신이 그러한 거룩한 부담을 가지고 기도할 때, 하나님께서는 새롭고 놀라운 방법으로 당신을 당신이 속한 도시와 지역의 부흥을 위한 통로로 쓰실 수 있을 것이다.

5) 전(全) 국가적 금식 기도

성령께서는 그의 음성을 듣는 사람들을 통해 일하심이 분명하고 성령께서는 그의 백성들의 마음과 가슴 속에 이것을 창조하시는 것도 분명하다. '70년대 초 300만명이었던 한국의 기독교 인구가 10년만에 천만명의 신자로 부흥한 배경에는 금식과 기도 운동의 공헌이 크다. 그리고 국가의 위기 상황마다 이를 극복할 수 있었던 배후에는 국가를 위한 금식하며 기도하는 기도의 사람들이 있었기 때문이다.

4부

금식기도로의 초대

제 8장 - 금식기도의 능력

금식기도의 능력

만일 당신 교회 인원 중 반만이라도 순수한 마음과 적절한 동기로 진지하게 금식기도를 한다면 어떤 일이 일어날지를 상상할 수 있겠는가? 당신은 또다른 오순절-하나님의 은혜의 기적을 기대할 수 있다.

오순절 이후, 교회의 부흥은 예수님의 제자들이 한 방에 가득히 모여 기도한 데서부터 싹터서 지금은 수억의 기독교 신자들이 생겼다.

사도행전에는 금식기도에 대해 두 번만 언급되었으나, 금식기도가 초대교회에서 일상적으로 행해졌던 것은 분명하다. 어떤 때는 안디옥에서 바나바, 시므온, 루기오, 마나엔과 사울(후에 바울이 되었다.)이 '주님께 예배드리고 금식할 때', 성령이 가라사대 "내가 불러 시키는 일을 위하여 바나바와 사울을 따로 세우라 하시니 이에 금식하며 기도하고 두 사람에게 안수하여 보내니라"(사도행전 13:1~2). 이 두 사도의 안수기도는 복음 전파에 획기적인 사건이었다. 후에 누가의 기록에 의하면, 바울과 바나바는 많은 도시에서 교회를 개척하였고, 금식기도를 한 후에, 교회를 감독할 장로를 임명하였다(행 14:21~23).

국가의 운명을 바꾸다.

금식기도는 개인과 교회를 변화시킬 뿐만 아니라, 국가의 방향도 변화시킬 수 있다.

요나가 니느웨에 심판이 임박하다는 하나님의 경고를 가지고 니느웨성에 갔을 때, 왕이 금식을 선포했다. "사람이든지 짐승이든지 다 굵은 베를 입을 것이요 힘써 여호와께 부르짖을 것이며 각기 악한 길과 손으로 행한 강포에서 떠날 것이라"(욘 3:8)고 왕이 명령하였다. 즉시 사람들은 그들의 죄를 통곡하였으며, 그들의 금식과 회개는 하나님의 자비하신 마음을 기쁘게 하였다.

"하나님이 그들의 행한 것 곧 그 악한 길에서 돌이켜 떠난 것을 감찰하시고 뜻을 돌이키사 그들에게 내리리라 말씀하신 재앙을 내리지 아니하시니라"(욘 3:10).

이스라엘이 포로가 되어 페르시아에 거할 때, 하나님이 그 백성에게 구원의 손길을 펴셨던 것을 우리들은 알고 있다. 하만이라는 사악한 자가 높은 정치적 지위에 올라, 유대 백성을 전멸시키려고 왕을 설득했다. 그 절대절명의 순간에 왕비 에스더는 역사를 변화시킨 '기도와 금식의 능력을 후대에 길이 길이 남길 전례'이자 본보기로 남겼다.

그녀가 어떻게 유대 백성을 구하는 일을 감당했는지는 에스더 4장 15, 16절에 기록되어 있다.

"에스더가 명하여 모르드개에게 회답하되 당신은 가서 수산에 있는 유다인을 다 모으고 나를 위하여 금식하되 밤낮 삼일을 먹지도 말고 마시지도 마소서 나도 나의 시녀로 더불어 이렇게 금식한 후에 규례를 어기고 왕에게 나아가리니 죽으면 죽으리이다"

왕의 법령은 부르심을 받지 않고 왕에게 가까이 나가는 것을 금지하고 있다. 에스더가 왕좌에 나아갔을 때 왕이 금홀을 내밀어 허락하지 않을 경우 법을 어기게 되고, 곧 죽음을 의미한다는 것을 그녀는 잘 알고 있다.

그러나, 3일 간 금식기도를 마친 에스더가 왕을 만나러 갔을 때 다행히도 왕은 웃으며 그녀를 맞아들였다. 사실 왕은 에스더를 보고 아주 기뻐하며, 그녀에게 왕국의 반이라도 주겠다고 자랑스럽게 말했다. 에스더는 나라의 절반 대신 유대인의 생명을 원했다. 마지막에는, 사악한 하만이 처형되었고 유대인은 전멸될 위기를 피하였다.

금식기도의 힘은 여호사밧왕 시대에 다시 볼 수 있다. 이 이야기는 역대하 20장에 기록되어 있다.

"혹이 와서 여호사밧에게 고하여 가로되 큰 무리가 바다 저편 아람에서 왕을 치러 오는데 이제 하사손다말 곧 엔게디에 있나이다 여호사밧이 두려워하여 여호와께로 낯을 향하여 간구하고 온 유다 백성에게 금식하라 공포하매 유다 사람이 여호와께 도우심을 구하려 하여 유다 모든 성읍에서 모여와서 여호와께 간구하더라"(대하 20:2~4).

그런 후 왕이 성전에서 회중 가운데 서서 하나님께 기도했다. "우리 하나님이여 저희를 징벌하지 아니하시나이까 우리를 치러 오는 이 큰 무리를 우리가 대적할 능력이 없고 어떻게 할 줄도 알지 못하옵고 오직 주만 바라보나이다"(대하 20:12).

성령은 예언자 야하시엘을 통해 응답하셨다.

"아하시엘이 가로되 온 유다와 예루살렘 거민과 여호사밧왕이여 들을지어다 여호와께서 너희에게 말씀하시기를 이 큰 무리로 인하여 두려워하거나 놀라지 말라 이 전쟁이 너희에게 속한 것이 아니요 하나님께 속한 것이니라 내일 너희는 마주 내려가라 저희가 시스 고개로 말미암아 올라오리니 너희가 골짜기 어귀 여루엘 들 앞에서 만나려니와 이 전쟁에는 너희가 싸울 것이 없나니 항오를 이루고 서서 너희와 함께한 여호와가 구원하는 것을 보라 유다와 예루살렘아 너희는 두려워하며 놀라지 말고 내일 저희를 마주 나가라 여호와가 너희와 함께 하리라 하셨느니라 하매"(대하 20:15~17)

성령이 말씀하실 때, "여호사밧이 몸을 굽혀 얼굴을 땅에 대니 온 유다와 예루살렘 거민들도 여호와 앞에 엎드려 경배하고 사람들은 서서 심히 큰 소리로 하나님을 찬송"하기 시작했다(역대하 20:18,19). 그 다음 날, 히브리인 군대는 무엇을 기대해야 좋은지도 모르면서, 선두에는 주님을 찬양하는 찬양대를 앞세우고 전쟁에 나갔다. 그리고 그들이 전쟁터에 전진해 나갔을 때, 하나님은 적진에 혼란을 일으키셔서 적들은 서로 공격하며 자멸했다.

역대기의 기자는, "유다 사람이 들 망대에 이르러 그 무리를 본즉 땅에 엎드러진 시체뿐이요 하나도 피한 자가 없는지라"(대하 20:24)고 기록하고 있다. 유다 백성들의 겸손한 금식, 기도, 찬양은 주님의 마음을 움직이셨고, 확실히 패배할 전투에서 당신의 백성을 구했다.

성경 전체를 통독하면, 금식이 사건의 경과를 변화시킨 사례가 더 많이 있다. 모세는 40일 금식을 두 번 하여(신 9:9,18) 그 얼굴이 하나님의 영광으로 빛났다. 사사 시대에도(삿 20:26), 사무엘의 시대에도(삼상 7:6) 모든 이스라엘의 백성들이 금식하였다. 다윗은 왕위를 받기 전 아이가 병들었을 때, 적이 병들었을 때(시 35:13), 그리고 백성의 죄 때문에(시 69:10,11) 금식했다. 엘리야, 에스라, 느헤미야, 에스더, 다니엘 등 그들은 모두 필요할 때 금식했다.

금식과 기도가 국가의 운명을 어떻게 바꾸었는가의 실례는 역사를 통해 알 수 있다.

1756년, 영국 왕은 프랑스의 침략의 위협 앞에 공식적으로 금식기도의 날을 선포하였다.

그 날에 대해 요한 웨슬레는 일기에 이렇게 기록하고 있다. "금식의 날은, 런던이 왕정복고 시대 이래 경험한 적이 없는 영광의 날이었다. 도시마다 모든 교회가 초만원이 되었고, 사람들은 모두 장엄하고도 진지한 표정이었다. 확실히 하나님은 기도를 들으실 것이고, 우리의 평화는 오래 지속될 것이다."

후에 그는 다음과 같은 각주를 덧붙였다. "프랑스의 위협적인 침략에서 벗어났고 겸손은 국가적인 기쁨으로 돌아섰다."

1662년, 영국 국왕 찰스 2세는 만일 미국 식민지가 그들의 목사를 영국 성공회의 성직자로 바꾸지 않으면 메사츄세츠 헌장을 없앨 것을 강요했다. 식민지에서 무기명 투표를 실시한 결과, 이 요구에 응하지 않을 것이 만장일치로 결정되자, 왕은 격노해서 퍼시(피투성이)커크 연대장이 이끄는 5천명의 군대를 파견해 반대세력을 쳐부술 것을 경고했다.

지도자 위치에 있는 인크리스 매더 목사는 이 소식을 듣고, 서재에 들어가 문을 잠그고 그 날 하루, 식민지의 참상으로 인해 금식하며 기도했다. 마침내, 매더의 무거운 짐이 벗겨지고, 평안과 기쁨의 느낌으로 바뀌었다. 2개월 후 찰스 2세가 뇌졸중으로 사망했다는 소식이 도착했다. 그의 동생인 제임스 2세가 즉위하자, 커크가 쳐들어오지 않았다. 찰스 2세의 죽음은 매더가 하루종일 금식기도한 날까지 거슬러 올라갈 수 있다.

1940년 5월, 독일이 네덜란드를 거쳐 벨기에를 공격해 쳐들어 왔고 이를 대항하는 프랑스, 영국, 벨기에 군대는 바다로 쫓겨났다.

독일은 전투기, 전차, '기습' 보병부대를 동원하여 프랑스 국경을 넘어 프랑스군과 영국군을 추격하면서 40만에 달하는 연합군을 됭케르크(북프랑스의 항구)에서 포위하였다. 절망 가운데서, 영국과 프랑스는 소망이 전혀 없는 궁지에 몰린 영·불 연합군을 위해 전국에 걸친 기도날을 선포했다.

5월 26일, 캔터베리 대주교가 웨스트민스터 사원에서 기도를 인도했다. BBC가 그 예배 상황을 전국에 방송했다. 전국의 모든 교회와 유대 회당은 기도할 수 있도록 문을 열고 장소를 개방했다. 영국인들은 그들의 군인들이 곤경당한 것에 놀라서 모든 일을 멈추고 기도하였다. 처음으로 유명한 페치코트 마켓이 일요일에 손님이 없이 텅비어 시장 상인들도 기도에 참가할 수 있었다.

그 결과, 가장 확실했던 재난이 '됭케르크의 기적'으로 변했다. 지금도 그 이유를 모르겠는데, 히틀러가 소름끼치는 기갑부대의 진군을 3일 간 멈추게 했다. 평상시에는 아주 거친 영국 해협이 영국군이 철군하는 동안 아주 잔잔했다.

독일군의 전투기 폭탄 세례와 대포의 공격에도 불구하고, 영국, 프랑스, 네덜란드, 벨기에로부터 파견된 848척의 선박이 9일 간 3만명의 연합군 병사를 구출했다. 인양선, 요트, 레저용 보트, 소형 해군 함정 등 물에 뜰 수 있는 모든 선박이 동원되어 영국 해협을 건너서 추격으로 포위된 군대를 영국으로 호송했다.

이런 긴급한 기도 사건에 관한 지식을 근거로 판단하면, 전혀 불가능한 상황임에도 불구하고, 영국과 프랑스가 성공적으로 연합군을 철수시키는 데 기여한 가장 핵심적인 역할은 국민들의 대다수가 금식하며 기도하면서 하나님 앞에 겸손히 무릎 꿇고 국가적인 비상시기에 도움을 간구했다는 것이다.

1967년의 6일 전쟁 때, 이스라엘의 가장 지위 높은 랍비가 유대인과 아랍 간의 전쟁에 관해 금식일을 선포했다. 이스라엘은 빨리 전쟁에 승리하여, 예언적으로 아주 중요한 역사적 순간에, 예루살렘의 지배권을 다시 얻었다.

1994년 6월 25일 서울 여의도 광장에서 70여 만명의 크리스천들이 70개 도시에 모여 민족 복음화, 지상명령 성취, 남북 통일을 위해 기도했다. 마침 그날은 서울의 지하철 노조의 파업으로 지하철 운행이 전면 중단된 상태였고, 엄청난 폭우가 내렸다. 그럼에도 전국에서 모여든 수많은 크리스천들은 4시간 동안 찬양하고 금식하며 중보기도를 드렸다. 놀라운 일은 기도회가 시작되면서부터 기도회가 끝날때까지 비가 멈췄다. 이 기도회에 참가한 그리스도인들의 대부분이 집회 전후로 며칠 간씩 금식하였다.

여의도 광장의 집회는 그 이전 1974년 엑스플로 '74와 1980년 세계복음대성회 등 여러 날 동안 매일 밤 200만에서 300만명의 사람들이 모여 기도했던 곳이다. 그때마다 역사의 키를 잡고 계시는 하나님은 민족의 위기에서 벗어날 수 있게 하셨다.

특히 '94년 6.25 기도의 날 이후 남북 정상회담이 얼마 후 열리기로 예정되어 있었으나 김일성이 갑작스럽게 사망하였다. 그로 인해서 민족의 통일과 흥망이 하나님 손에 붙들려 있음을 깨닫게 됐다. 또한 많은 사람들은 그의 죽음이 남북 통일을 위한 중요한 첫 단계이며, 그들이 금식과 기도를 한 직접적인 결과라고 보고 있다.

심판 전의 경고

우리 사회에서는 불경건함과 불법이 급속히 고조되고 있다. 노아의 홍수와 소돔과 고모라의 멸망을 불러 온 죄악이 우리 사회에서 당연하게 받아들여지고 있음을 발견한다. 이미 주님의 심판의 도끼가 발등에 놓였다.

그러나 주님은 심판하시기 전에 반드시 공정하게 경고를 하신다.

주님의 말씀에는 이런 경고의 사례가 무수히 많은데, 즉 아담과 이브, 노아 시대의 사람들, 소돔과 고모라의 운명을 본 롯, 니느웨 사람들, 이스라엘 국가 등이 있다. 그러나 하나님은 왜 멸망시킬려고 하는 사람들에게 경고를 해주시는가?

사도 베드로는 이렇게 설명한다. "주의 약속은 어떤 이의 더디다고 생각하는 것 같이 더딘 것이 아니라 오직 너희를 대하여 오래 참으사 아무도 멸망치 않고 다 회개하기에 이르기를 원하시느니라"(벧후 3:9).

과거 하나님의 심판은 오늘날 우리들에게 표적이 된다. 데렉 프린스는 다음과 같이 썼다. "이스라엘에 대한 하나님의 심판은 경고이며, 긴 기독교 전통을 가지고 있고, 성서 지식과 잘 조직된 교회를 가지고 있는 서방 국가들을 위한 경고이다. 하나님이 말씀하셨듯이 우리도 이스라엘 백성처럼 귀가 먹은 상태는 아닌가?"

하나님은 자비로우시다. 만일 이 민족이 죄의 길에서 돌이키면, 하나님은 심판의 손을 거두신다.

하나님은 인간을 대하실 때 변치않는 한 법칙을 가지고 계신다. 죄에는 심판이, 회개에는 자비가 있다. 하나님은 이 점에 대해서 가장 평범한 용어로 선언하신다.

"내가 언제든지 어느 민족이나 국가를 뽑거나 파하거나 멸하리라 한다고 하자 만일 나의 말한 그 민족이 그 악에서 돌이키면 내가 그에게 내리기로 생각하였던 재앙에 대하여 뜻을 돌이키겠고"(렘 18:7, 8)

하나님은 만일 우리 국민이 회개하고 금식한다면, "하늘에서 듣고 그 죄를 사하고 그 땅을 고칠지라"(대하 7:14)고 약속하신다. 우리가 금식하고 기도할 때 나오는 초자연적인 힘과 비교할 만한 것은 아무 것도 없다. 히브리서 11장 6절 "믿음이 없이는 기쁘시게 못하나니 하나님께 나아가는 자는 반드시 그가 계신 것과 또한 그가 자기를 찾는 자들에게 상 주시는 이심을 믿어야 할찌니라" 하나님은 당신을 부지런히 찾는 자에게 반드시 응답하신다.

제 9 장 - 금식기도에 관한 여러 질문들

당신은 내가 금식하기를 원하십니까?
"내가 금식을 한다구요?"
"아무것도 안먹고 지낸다는 겁니까?"
"스스로 안먹는다고요?"
"대체 무엇을 위해서요?"

그리고 주님을 위해서 금식을 하려는 사람조차 다음의 질문에 대해 납득이 가는 답을 듣기 원한다.
"병에 걸리지 않을까요?"
"글쎄요. 먼저 의사에게 상담해야 되지 않을까요?"
"그냥 기도만 하는 것이 아니고 금식까지 한다면 하나님은 내 소원을 언제나 들어 주시겠지요?"
영적인 금식에 대해 사람들이 갖는 가장 일반적인 반론이나 의문의 몇 가지를 함께 생각해보기로 하자.

"만일 내가 금식하는 것이 하나님의 뜻이라면 왜 교회에서는 한번도 설교하지 않을까?"

초대교회는 주 예수님과 사도들의 뒤를 이어 금식과 기도를 했었다. 그러나 중세에 들어서서는 사람들은 훈련의 하나로서의 금식에 난색을 표하게 되었다. 성도들은 금식을 수도사들에게나 어울리는, 힘겹고 고통스러운 고행이라고 생각했다. 그후 1세기가 흐르는 동안, 금식은 교회의 구석에서 녹슨 채 잊혀져 왔었다.

훈련으로서의 금식은 그 특별한 은혜를 아는 사람들을 제외하고는 지금도 대다수의 사람이 고개를 젖는다. 성경 주석가인 매튜 헨리는 이렇게 썼다. "금식은 칭송해야 할 신앙의 행위이다. 금식이 그리스도인 사이에서 이렇게 무시당하는 것에 대해 우리는 크게 탄식하지 않으면 안된다."

현대에 대부분의 그리스도인들은 금식하며 기도하는 생각조차 마음에 두지 않는다. 성경 학자인 데렉 프린스는 "금식은 잃어버린 열쇠, 즉 성경의 어느 페이지를 펴 보아도 쉽게 찾아 볼 수 있는 은혜라고 할 수 있다. 그러나 금식은 기독교 교회에서는 항상 구석에 놓여 무시해버리는 존재이다."라고 말했다.

"성경은 정말 우리가 금식해야만 한다고 말씀하고 있습니까?"

금식은 하나님의 거룩한 말씀에 자주 언급되었다. 종종 금식은 눈물과 함께 하나님 앞에서 겸손한 행위로 연결된다. 요엘 2장 12, 13절에서 주님은 이렇게 명하셨다.

"여호와의 말씀에 너희는 이제라도 금식하며 울며 애통하고 마음을 다하여 내게로 돌아오라 하셨나니 너희는 옷을 찢지 말고 마음을 찢고 너희 하나님 여호와께로 돌아올지어다 그는 은혜로시며 자비로우시며 노하기를 더디 하시며 인애가 크시사 뜻을 돌이켜 재앙을 내리지 아니하시나니"

하나님은 그의 백성들이 속죄의 날(Day of Atonement)에 죄 씻음을 위해 금식하라고 부르셨는데, 이 날을 유대인들은 '속죄일'(Yom Kippur)이라는 절일로 지켰다.

"너희는 영원히 이 규례를 지킬지니라 칠월 곧 그 달 십일에 너희는 스스로 괴롭게 하고 아무일도 하지 말되, 본토인이든지 너희 중에 우거하는 객이든지 그리하라 이날에 너희를 위하여 속죄하여 너희로 정결케 하리니 너희 모든 죄에서 너희가 여호와 앞에 정결하리라"(레 16:29, 30).

데렉 프린스는 이렇게 해석했다. "우리 유태인은 역사적으로 3천 년에 걸쳐 '욤 키푸르'를 금식의 날로 지켜온 것을 알고 있다. 이것을 또한 신약성경도 증언하고 있는데, 사도행전에서 바울은 로마로 향하는 해상에서 이렇게 기술하고 있다."

"여러 날이 걸려 금식 절기가 이미 지났으므로 행선하기가 위태한지라 바울이 저희를 권하여"(행 27:9)

여기서 '금식하는 절기'라고 말하는 것은 속죄의 날을 의미하는데, 항상 9월 말이나 10월 초로 겨울이 시작될 때쯤이다. 하나님은 당신의 백성이 집단으로 금식하면서 주님 앞에 영이 겸손해지기를 원하셨다. 그것은 속죄의 날(Day of Atonement), 즉 유태인의 달력 중에서도 가장 신성한 날로 규정해 놓았는데, 첫째는 하나님이 용서하시고 정결케 해주시는 데 대한 인간의 응답이다. 하나님은 대제사장이 성전의 지성소에 들어가 속죄 의식을 하도록 마련하셨다. 두 번째, 그 속죄는 금식을 통해 그것을 받는 사람들에게만 효력이 있었다.

죄에 대한 회개에 관해서는 신약성경에도 비슷한 상황이 있다. 야고보서 4장 8절부터 10절은 이렇게 말한다.

"하나님을 가까이하라 그리하면 너희를 가까이 하시리라 죄인들아 손을 깨끗이 하라 두 마음을 품은 자들아 마음을 성결케 하라 슬퍼하며 애통하며 울지어다 너희 웃음을 애통으로 너희 즐거움을 근심으로 바꿀찌어다. 주 앞에서 낮추라 그리하면 주께서 높이시리라"

구약성경에 금식은 사람들이 개인으로 또는 집단으로 자신을 낮추는 수단이었다(시 35:13, 69:11, 사 58:5, 욜 2:12~17 참조하라). 하나님의 백성들은 겸손해지기 위해, 효과적인 회개에 의해 죄를 씻음 받기 위해, 영적으로 새롭게 되기 위해, 특별한 도움을 받기 위해 항상 금식하였다. 앞에서 본 것처럼, 에스라와 유대인들이 바벨론에서 예루살렘에 귀환하는 여행길에서 주님의 보호하심을 받기 위해 금식을 선포했다.

에스라에 대해서 에디스 쉐퍼는 '기도의 생활'(The Life of Prayer)에서 이렇게 쓰고 있다.

"이러한 진지한 금식기도는, 회개와 주님의 긍휼하심을 바라는 마음으로 하나님 앞에서 겸손히 자신을 낮추며, 실제적으로 꼭 필요한 상황-즉, 보호하심과 인도하심을 위해, 바른 선택을 할 수 있도록 그리고 물질의 공급을 위해-에서 한다.

신약성경에서 안나라는 80세 고령의 여선지자는 "이 사람이 성전을 떠나지 아니하고 주야에 금식하며 기도함으로 섬겼다"(눅 2:37)고 했다.

예수님은 세례를 받으신 후, 40일 간 금식하심으로써 본을 보여주셨다. 예수님에게 금식은 성도들의 언제할 것인가의 문제이지, 만일 성도들이 금식을 한다면의 문제는 아니었다. 주님은 이렇게 말씀하셨다.

"그러므로 구제할 때에 …또 너희가 기도할 때에 …금식할 때에…"(마 6:2, 5, 16)
"예수께서 저희에게 이르시되 혼인집 손님들이 신랑과 함께 있을 동안에 슬퍼할 수 있느뇨 그러나 신랑을 빼앗길 날이 이르리니 그때에는 금식할 것이니라"(마 9:15).

예수님은 신랑이시다. 혼인집 손님은 예수님의 제자들, 즉 모든 그리스도인들을 의미한다. '신랑을 빼앗길'이라는 것은 주님의 죽음과 부활, 그리고 승천을 의미한다. 예수님이 말씀하신 금식은 우리가 주님 나라의 과업을 수행할 때 그리스도인으로 생활하는 데 필요한 훈련이다.
"금식을 거부한다든지 멸시하는 것은 그리스도께서 의도하신 것이 아니다."라고 마르틴 루터는 썼다. "주님의 의도는 적절한 본래의 금식을 회복하는 것이었다."
안디옥에서는 선지자들과 교사들이 금식했으며(행 13:2), 신약성경의 반 이상을 쓴 바울은 "여러 번 굶었다"(고후 11:27).
그렇다면 신자들에게는 "나는 금식을 해야 하는가?"가 아니라 "나는 금식을 할 것인가?"가 문제이다.

"금식은 명령입니까? 오늘날 하나님이 우리에게 금식 할 것을 요구한다고 분명히 말씀하신 것이 성경 어디에 있습니까?"

토마스 카트라이트는, "금식은 주님이 명령하신 금욕이며, 우리의 회개를 엄숙하게 공식적으로 고백하는 것이다."라고 말했다. 반면 존 브라운은 "그리스도가 금식을 명령하신 것이라고 생각하지 않았으나, 천국의 자녀들은 금식을 행하는 것이 좋다고 원칙을 보이셨다."고 믿었다.
구약의 율법과 신약의 가르침을 살펴본 결과, 데이빗 R. 스미스는 다음과 같은 결론에 달했다.

"구약성경 시대에 유대인들은 정해진 방법을 따라 금식하도록 명령받았다. (그러나) 그리스도인들에게는 이와 비슷한 명령이 없다. 초기 율법은 신자들의 마음에 씌여져야 했던 것의 한 유형에 불과하며, 그들이 중생을 경험한 후에는… 비록 금식이 신약성경에서는 명령으로 주어지진 않았으나, 그리스도인들이 실행해야 할 의무이다."

다른 권위자도 이런 입장에 찬성하고 있다. 오늘날 영적 의미의 금식에 반대하는 입장으로 논박하고 있지는 않다. 오히려 모든 사람들이 하나님이 개인과 교회 전체의 부흥을 위해 준비해주신 은혜로써 금식을 격려한다.

"금식은 하나님을 경외하지 않는 불경건한 다른 종교들에 의해서도 행하여지고 있지 않습니까?"

금식은 기독교에만 있는 것은 아니다. 금식은 세계 모든 주요 종교 어디에서나 볼 수 있다. 조로아스터교, 유교, 인도의 요가 행각자들, 플라톤, 소크라테스, 아리스토텔레스, 그리고 현대 의학의 아버지인 히포크라테스도 금식의 가치를 믿었다.

그러나 그리스도인만이 창조주 하나님, 즉 우리의 주님이시며 구세주이신 주 예수 그리스도의 아버지이신 성부 하나님께 금식하며 기도한다. 그러므로 그리스도인들만이 영적인 금식에서 오는 하나님의 축복을 알 수 있는 유일한 사람들이다. 그리스도인이 아닌 사람들이 금식하는 것은 헛된 종교적인 이유에서나 건강을 위해서이다.

"나는 금식할 필요를 못 느끼겠다."

이것은 정직한 고백일지도 모른다. 그러나 이와 같이 말하는 많은 그리스도인들은 이들은 동시에 그들의 인생에서 영적인 인도함과 능력이 필요하다고 부르짖고 있는 것이다. 금식과 기도를 무시하는 것에 의해, 성령이 변화를 일으켜주시는 역동적인 수단을 방해하고 있는데, 이 변화야말로 그들이 그렇게도 진지하게 바라던 것이다.

당신이 금식을 어떻게 느끼는가는 당신이 금식기도 할 필요성과는 거의 아무 관계도 없다. 한번 금식하는 것을 익히면, 금식 전과 금식 후의 극적인 영적 차이를 깨달을 것이다. 그리고 신앙이 성장하면서 금식의 필요를 느끼기 시작할 것이다.

"나는 금식할 시간이 없습니다."

시간은 하나님이 주신 선물이다. 매분, 매초, 하루 24시간이 모두 하나님의 것이다. 우리 각자는 우리가 중요하다고 믿는 것을 행할 충분한 시간을 갖고 있다.

당신이 행하는 모든 일을 당신이 하나 하나 재검토해 보도록 격려한다. 당신이 실제로 얼마나 시간이 있는가를 알면 놀랄 것이다. 당신의 달력을 조사해보라. "당신은 이기적인 것을 추구하기 위해 얼마나 많은 시간을 낭비하는가?"

덕을 세운다거나 영적인 유익이 없는 TV를 보거나 독서를 하는데 당신은 얼마나 시간을 낭비하고 있는가? 당신은 당신의 합리적인 필요가 있는데도 이기적인 오락이나 개인적인 유흥으로 시간을 이용하고 있지는 않은가? 이런 시간 중 얼마 정도의 시간을 당신은 금식과 기도를 위해 드릴 수 있는가?

우리 자신의 하루, 일 주일, 한 달 시간의 십일조를 기도하는 마음으로 금식기도 하길 바란다. 남은 십분의 구의 시간에 그 전보다 얼마나 많은 것을 당신이 성취하는지 당신도 놀랄 것이다. 결과는 여러 형태로 나타날 것이다. 하나님은 당신이 능률을 높이도록 도우실 것이다.

다른 사람들은 시간이 걸리는 계획으로 애쓰는 당신을 도와주겠다고 자원할지도 모른다. 당신의 시간을 요구하는 일들이 줄어들지도 모른다. 확실히 당신의 그리스도인으로의 여러 다른 임무들이 풍성히 더 많은 열매를 맺는 것을 분명히 발견할 것이며, 또한 사랑하는 사람들에게, 친구나 이웃들에게 당신의 믿음을 보다 효과적으로 전할 수 있을 것이다.

"금식기도를 하는 것이 나에게 영적으로 어떤 유익이 있습니까?"

야고보서 기자는 "하나님을 가까이 하라. 그리하면 너희를 가까이 하시리라… 주 앞에서 낮추라 그리하면 주께서 너희를 높이시리라"(약 4:8, 10)고 말했다. 겸손한 마음은 회개하며, 성령님을 의지하며, 감사하며, 용서하고, 순종하며, 공손하고, 기쁨으로 기꺼이 주님을 섬기려고 한다.

금식은 우리들이 가장 깊고도 풍요로운 영적인 교제를 가능케 하도록 당신을 준비시킨다. 금식은 하나님께서 우리 영혼들에게 하시는 말씀을 우리 마음이 이해하도록 마음을 맑게 하며 자유롭게 해방시킨다. 금식은 하나님의 온전하신 뜻을 실천하도록 우리의 몸의 상태를 조정한다. 우리가 금식의 처음 단계에서 오는 정신적, 육체적인 불쾌감을 견디면, 우리의 혼은 평안해지고 식욕이 잠잠해지는 것을 경험할 것이다. 그 결과 우리는 이전보다 더욱 주님의 임재를 느낄 것이다. 우리는 성령의 열매가 신선한 새로운 방법으로 나타나는 것을 볼 것이다(갈 5:22, 23).

순수한 마음과 동기로 행하는 금식은 개인의 부흥을 가져오며 우리의 기도에 능력을 더해 주심을 발견하였다. 개인에게 부흥이 일어나는 것은 금식이 겸손의 행위이기 때문이다. 금식은 우리가 우리의 죄를 인정하고, 회개하며, 하나님의 용서하심을 받고, 하나님이 우리 영혼을 정결케 하는 것을 경험할 때, 보다 더 깊히 겸손해지는 기회가 된다. 금식은 또한 하나님에 대한 우리의 사랑을 증명하며 주님의 신실하심을 온전히 신뢰할 수 있도록 한다.

영적인 금식은 영혼이 하나님과 잘 교제하는 데 도움이 되게 하므로, 응답받는 기도를 위해 주님이 원하시는 조건을 우리가 갖추는 데 도움을 준다.

"사랑하는 자들아 만일 우리 마음이 우리를 책망할 것이 없으면 하나님 앞에서 담대함을 얻고 무엇이든지 구하는 바를 그에게 받나니 이는 우리가 그의 계명들을 지키고 그 앞에서 기뻐하시는 것을 행함이라"(요일 3:21, 22).

금식의 가치는 중보기도와 속박으로부터의 자유, 중요한 문제를 결정하는 데 높은 효율성이 있다고 지적하였다.

"만일 내 기도에 금식을 더한다면 하나님은 항상 응답하시며 나의 소원을 이루어 주실까요?"

그렇지 않다. 하나님은 당신이 금식하기 때문에 당신이 원하는 것을 항상 주시지는 않는다. 금식 자체가 하나의 조건부가 되어 하나님과 흥정할 수는 없다. 하나님은 우리의 삶을 위한 당신의 뜻과 목적에 조화되는 기도만 응답해주신다.

"그를 향하여 우리의 가진바 담대한 것이 이것이니 그의 뜻대로 무엇을 구하면 들으심이라. 우리가 무엇이든지 구하는 바를 들으시는 줄을 안즉 우리가 그에게 구한 그것을 얻은 줄을 또한 아느니라"(요일 5: 14, 15)

금식에 의해 소원하는 것을 얻는 것에 대해 에디스 쉐퍼는 이렇게 썼다.

"금식은 우리의 간구에 더욱 주의를 끌기 위해 하나님께 드리는 뇌물은 혹시 아닐까? 그렇지 않다. 절대적으로 그렇지 않다. 금식은 만사를 옆으로 제쳐 놓기로 선택하고 예배에 정신 집중을 하며, 용서를 구하며, 우리의 요청을 알리는, 하나님의 도우심이 우리 자신의 힘과 모든 아이디어로 우리가 할 수 있는 것보다 훨씬 더 중요하다는 것을 깊이 생각하여 단순히 하나님께 도움을 청하는 놀라운 기회에 대해 우리들이 충분한 경외함를 드리고 있다는 것을 분명히 하는 한 방법에 불과하다."

이러한 생각에 덧붙여, 웨슬리 L. 듀엘은 그의 저서 '기도로 세계를 움직이라'에서 이렇게 썼다.

"성경적 의미의 금식은 당신의 영적인 굶주림이 너무 깊기 때문에 중보기도 하겠다는 당신의 결심이 너무 강렬해서 혹은 당신의 영적 전쟁이 너무 심해서 당신이 일시적으로 육체적인 필요까지도 제쳐놓고 당신 자신을 기도와 말씀 묵상에 몰두하기 때문에 음식을 입에 대지 않기로 선택한 것이다."

하나님은 우리에게 합력하여 궁극적으로 선을 이루시기 위하여 주권적으로 우리를 감찰하신다(롬 8:28). 또한 당신 안에서 행하시는 이는 하나님이시며 자기의 기쁘신 뜻을 위하여 당신으로 소원을 두고 행하게 하신다(빌 2:13).

그리고 당신이 하나님께 순종한다면 하나님은 당신에게 응답해주실 것을 항상 기대할 수 있다(약 4:6, 8, 10). 하나님은 당신 안에서 또는 당신 밖에서 혹은 당신의 안팎에서 항상 당신을 위해 놀라운 일을 행하신다. 이는 당신이 자신을 부인하고 사랑, 예배, 경배, 믿음, 순종에 초점을 맞추어 하나님만을 향할 때 이뤄진다.

"금식을 하는 것은 자신의 축복을 위해서 합니까? 아니면, 누군가 다른 사람을 위해서 합니까?"

우리 자신을 위해서 기도하는 것과 다른 사람들을 위해 중보기도 하는 것 모두 우리가 금식하며 기도해야 할 이유에 포함된다. 나는 당신이 주님 앞에 당신의 개인적인 필요를 가져오는 것과 동시에 당신의 사랑하는 사람들을 위해 당신의 친구나 교회, 당신의 지역사회, 우리 나라 그리고 세계를 위해 중보기도를 하길 격려한다. 그리고 지상명령 성취를 위해 중보기도해 주길 바란다.

그러나 진정한 의미의 영적인 금식은 하나님께 초점을 맞추는 것이다. 우리의 기도가 열매를 맺는 것은 다만 마음이 순수하고 동기가 이기적이지 않을 때이다. 이것은 하나님과 그의 거룩하신 말씀이 우리들의 관심의 중심에 놓여질 때 뿐이다.

금식을 하는 우리의 동기는 치명적이다. 리차드 포스터는 이렇게 말한다.

"만일 우리의 금식이 하나님께 향한 것이 아니라면, 우리는 이미 실패한 것이다. 육체적인 유익, 성공적인 기도, 힘으로 견디는 것, 영적인 통찰, 이것들이 하나님 대신 우리가 금식하는 데 초점을 맞추는 중심으로 대치되어서는 절대로 안된다. 안디옥 교회처럼, '금식하는 것' 과 '주를 예배하는 것' 이 동시에 일컬어져야만 한다"(행 13:2).

"금식은 우리의 눈을 주님께만 고정시키도록 해야 한다. 금식의 목적은 하늘에 계신 우리 하나님 아버지의 영광을 나타내는 것, 다만 그것 뿐이어야 한다"(요한 웨슬레).

"금식을 하려고 생각하는데, 언제 금식하는 것이 좋은가를 어떻게 압니까?"

어떤 사람들은 성령에 의해 항상 금식하도록 인도되거나 혹은 그런 생각이 나야 한다고 가르친다. 그러나 성령에 의해 '인도되고', 성령의 음성을 듣는 것은 그리스도인의 생활에서 대단히 주관적이며 개인적인 영역이다. 신자들이 늘 정확히 듣는 것도 아니며, 특히 그들이 원하지 않는 것일 경우에는 더욱 그렇다.

육신은 확실히 '음식을 금하라'는 내면의 지시를 무시하려고 할 것이다. 하나님은 당신이 금식하라고 부르시는지도 모른다. 그러나 육신은 아마 "이것은 단지 네 상상일거야. 어떻게 금식이 이런 상황에서 너를 돕겠는가?"라고 말할 것이다.

한번 금식의 목적과 은혜를 배우면, 당신이 역동적인 방법으로 주님께 가까이 가고 싶다는 소원을 느꼈을 때, 또는 주님께 특별한 도우심을 구할 필요를 느꼈을 때, 언제나 금식을 '선포'할 자유가 있다.

지속적인 금식을 행하는 사람들은 언제 금식을 해야 하는지를 직감적으로 안다. 그들은 어떤 영적 상황이나 생활 환경에서는 신중히 하나님과 만나 그들이 영적인 일에 초점을 맞추어야 할 때인지의 신호를 이해한다.

성령의 잔잔하고 조용한 음성은 항상 하나님의 말씀과 일치하며, 당신이 듣는 방법을 배우기만 한다면, 성령의 음성이 무엇을 해야 할지를 당신에게 가르쳐 주실 것이다.

특히 장기간에 걸친 영적인 금식을 시작하기 전에는 주님의 인도하심을 받는 것이 특히 중요하다. 만일 당신이 자신의 생각만으로 장기간의 금식을 하려 한다면 고난에 부딪힐지도 모른다. 그러나 만일 주님이 당신을 장기간의 금식으로 인도하신다면, 주님은 그것을 수행할 힘도 주실 것이다.

"그리스도인들이 금식에 몰두해서 너무 긴 금식을 할 수도 있습니까?"
우리는 영적인 금식을 균형이라는 용어로 생각해야만 한다. 금식의 기간이 길수록 자동적으로 좀더 많은 영적 은혜를 의미하는 것은 아니다. 한번 당신이 기도하면서 승리의 자리까지 인내하였고, 당신을 향한 하나님의 계획이 그 순간 달성되었다면 당신은 당장 또 다시 금식할 계획을 세울 필요는 없다.

영적인 금식은 그 자체가 하나의 생활 방식이 아니다. 그러나 금식은 당신이 그리스도인의 삶을 사는 데 절대적인 영역인 것은 분명하다.

"내가 금식하기 위해서 먼저 계획이나 스케줄을 만들 필요가 있습니까?"
성숙한 그리스도인은, 끼니를 거르는 것에 관해 별로 어려움이 없으며, 특별히 조직적인 계획을 세울 필요도 없고, 일 주일에 하루 금식하는 것조차 필요없을지도 모른다. 그 사람의 금식은 그 자신과 주님과의 개인적인 문제이기에 그의 기도 생활이 그에게 적절하다고 제시한 양식을 따를 것이다.

그러나 금식은 주님의 음성을 듣고 주님을 기꺼이 순종하려는 순수한 자각심을 전제로 한다. 영적인 훈련을 목적으로, 요한 웨슬레는 매주 수요일과 금요일에 금식했다. 이것과는 별도로 특별한 목적을 위해 장기간의 금식도 여러 차례 했다.

결론적으로 분석하면, 그리스도인들은 구약의 율법 아래에 놓여 있지 않으며 그리고 신약성경은 어떤 특정한 날에 금식하라고 명령하지도 않았다. 무엇을 먹는가에 관해서와(롬 14장)같이, 금식도 우리에게 믿음의 문제로 남는다.

그러나 일단 금식의 목적을 이해하고, 금식이 당신에게 어떤 것을 가져다 주는지 안다면, 정기적인 금식은 영적 의미를 갖기 시작한다. 당신이 하나님의 얼굴과 그의 영광을 구하는 목적으로 금식을 하면 할수록, 당신은 더욱 더 금식을 하고 싶어질 것이다. 금식의 상급과 유익은 측량할 수 없을 정도로 풍부하다.

"내가 금식하기 전에 전문의사와 상담해야 합니까?"
장기간의 금식을 시작하기 전에 내과 의사와 상의하도록 권한다. 그리고 자신이 건강한가를 꼭 확인하는 건강 진단을 받기를 바란다.

금식이 해롭거나 현명하지 못한 육체적인 문제가 있을지도 모른다.
 만일 당신이 건강하다는 것을 알고 적절히 금식한다면 당신은 영적인 면 뿐 아니라 육체적으로도 유익을 얻을 것이다.
 전문적인 감독이 없으면 절대 금식해서는 안되는 사람도 있다.
 - 몸이 말라 쇠약한 사람
 - 허약체질이나 빈혈증세가 있는 사람
 - 종양이나 출혈성 궤양, 암, 혈액에 관한 병을 앓는 사람
 - 신장, 간장, 폐, 심장 그 외의 중요한 기관에 만성지병을 갖고 있는 사람
 - 당뇨병으로 인슐린을 맞는 사람, 그외 저혈당증으로 혈당치에 문제가 있는 사람
 - 임신부 또는 젖을 먹이는 어머니
 - 금식의 은혜나 예상되는 결과에 대해 이해가 충분히 안되어서 금식에 대해 두려움을 갖고 있는 사람을 비롯해 금식이란 기아와 같다고 여기는 사람

 그 외에도 금식을 하지 말아야 할 조건을 가진 사람이 있을 것이다. 가장 좋은 규칙은 이렇다. 만일 당신이 건강에 관해서 중대한 의문이 있거나 현재 의사에게 진료를 받고 있다면, 음식을 금하거나 음식을 바꾸기 전에 당신의 의사와 상담해야만 한다.

"금식의 방법과 종류에 대해 알고 싶습니다."
성경에서 말하는 일반적인 금식 방법은 고체나 액체 및 모든 음식을 금하는 것이나, 물은 아니다. 육체적인 관점으로부터, 이것이 대개 금식에 포함된다.
 성경은 세 종류의 금식에 대해 언급한다. 그것은 부분 금식, 완전 금식, 초자연적 완전 금식이다.
 부분 금식은 다니엘서에 기록되어 있다. 비록 물만 먹는 금식이

선지자들의 습관인 것처럼 보이나, 다니엘은 3주 동안 '맛있는 진미'와 고기, 그리고 술만을 금한 금식을 하였다(단 10:3).

현재 찾아볼 수 있는 부분금식 중에서 주스만 먹는 부분금식이 부분 금식의 가장 일반적인 금식이다. 이런 금식은 어떤 특정한 음식이나 음료를 끊는 것이고, 음식물 전부를 끊는 것은 아니라고 할 수 있다.

바울은 다메섹 도상에서 예수님을 만난 후, 3일 간 완전 금식을 행했다(행 9:9). 에스더는 유대인들이 바사 제국에게 멸절 당할 위기에 처했을 때 3일 간의 완전 금식을 소집했다(에 4:6).

모세와 엘리야는 물도 전혀 마시지 않는 초자연적인 완전 금식으로 여겨질 수 밖에 없는 상황에서 40일 간 금식했다(신 9:9, 왕상 19:8). 그러나 탈수 증상을 불러일으켜 위험할 수 있으므로, 이런 종류의 금식은 권하고 싶지 않다.

완전 금식은 건강에 해를 줄 수도 있다. 그러므로 최소한 충분히 수분을 섭취하는 것을 강하게 충고한다. 물론, 하나님이 당신을 완전 금식이나 초자연적 금식으로 이끄신다면, 당신은 순종해야 한다. 그러나, 하나님이 이끄시는 것이 의심없이 확실할 때만 그런 금식을 하라고 강하게 권하고 싶다.

금식의 종류를 나눠보면 다음과 같다.
 - 부분 금식, 1일 1식 혹은 2식
 - 1일 금식
 - 물 금식
 - 주스 금식
 - 채소 금식
 - 유동식 금식이 있고 개인으로 하는 금식, 그룹으로 하는 금식이 있는데 처음에는 그룹으로 하는 것이 좋다. C.C.C.는 큰 이벤트가

있을 때마다 매일 300명의 대학생들이 24시간 365일 연쇄 금식기도를 하고 원단마다 전 C.C.C. 가족이 일만명쯤 3일간 금식기도를 한다. 금식기도중 중보기도를 많이 하는 것이 좋다.

앤드류 머레이는 다섯 명을 위해 기도했는데 5년 후 10년 후, 20년 후, 한 명은 그가 세상을 떠난 수개월, 기도한 지 52년만에 주를 영접했다. 나라와 민족을 위해 기도하고, 사람마다 복음을, 지역마다 교회가 서도록 기도하고, 지구촌 박해중의 신자들을 위해서 기도해야겠다. 사도행전 12장에 베드로는 감옥에 갇히고 교회는 기도했더니 옥문이 열렸다. 자녀와 가족을 위해, 담임목사님과 교회를 위해 매일 기도해야 한다.

교회마다 재직 중심으로 기드온 300명처럼 금식기도 용사들을 훈련시켜 두었다가 큰 일이 생길 때 비상소집해서 교회 단위, 도시 단위, 민족 단위의 비상 금식성회를 선포하여 영의 전쟁, 복음 전쟁에 비상대비를 해야 하겠다.

"금식하기 위해 일을 쉬어야 하는 것은 아닌가요?"

얼마나 오랫동안 금식을 할 것인가? 어떤 종류의 금식을 할 것인가? 그리고 일의 스케줄을 조정할 것인가는 대부분의 경우 당신이 어떤 일에 종사하고 있는가에 따라 결정된다. 사무직이나 목사, 주부 등은 힘든 육체 노동을 하는 사람과 달리 일상적인 보통의 일을 계속하는 것이 자연적으로 훨씬 더 쉬울 것이다.

하루 금식이라면 무슨 직업에 종사하든지 별로 어려움이 없을 것이다. 보통은 가정 일을 하면서 3일 간 또는 그 이상의 금식을 하여서 유익했다는 주부나 어머니가 있다. 그리고 장기간의 금식을 해도 악영향을 받지 않았다고 말하는 육체 노동자도 있었다. 그러나 보통 그러한 금식은 권하고 싶지 않다.

당신이 주님께 금식하고 있다는 것을 기억하라. 당신은 기도하며 하나님의 말씀을 묵상하면서 주님과 둘만의 특별한 시간이 필요하다.

주님 앞에서 금식하며 기도하고 하나님의 거룩하신 말씀을 읽을 때, 나는 초자연적인 방법으로 힘을 주실 것을 기대한다. "하나님이 능히 모든 은혜를 너희에게 넘치게 하시나니"(고후 9:8)라고 말씀하신 성경 말씀을 신뢰하라.

"금식의 보편적 유익은 무엇입니까?"

금식이 몸을 젊게 해주는 효과가 있다는 수백, 아니 수천 가지도 넘는 실례가 있다.

요즘은 건강 금식, 미용 금식이 유행되고 있다. 금식이 자연의학의 차원에서 성인병, 비만증 치료에 탁월한 효과가 있다는 사실은 임상학적으로 입증되고 있는 것 같다. 모든 종교는 금욕, 고행, 절제의 수행방법으로 단기, 장기, 채식, 소식, 조식(粗食) 금식이 시행되고 있다.

동물들은 병이 나면 반드시 먹는 일을 중단하고, 성처가 나면 혀로 핥는 것이 유일한 치료법이다. 구약 때는 국민적 금식일이 있었고 예수님 당시, 바리새 등 정통 유대교는 주에 두 번씩 금식기도를 했다. 세례 요한과 그 제자들도 금식기도를 했다. 초대 교인들과 중세 수도원과 경건파 크리스천들에게 경건과 절제와 기도의 방편으로 금식이 수행의 필수요소였다.

금식함으로, 우리들은 "하나님이 기뻐하시는 거룩한 산 제사"(롬 12:1)로 우리의 몸을 드린다. 우리는 우리의 죄된 욕망을 십자가에 못박음으로써 좀 더 효과적으로 하나님을 섬기고, 우리의 삶 속에서 주님의 뜻을 이룰 수 있다.

개인에게 부흥을 가져오고 교회를 새롭게 하는 면에서 금식과 기도에 필적할 만한 것은 없다. 지금 벌써 시행되고 있는, 하나님의

다음 움직이심이 그리스도인의 몸이 성경적인 금식을 다시 하도록
회복시키실 것을 믿는다.

제10장 - 금식에의 초대

금식에의 초대

금식기도의 처음 단계는 자신이 금식을 할 필요가 있다는 것을 깨닫는 데서 시작된다. 여기 수록된 정보를 당신이 금식기도하라는 성령님의 '부르심'으로 여기길 바란다.

 금식과 금식의 특별한 영적, 육체적인 유익에 대해서 많이 배우면 배울수록, 성령이 보다 쉽게 당신이 금식기도를 하라고 재촉할 수 있다. 내 안에서 역사하시는 성령님이 큰 소리로, 극적인 방법으로 내게 말하는 일은 거의 없다.

 그 대신 빌립보서 2장 13절에 의하면, 성령님은 단지 당신이 금식할 필요성을 깨닫게 한다. 당신은 특별한 방식으로 하나님을 찾도록 내면에서 강권하는 것을 느낄 수 있다. 또한 성령님은 당신이 금식기도를 하도록 부르는 방법으로 강권하는 환경이나 절망적인 필요를 사용하실지도 모른다.

어떻게 시작할 것인가

금식을 시작하고 실행하는 방법이, 금식의 성공 여부를 결정한다. 당신이 하나님과 교제하는 시간이 보다 의미있고 영적으로 가치있게 되고, 동시에 육체적인 건강을 증진하는 단계를 제시하고자 한다.

첫째, 구체적인 목표를 세운다.

왜 당신은 금식하는가? 영적으로 새롭게 되기 위해, 인도하심을 위해, 병 고침을 위해, 문제해결을 위해, 아니면 어려운 상황을 다룰 수 있는 특별한 은혜를 위해서인가? 목표에 초점을 맞추는 것이, 육체적인 시험이나 생활의 압력에 의해 금식을 포기하고 싶을 때에도 당신이 금식을 계속하도록 도울 것이다.

성령이 모든 그리스도인들에게 금식기도를 통해 겸손해지도록 긴급히 부르셔서, 주님이 우리의 영혼을 흔들어 움직이시고, 교회를 깨우셔서, 역대하 7장 14절의 말씀에 의해 이 땅을 고쳐주실 것을 우리는 믿는다.

둘째, 당신 자신을 영적으로 준비하라. 금식기도의 최대의 초석은 회개이다.

고백하지 않은 죄는 기도를 방해한다. 성경에는, 하나님이 백성의 기도에 귀를 기울이기 전에 먼저 백성이 자기들의 죄를 회개할 것을 원하신다. 다윗은 이렇게 말한다.

> 하나님을 두려워하는 너희들아 다 와서 들으라 하나님이 내 영혼을 위하여 행하신 일을 내가 선포하리로다 내가 내 입으로 그에게 부르짖으며 내 혀로 높이 찬송하였도다 내가 내 마음에 죄악을 품으면 주께서 듣지 아니하시리라 그러나 하나님이 실로 들으셨으며 내 기도 소리에 주의하셨도다 하나님을 찬송하리로다 저가 내 기도를 물리치지 아니하시고 그 인자하심을 내게서 거두지도 아니하셨도다(시 66:16~20).

또 다른 구절에서, 다윗은 간음과 살인의 죄를 고백했을 때 마음에 되살아나는 기쁨을 노래하고 있다.

"허물의 사함을 얻고 그 죄의 가리움을 받은 자는 복이 있도다 마음에 간사가 없고 여호와께 정죄를 당치 않은 자는 복이 있도다 내가 토설치 아니할 때에 종일 신음하므로 내 뼈가 쇠하였도다 주의 손이 주야로 나를 누르시오니 내 진액이 화하여 여름 가물에 마름 같이 되었나이다(셀라) 내가 이르기를 내 허물을 여호와께 자복하리라 하고 주께 내 죄를 아뢰고 내 죄악을 숨기지 아니하였더니 곧 주께서 내 죄의 악을 사하셨나이다(셀라) 이로 인하여 무릇 경건한 자는 주를 만날 기회를 타서 주께 기도할찌라 진실로 홍수가 범람할찌라도 저에게 미치지 못하리이다"(시 32:1~6).

그리고 솔로몬은 이렇게 기록하였다. "여호와는 악인을 멀리 하시고 의인의 기도를 들으시느니라"(잠 15:29)

금식을 시작할 때, 우선 성령님이 생각나게 하시는 온갖 죄를 고백하기를 권한다. 명백한 죄는 물론 분명하지 않은 죄, 즉 주님을 향한 첫사랑을 잃은 죄, 세상 중심의 생각, 자기 중심적인 생각, 그리고 영적인 무관심, 그리스도에 대해 자신의 신앙을 다른 사람에게 적극적으로 증거하려고 하지 않고 교회의 일을 돕지 않으며, 하나님의 말씀과 기도에 시간을 할애하지 않는 것 등이다.

우리 나라에 대한 죄, 즉 선거에서 투표를 안한 것, 도덕적 영적 가치관에서 자기 만족, 소득세를 속인 것 등을 포함한다. 당신의 마음 속에 하나님을 기쁘시게 하지 않는 것들을 알려 주시도록 성령님께 구하라.

아마 성령님은 당신이 누군가에게 상처를 주었다든가 누군가의 명예를 훼손하였다든가, 혹은 당신의 의지를 전적으로 하나님께 순종시키지 못하도록 방해하는 하나님에 대한 믿음의 부족 등이 생각날 것이다. 이러한 죄를 종이에 쓴 후, 요한일서 1장 9절 말씀, "만일 우리가 우리 죄를 자백하면 저는 미쁘시고 의로우사 우리 죄를 사하시며 모든 불의에서 우리를 깨끗케 하실 것이요"라는 주님의 약속대로 해주십사고 요구하라.

성경 중에 가장 중요한 진리 중의 하나는-다른 어느 진리보다도 더 이 진리를 이해하고 적용하면 우리 자신의 인생이 풍성해지는데 바로 '영적인 호흡'이라고 부르는 개념이다.

물리적인 호흡과 마찬가지로 영적인 호흡은 불순한 것을 토해내고 순수한 것을 들이마시는 과정이다. 만일 당신이 고의로 불순종의 죄를 범했다면, 영적인 호흡을 하여 당신의 생활 속에 하나님의 성령이 충만하도록 회복하라.

죄를 고백함으로써 나쁜 것을 내보낸다(exhale). 하나님의 말씀이 약속한 대로, 만일 우리가 우리 죄를 자백하면, 하나님은 우리를 용서해주신다. 신약성경의 원어인 헬라어에서는 '고백하다(homologeo)'라는 말은 '동의하다' 또는 '함께 말하다'라는 것을 의미한다. 이러한 동의를 하려면 몇 가지 사실을 고려해야 한다.

먼저, 당신의 원죄와 죄들-하나님께 구체적으로 죄의 목록을 고한다-은 잘못된 것이며 그러므로 당신은 주님을 슬프시게 한다.

다음의 질문들을 읽으면서 당신의 영적 상태를 점검해 보기 바란다.

- 범사에 감사하라 이는 그리스도 예수 안에서 너희를 향하신 하나님의 뜻이니라(살전 5:18).
무언가를 걱정하는가? 모든 일, 즉 좋게 보이거나 나쁘게 보이는 모든 일에 대해 하나님께 감사하는데 실패하였는가? 식사 시간에 감사를 소홀히 하지 않는가?
- 우리 가운데서 역사하시는 능력대로 우리의 온갖 구하는 것이나

생각하는 것에 더 넘치도록 능히 하실 이에게(엡 3:20)
　당신이 충분한 재능이 없다는 이유로 하나님을 위해 무엇인가 하려고 시도해 보지도 않으려고 하지는 않는가? 열등감 때문에 하나님께 봉사하는 것을 그만두지는 않는가? 하나님을 위해 무엇인가를 성취했을 때, 모든 영광을 하나님께 돌리는 데 실패하지는 않는가?

　- 오직 성령이 너희에게 임하시면 너희가 권능을 받고 예루살렘과 온 유대와 사마리아와 땅 끝까지 이르러 내 증인이 되리라 하시니라(행1:8).
　그리스도를 위해 당신의 생활로 전도하는 데 실패하지는 않았는가? 당신이 기독교적인 생활을 하는 정도로 충분하고 잃어버린 영혼들에게 당신의 입술로 증거하지 않아도 된다고 느낀 적은 없는가?

　- 각 사람에게 말하노니 마땅히 생각할 그 이상의 생각을 품지 말고…(롬 12:3)
　당신은 자신이 성취한 업적이나, 당신의 재능, 당신의 가족에 대한 자존감이 있는가? 당신은 다른 사람들이 자신보다 더 나으며, 그리스도의 몸에서 더 중요한 역할을 한다고 생각하는 데 실패하는가? 당신은 자신이 그리스도인으로서 꽤 잘하고 있다고 생각하는가? 당신은 변화시켜 달라고 하나님께 반항하는가?

　- 너희는 모든 악독과 노함을 분냄과 떠드는 것과 훼방하는 것을 모든 악의와 함께 버리고(엡 4:31)
　당신은 불평을 하고, 사람들을 비난하고, 논쟁하는가? 당신은 비판적인 영을 가졌는가? 모든 일에 대해서 당신과 의견이 일치하지 않는다는 이유로 다른 기독교 단체에게 불평하지는 않는가? 당신은 그 자리에 없는 사람들을 좋지 않게 말하지는 않는가? 당신은 자신이나, 다른 사람, 혹은 하나님께 화를 내고 있지는 않는가?

- 너희 몸은 너희가 하나님께로부터 받은바 너희 가운데 계신 성령의 전인 줄을 알지 못하느냐 너희는 너희의 것이 아니라(고전 6:19)

당신은 자신의 몸을 돌보는 데 부주의하지는 않는가? 당신의 식생활이나 운동하는 습관에서 자신의 몸을 성령의 전으로 돌보지 않는 데 대한 죄의식은 없는가? 당신의 몸을 부도덕한 성행위로 더럽히고 있지는 않은가?

- 무릇 더러운 말은 너희 입 밖에도 내지 말라(엡 4:29)

더러운 말을 쓰거나, 약간 빗나간 농담은 하지 않는가? 다른 사람들이 당신 앞에서, 혹은 당신의 집에서 그런 말을 해도 너그러이 용서합니까?

- 마귀로 틈을 타지 못하게 하라(엡 4:27)

당신이 참선이나 요가를 한다고 할 때, 미래를 점칠 때, 이단의 서적을 볼 때, 폭력 장면이나 섹스 장면의 영화보는 것을 통해, 사단에게 마음을 열고, 자신이 '사단의 거할 곳'이 되고 있다는 것을 보지 못하는가? 일상 생활에 대해 하나님보다는 별자리에서 충고를 얻지는 않는가? 당신은 비판, 잡담, 비협조 등을 통해 사단에게 이용당하고 교회 안에서 그리스도가 역사하는 것을 방해하고 있지는 않는가?

- 게으르지 말라(롬 12:11)

빚을 제 때에 갚지 못하는가? 떼어 먹는 일은 없는가? 갚을 능력이 없음에도 계속 신용카드를 사용하지는 않는가? 소득세를 거짓으로 신고하지는 않는가? 정당하지 않은 방법으로 돈을 벌지는 않는가?

- 모이기를 폐하지 말라(히 10:25)

집회 출석이 불규칙하지는 않는가? 몸만 예배에 참석하고, 설교할 때 딴 생각을 하거나 다른 책을 읽거나, 계획을 세우거나 하지는 않는가? 기도회에 빠지지는 않는가? 가정예배 드리는 것을 소홀히 하지는 않는가?

- 서로 거짓말을 말며 옛사람과 그 행위는 벗어 버리라(골 3:9)

거짓말을 하는가? 과장해서 말하는가? '작은 선의의 거짓말'도 죄인 것을 모르는가? 말을 할 때 있는 그대로 말하기 보다는 자신이 말하고 싶은 대로 말하지는 않는가?

- 사랑하는 자들아… 영혼을 거스려 싸우는 육체의 정욕을 제어하라(벧전 2:11)

정욕을 품고 이성을 바라보지는 않는가? 음란한 TV, 영화, 소설, 잡지나, 또 그런 것의 표지나 양면 광고(centerfolds) 등에 마음을 뺏기지는 않는가? 하나님의 말씀이 금하는 음란한 행위-간음, 혼외정사, 성도착 등에 빠져 있지는 않는가?

- 너희가 서로 사랑하면 이로써 모든 사람이 너희가 내 제자인줄 알리라(요 13:35)

교회 안에서 어떤 분파나 파벌에 속해 있지는 않는가? 오해를 풀기 보다는 오히려 불에 기름을 붙이는 편은 아닌가? 당신 자신의 교회 사람들만 사랑하고, 다른 교파의 사람들은 그리스도의 몸이 아니라고 생각하지는 않는가? 다른 사람들의 불행을 비밀스럽게 즐기는가? 다른 사람의 성공을 싫어하지는 않는가?

- 서로 용납하여 피차 용서하되 주께서 너희를 용서하신 것과 같이 너희도 그리하라(골 3:13)

누군가가 당신에게 한 말이나, 행동을 용서하지 못하는가? 누군가를 피하는 사람이 있는가? 누군가에게 원망을 품고 있는가?

- 도적질하는 자는 다시 도적질하지 말고 돌이켜 빈궁한 자에게 구제할 것이 있기 위하여 제 손으로 수고하여 선한 일을 하라(엡 4:28)
 일하기를 게을리하거나 정규적인 직업시간 전부를 일하는 데 쓰지 않음으로써 고용주로부터 임금을 도둑질하고 있는가? 지출 경비를 늘려서 청구하지는 않는가?

- 한 사람이 두 주인을 섬기지 못할 것이니 혹 이를 미워하며 저를 사랑하거나 혹 이를 중히 여기며 저를 경히 여김이라 너희가 하나님과 재물을 겸하여 섬기지 못하느니라(마 23:28)
 당신의 인생의 목표는 가능한한 많은 돈을 모으는 것인가? 아니면 물건을 쌓아두는 것인가? 수입에서 하나님의 것을 헌금하지 않은 일이 있는가? 돈이 당신의 우상은 아닌가?

- 이와같이 너희도 겉으로는 사람에게 옳게 보이되 안으로는 외식과 불법이 가득하도다(마 23:28)
 마음 속으로는 자신이 가짜이고 그리스도인의 흉내를 내고 있을 뿐이라는 것을 알고 있는가? 죄투성이인 당신의 생활을 덮고 교인들에게 숨기며 살지는 않는가? 그리스도인의 삶을 당신의 교회나 지역사회에서 사회적인 지위로 가장하지는 않는가? 주일예배에는 경건하게 미소짓고 있으나 다른 날에는 죄 속에서 살고 있는가? 당신이 가정에서 사람들에게 자신이 원하는 인물로 보이려고 노력하는가?

- 종말로 형제들아 무엇에든지 참되며 무엇에든지 경건하며 무엇에든지 옳으며 무엇에든지 정결하며 무엇에든지 사랑할만하며 무엇에든지 칭찬할만하며 무슨 덕이 있든지 무슨 기림이 있든지 이것들을 생각하라(빌 4:8)
 수군거리는 말을 듣기 좋아하는가? 남에게도 전하는가? 당신은 특히 적이나 경쟁 상대에 대한 소문이나 반진리를 믿는가? 매일 성경을 읽지 못하는가? 하나님의 것들, 즉 유일한 선이며, 진실이고 거룩한 것을 마음 속에 늘 담아두지 못하는가?

위의 질문사항과 그외 무엇이든지 하나님이 당신에게 말한 것을 기초로 당신의 죄의 목록을 작성하라. 그런 후 요한일서 1장 9절 말씀의 약속을 주장하라. 하나님 앞에서 당신의 죄를 고백할 때, 그리스도의 십자가의 죽음을 통해 하나님이 당신을 용서해주셨음을 인식하라(히 10:1~23). 그리고 난 후 회개하는데, 회개는 죄에 대해 당신의 태도를 바꾼다는 의미이다. 성령의 능력이 당신의 태도와 행위 모두를 바꿀 것이다. 당신의 오래된 죄의 본성, 즉 당신의 육체가 하고 싶은 것이나 하기 싫어하는 일 대신에 하나님께서 당신이 하기를 원하시는 일을 선택하여 행하라.

그리고 믿음으로 적절히 충만하도록 하나님의 영을 들이마신다.

에베소서 5장 18절에서의 하나님의 명령에 따라 성령님이 주장하시고 '성령의 충만함'을 받도록 하나님을 신뢰하라. 이것은 계속적으로 지속적으로 성령에 의해 지배받고 능력을 받는다는 것을 의미한다.

요한일서 5장 14, 15절의 하나님의 약속에 의하면, 당신이 하나님의 뜻대로 기도할 때, 하나님은 당신의 기도를 들으시고 그 소원을 들어 주신다.

"그를 향하여 우리의 가진바 담대한 것이 이것이니 그의 뜻대로 무엇을 구하면 들으심이라 우리가 무엇이든지 구하는 바를 들으시는 줄을 안즉 우리가 그에게 구한 그것을 얻은 줄을 또한 아느니라."

대부분의 그리스도인들은 영적인 호흡이 믿음의 운동인 것을 이해

하지 못하고 있다. 그 결과 이 사람은 영적인 굴곡이 심한 생활을 한다. 이 사람은 세상적인 그리스도인으로서 대부분의 그의 생활을 하나의 감정적인 체험에서 또다른 감정으로 감정적인 기복을 경험하며, 자기가 자신의 삶을 주장하면서 좌절되고 열매없는 삶을 산다.

만일 당신이 이런 경험을 하고 있다면, 영혼의 호흡이 이런 감정의 심한 굴곡에서 벗어나서 주 예수께서 "내가 온 것은 양으로 생명을 얻게 하고 더 풍성히 얻게 하려함이라"(요 10:10)는 말씀에서 약속한 풍성한 그리스도인의 삶을 즐길 수 있다. 영혼의 호흡 속에 또한 당신이 하나님의 사랑과 용서, 그리고 성령의 능력과 지배를 당신이 삶을 사는 방법으로 매일 계속적으로 경험하면서 사는 것을 가능하게 할 것이다.

당신이 당신의 인생에 그리스도를 나의 주, 나의 하나님으로 모시는 순간, 당신은 영적인 탄생을 경험했다. 당신은 하나님의 자녀가 되었고 성령으로 충만하게 되었다. 하나님은 당신의 죄-과거, 현재, 미래의 죄를 용서하셨고, 십자가에서 당신을 위해 죽으신 그리스도의 희생 때문에 하나님 앞에서 당신을 의롭고, 거룩하고, 받으실만하게 만드셨다. 당신에게는 거룩한 삶을 살 능력이 주어졌으며 하나님을 위해 열매 맺는 증인이 되었다. 당신이 믿음으로 성령 안에서 행하며, 영혼의 호흡을 하면 당신은 결코 영적인 패배를 하면서 살 필요가 없다.

금식하기 위해 준비할 세 번째 단계는 당신 자신을 육체적으로 준비하는 것이다.

갑자기 금식에 들어가려고 서두르지 말라. 당신이 며칠 간 음식을 먹지 않을 계획이 있다면, 음식을 전혀 금하기 전에 우선 조금씩 식사량을 줄이기 시작하는 것이 도움이 될 것이다.

이것은 금식의 기간에 들어간다는 신호를 당신의 마음에 보내며,

또한 당신의 위와 식욕이 '줄어들게' 하는 데 도움이 된다(물론, 당신이 의사의 처방에 의해 약을 복용하고 있다면 반드시 의사에게 상담하라).

　금식을 시작하기 전 이틀 동안은 생식만 하는 것도 좋다. 당신 자신의 육체를 준비하면 당신의 정해진 식사 습관을 완전히 변화시키는 것이 좀 더 쉬워진다. 그러면 당신은 기도할 때 모든 생각을 주님께 향할 수 있게 된다.

　네 번째는, 하나님이 어느 종류의 금식을 하기를 원하시는지 알려달라고 성령님께 구하라.
하나님은 당신이 모든 음식을 끊고 물만 먹기를 원하시는가? 아니면 물과 쥬스만으로일까? 또한 하나님은 당신이 하루에 한 끼 금식하는 것을 원하시는가? 아니면 일 주일에 하루 금식을, 아니면 한 번에 며칠이나 몇 주간의 금식을 원하시는가? 하나님은 당신이 40일 간 금식하도록 인도하시는가? 이 문제에 대해 성령님의 인도하심을 받으면 당신이 보다 더 의미있게 하나님과의 시간을 가질 것이다.

　한번 금식하는 방법을 알면, 하루나 3일 금식 등 단기간의 금식은 물만으로도 괜찮다. 정기적으로 금식을 하고 있는 그리스도인들은 물만으로도 10일, 아니면 그 이상, 그리고 40일까지도 물만 먹고 금식하기도 한다. 그들은 물만 먹는 금식에 대해 잘 아는 사람들의 지도를 매일 매일 따르면서, 영적으로도 육체적으로도 효과를 얻는다.

　다섯 번째는, 활동의 수준을 제한한다.
　운동은 적당히 한다. 일정표가 허락하는 한 많이 휴식한다. 짧은 낮잠은 매우 유용하다. "쉬는 것은 죄가 아니다. 금식은 엄격히 말하면 생리학적 휴식이다. 당신의 몸이 음식물 소화, 흡수 과정에서 벗어나 휴식하며, 배설 작용에 집중하는 것이다."라고 루이벌 박사는 말한다.

금식 기간중 부작용을 경험하는 것은 이 때문이다. 대부분의 사람들이 두통, 복통, 메스꺼움, 입안의 불쾌함, 혓바늘 등의 증상을 경험한다. 소변의 색이 진해지거나, 땀 냄새가 평상시보다 심할지도 모른다. 구토하는 일도 있을 수 있다. 이것은 보통있는 일이다. 장기간 금식에는 발열도 드문 일이 아니다. 기본적으로, 금식을 이용해서 몸이 자율적으로 깨끗하게 하고 치유를 한다.

여섯 번째는, 당신의 기도시간을 계획하라.
금식하는 동안 주님과 교제하고, 예배드리고, 찬양하는 시간이 많으면 많을수록, 성경을 읽고 묵상하는 시간이 많으면 많을수록 효과적인 기도가 가능하고 금식은 의미있게 된다.

금식할 때 기도하는 방법에는 정해진 방식이 없다. 주님께 특별한 기도를 들어 달라고 구하면서 큰 소리로, 혹은 작은 소리로 기도할 수 있다. 기도 제목 목록을 만들고 새로운 기도 제목이 떠오를 때마다 추가할 수 있다. 당신의 가족, 목사님, 교회, 당신의 지역 사회, 민족를 위해 열심히 기도하라. 우리 나라의 부흥을 위해서 또한 전세계의 영적인 대수확을 위해 기도하라. 지상명령 성취를 위해 기도하라.

하나님 앞에 조용히 묵상하면서 성령님이 당신 안에서 역사하셔서, 당신이 무엇을 기도하기를 원하시는지 생각나도록 기도하면서 기다릴 수 있다.

일상생활에서도 자신이 아직 금식하고 있으며 주님을 구하고 있다는 사실을 항상 마음에 두고 있어야 한다.

만일 당신이 무엇을 위해 기도할지 모르거나, 혹은 '기도를 다했다'고 느낄 때에는 주님 앞에서 조용히 기다리라.

시편 등 자신이 좋아하는 성경 구절을 펴서, 말씀으로 기도 제목을 삼으며 주님께 기도를 돌려 드려라. 예를 들면, 시편 23편을 읽을 때 그 구절을 크게 기도로 드리며, 이러한 약속을 당신의 삶 속에서 이루신 주님께 감사하라. 주님을 예배하고 찬미하라. 당신이 하나님을 얼마나 사랑하는지, 그리고 주님을 얼마나 섬기고 싶어 하는지를 주님께 말씀드려라. 주님의 임재하심을 생생하게 생활 가운데 모시어라.

마태복음 6장 9절부터 13절의 주기도문으로 하나님께 다가가도록 소원할 수도 있다. 일반적으로, 이 기도는 우리들이 하나님께 구하거나 말씀드릴 수 있는 모든 것을 포함한다. 이 기도를 제자들에게 가르치실때, 예수님은 "구하기 전에 너희에게 있어야 할 것을 하나님 너희 아버지께서 아시느니라"(마 6:8)라는 말씀을 제자들에게 상기시키셨다.

이제 당신은 어떻게 금식을 행하면 좋을 지를 알게 되었을 것이다. 다시 한번 금식기도를 어떻게 준비할 것인가를 간단하게 정리해 보자.

금식기도는 금식이 목적이 아니다. 기도가 목적이다.

그러므로 철저한 준비가 필요하다.

1. 금식기도를 위한 준비기도를 할 것.
작정한 날 수 만큼 매일 하루에 몇 차례씩 5분 정도 기도하고 수시로 준비기도 할 것

2. 기도 제목을 정할 것

3. 작정한 금식기도 날 수 만큼 주스 금식법이나 죽 금식, 채식, 감식(減食)하고 간식을 끊고 위를 축소시킬 것

4. 죄 목록을 만들어 토설하고 잡초 뽑듯 죄의 뿌리를 뽑아 낼 것 (요일 1:9)

5. 금식기도 중 묵상하고 암송할 성구를 200구절 정도 카드로 준비할 것

6. 3~7일 정도는 일하며 금식이 가능함

7. 혼자 금식할 때는 요한복음, 로마서, 시편 중 애송시와 은혜스러운 찬송 등 녹음한 테잎을 준비하여 녹음기로 틈틈히 들을 것. 피곤해서 성경 읽는 일이 힘들어질 수 있다.

8. 금식 전에 복합 구충제를 복용할 것

9. 숙변을 배설하기 위해 3% 정도의 소금물(미지근한 물에 죽염이나 천일염을 타면 간간해 토하고 싶은 맛) 한 리터(약 네 컵, 다섯 컵)을 약 10분 동안에 마실 것.

물을 마신 후 한 시간쯤 되면 수돗물 쏟아지듯 설사를 하게 되는데, 체질에 따라서는 한 시간 쯤이나 두 시간쯤 되면 설사가 시작되고 설사한 후 목이 갈하게 될 때 희석된 주스나 시판하는 포카리수 등을 마실 것.

숙변 배설을 위해서 클린 콜론스등의 천연 섬유제 등을 복용하여 장 청소를 할 것. 숙변을 배설할지라도 장기 금식(10일~40일) 때는 장벽에 녹슨 배수관처럼 10미터가 넘는 장에 부착된 숙변 때문에 변비가 있어 불쾌감이 있음으로 숙변이 2, 3주 후 나올 때는 숙지황이나 염소 똥같이 생긴 변이 나오게 된다. 그때는 다시 죽염수 같은 것으로 장을 청소해도 된다.

일 주일쯤 되면 편안해 지는 경우가 많다. 금식 중에는 금식통이 심하고 온몸이 쑤시며 열도 나고 체질에 따라서는 구토가 심한 경우가 있다. 그런 분들은 주스나 미음을 들면서 고비를 넘길 수 있다.

의사들은 장기 금식을 반대하나 금식하면 모든 질병의 면역성이 높아지고 체질 개선이 된다. 금식을 연구하는 권위자들의 학문적 연구도 많이 나와 있고 자연 의학의 측면에서는 금식 요법으로 모든 병을 고친다는 임상실험도 나와있다. 영적 훈련의 차원에서는 육에게는 NO 하고 영에게는 YES 하는 단련의 기회가 될 것이다.

제 11장 - 섭식 및 은혜관리 지침

금식의 시작

당신이 믿음으로 주님을 구할 때, 금식을 시작하도록 부르신 주님이 금식을 잘 마칠 수 있도록 힘 주신다는 것을 확신할 수 있다.

당신이 금식할 때 유의 사항을 몇 가지 소개한다.

첫째, 금식기도의 목적을 분명히 하라.
 1. 하나님을 경외하기 위해(마 6:16~18, 슥 7:5, 눅 2:37, 행 13:2)
 2. 하나님 앞에 우리 자신을 낮추기 위해, 더 큰 은총과 하나님의 임재를 경험하기 위해서(스 8:21, 시 69:10, 사 58:3)
 3. 개인적인 죄와 실패들을 위로하기 위해(삼상 7:6, 느 9:1~2)
 4. 교회, 국가, 세계의 죄악들의 애도를 표하기 위해(삼상 7:6, 느 9:1,2)
 5. 새로운 임무, 하나님이 우리를 보내신 사명에 관한 은총을 구하고 하나님께 우리의 헌신을 재확인하기 위해서(마 4:2)
 6. 하나님께 가까이 다가가 영적인 세력에 대항하고, 기도로써 인

내함으로 하나님을 찾기 위해서(삿 20:26, 에스라 21장, 23장, 30장)

7. 회개하고, 하나님이 선포한 심판의 뜻을 바꾸기 위해(삼하 12:16,22, 왕상 21:27~29, 렘 18:7,8, 욜 2:12~14, 욘 3:5,10)

8. 사람들을 죄의 굴레로부터 해방시키기 위해(사 58:6, 마 17:14~21, 눅 4:1)

9. 신의 섭리에 지혜와 계시를 얻기 위해(사 58:5,6,11 단 9:3,21,22, 행 13:2,3)

10. 성령이 역사하고 그의 백성들에게 예수의 재림을 위한 길을 열어주기 위해(마 9:15, 25:6, 요 14:3).

이 시대의 금식은 예수의 재림을 갈망하는 성도들의 징표이고, 예수의 재림을 위한 준비이다. 또한 예수의 부재에 대한 애도의 표시이고, 세상의 죄악과 부패에 관한 슬픔의 증표이다.

둘째, 겸손한 마음을 갖추고 참여하라.

우리는 하나님의 부르심에 반항하는, 교만하고 영적으로 깨어지지 않는 특징과 예수님의 부활을 체험한 겸손하고 각성된 특징을 대조해 볼 수 있다.

다음 목록에 있는 각각의 항목을 읽어 보면서, 당신의 삶에서 발견할 수 있는 교만한 영적인 특징을 하나님께서 드러내시도록 간구한다. 이것들을 주님께 고백한 다음 대응되는 당신 안의 영적으로 깨어지고 겸손한 영의 자질들을 회복할 수 있도록 기도한다.

교만하고 깨어지지 않는 사람들	겸손하고 깨어 있는 사람들
타인의 실패에 관심을 가진다.	그들 자신의 영적인 필요성으로 채워져 있음
독선적이고 비판적이고 흠잡기를 좋아하는 태도를 갖고 망원경으로 자기 자신의 단점을 바라보지만 타인들은 현미경으로 바라본다.	온정적이고 관용적이며 타인의 장점을 찾는다
타인을 무시한다.	타인을 나보다 낫게 여긴다.
의존적인 영, 타인에 대한 필요를 인지함	독립적이고 자기확신적인 영
유지 자제력을 잃어버림	자기방식적인 자제력
자신들의 방식이 옳다는 것을 증명	의를 위하여 기꺼이 자신의 권리를 양보해야 한다.
권리를 주장	권리를 양보
요구하는 영	주는 영
섬김받고자 하는 욕구	타인을 섬김
자기 발전만을 위한 욕구	타인을 향상시키려는 소망
인정받고 칭찬받는 것에 제외됨(자신이 사용되어짐에 두렵고 떨림으로 무가치하다고 느낌)	다른 사람들에 신뢰 얻기를 갈망함
다른 사람들이 진보하면 경계함	다른 사람들이 높임을 받거나 존경을 받을 때 기뻐함
나는 이 사역을 섬길 가치가 없다.	사역은 나에게 주어진 특권이다.
하나님께 도와드릴 아무 것도 없다는 것을 안다.	하나님을 위해 뭔가 할 일을 생각한다.
많이 알고 있다는 것을 확신하며 느낀다.	얼마나 배워야 하는지 알고 겸손하다

이기주의, 자신에 대한 것에는 관심이 없다.	사람을 거리를 두고 보호함(사랑하는 사람들을 위해 충심으로 기꺼이 위험을 무릅 씀)
다른 사람들에게 위험이 근접할 때 비난하는데 빠름	잘못하는 것을 볼 수 있는 개인적인 책임감을 수용함, 비평할 때 방어적 겸손과 열린 마음으로 비평을 받아들임
접근하기 어려움(쌀쌀함)	간청하기 쉬움
다른 사람들이 어떻게 생각하는가에 관심을 쏟음	존경할만 것에 관심을 가짐, 모든 문제가 하나님을 아는 것에 초점
이미지나 방어적 평판을 유지하기 위해 일함	자기의 평판을 죽임
다른 사람들과 함께 영적인 필요들을 나누기 어려워함, 자신의 죄에 대해 아무도 모르기를 원함	기꺼이 다른 사람과 함께 투명하고 열려져 있음, 기꺼이 노출되기 원함(과거의 깨어진 것들에 상관하지 않음 – 잃을 것이 아무것도 없기에)
죄를 고백할 때 일반적으로 다룸	혼이 나고 말하기를 "내 잘못이야, 제발 용서해 주겠어?" 실패를 인정하고 용서 구하기에 빠름, 죄를 고백할 때 상세하게 다룸
죄의 결과에 대해 관심을 가짐, 그들의 죄에 대해 가책만을 느낌, 혼동이나 오해가 있을 때 와서 용서를 구하기를 기다림	죄의 원인이나 뿌리에 대해 몹시 슬퍼함, 죄에 대해 깊이 반성하고 회개함, 초기에 화해되기를 힘쓰고 항상 십자가를 우선함
다른 사람들과 자신을 비교하고, 하나님의 거룩하심에 자신을 비교하고 자신을 존경할 만하다고 느낌	하나님의 자비를 절실히 느낌
회개할 것을 가지고 생각하지 않음	회개의 태도와 마음을 계속 유지함
자신에게 부흥이 필요함을 생각지 않음	지속적으로 성령의 새로운 충만을 받고자 함(모든 사람들이 각성해야 한다고 생각함)

셋째, 금식기도의 목적을 분명히 하고 활동을 엄격히 제한하라.

넷째는, '화장실'에 자주 가는 것을 기대하라.
수분을 충분히 섭취하므로 당연히 그렇게 된다. 금식의 전이나 도중에 혹은 후에, 관장을 하거나 대변이 나오게 하는 약을 먹고 싶을 수도 모른다.

다섯째로, 정신적 불쾌감을 각오하라.
맛있는 음식을 먹는 기쁨을 거부할 때 내적인 갈등을 경험할 것이다. 3일 금식에서는 이틀째가 끝날 무렵, 이 싸움은 강해진다. 이것은 '자아'가 벌떡 일어나, "야, 내가 금식을 원하는 기간만큼 했잖아. 우리 충분히 했다고 생각지 않냐?"라고 말할 것이다.
당신은 침착성을 잃고, 안절부절 못할지도 모른다. 장기간 금식하는 동안은, 까다로워지기도 하고 불안해지기도 하는 것은 특이한 일이 아니다. 또한 우리의 대적이 속삭이는 소리로 당신의 결심을 시험하는 것을 기대할 수도 있다. 이럴 경우, 주님의 보혈로 당신의 마음을 정결케 해주십사고, 그리고 주님의 성령으로 능력을 입혀달라고 주님을 초청하라.

금식하는 기간이 길면 길수록, 몸은 점점 쇠약해진다고 당신은 생각할 것이다. 그러나, 건강한 사람들은 장기간의 금식기간 동안, 실제로 새 활력을 경험하였다고 한다. 육체에서 독소가 제거되고 몸에 저장되어 있는 것으로부터 영양을 섭취하게 되면, 위장은 음식을 요구하지 않으며, 때때로 몸상태가 좋다고 느낄 것이다.
금식 기간 동안 혈액 속의 독소 때문에 불면증이나 머리가 과도하게 예민해지는 증상이 일어나는 경우도 많다. 특히 장기간의 금식을 하면, 체중이 좀 감소될 것이다. 그러나 걱정하지 말라. 체중은 갑자기 제자리로 돌아갈 것이다.

금식할 때마다 약간씩 다를 것이다. 어느 금식 때에는 어떤 어려움을 경험했어도 다른 때에는 그와 같은 현상이 없을 수도 있다. 어느 정도 어려움을 경험하는가는 당신의 영적인, 신체적인 상태에 따라 다르다.

얼마나 오래 금식하는 것이 좋을까요.
신약성경에는 영적인 목적으로 금식할 때 얼마나 오랜 기간 해야 하는지에 관해서는 자세한 안내가 없다. 만약 당신이 한 번도 금식해 본 적이 없다면, 서서히 시작하는 것을 권한다.

금식할 때 기대되는 현상을 안다면, 금식 기간을 늘려 가기 시작한다. 우선 한 끼나 두 끼를 거른 후에, 24시간, 2일, 3일 금식하는 날 수를 증가시킨다. 가장 중요한 것은 음식 때문에 감정적으로 싸우면서 중도에 포기하지 말고 성령이 당신 안에서 역사하실 시간을 드려라.

하나님의 말씀에는 종종 3일 금식이 언급된다. 당신은 좀 더 긴 금식, 즉 5에서 10일 간 금식하고 싶다고 생각할지도 모르나 이러한 금식은 좀 더 경험을 쌓은 후에 해야 한다.

하나님은 당신의 상황을 이해하신다는 것을 기억하라. 주님의 지혜는 무한하다. 주님은 당신이 금식하는 것을 배우기를 원하신다. 만일 금식에 대해 잘 모르면서 장기간 금식하도록 '인도하신다'고 느낀다면, 당신은 성령이 아닌 다른 것의 음성을 듣고 있는지도 모른다. 당신의 몸에 문제를 일으켜, 하나님에 대한 신앙에 상처를 주려고, 성령은 당신을 인도하지 않는다.

장기간의 금식은 적당한 시기를 선택하는 것이 특히 중요하다. 나는 40일 금식할 최적의 기회를 얻기 위해, 일의 스케줄을 약간 조정할 필요가 있었다. 금식 기간과 섭식 기간을 생각해야 한다.

습관적인 일과 생활 양식이 크게 방해받지 않고 장기간 금식하는 것이 가능할 수도 있다. 그러나 이상적인 때를 기다려야 한다. 성령이 당신의 마음을 움직이실 때, 주님이 인도하실 때에는 언제라도 금식할 수 있다. 당신이 대다수의 사람들처럼 바쁜 생활을 한다면, '가장 적절한 때'를 기다리다가는 언제까지 금식을 시작하지 못할 수도 있다.

금식의 신체적인 현상
우리는 금식을 영적인 이유 때문에 하며, 육체의 필요를 줄이고 영적인 필요를 강조하는 것이다. 하지만, 금식을 함으로 얻는 몸의 유익도 있다.

금식은 노화 과정을 바꿔놓으며, 적절히 하기만 하면, 우리는 더 오래 살 수 있으며, 더 행복하게 살 수 있다. 당신은 질병과 화학적인 생태계의 오염으로 너무도 흔해진 퇴행성 질환과 싸워 이길 수 있다. 치료는 빨라지며, 몸의 기관들은 쉴 수 있으며, 간과 신장은 깨끗해지고, 피는 맑아지며, 장은 청소가 될 것이며, 불필요한 체중은 줄어들고, 조직에 쌓인 독소는 제거될 것이며, 눈과 혀가 맑아지며, 호흡이 깨끗해지고, 과도한 수분은 제거될 것이다.

금식해본 적이 한 번도 없다면, 하루 금식부터 시작해서 점차 10일까지 금식 기간을 늘여가야 한다. 10일 간의 금식이 끝나면, 당신의 몸은 스스로 많은 독으로부터 정화가 된다. 이런 과정을 통해 당신은 금식에 대한 많은 두려움으로부터 소망과 평안을 가지게 될 것이다.

공복시의 아픔은 첫 1일에서 3일 간이 가장 견디기 어렵다. 당신의 몸은 위에 있는 음식물을 소비하는 데에서(3일 간이나 가는) 저장된 지방을 사용하는 체제로 바뀐다.

금식 중 불편한 증상들

팔 다리 힘이 없거나 구토 증세, 어지러움은 정상 금식의 과정이다. 특별히 금식 기간 중 신체의 특정부위에 아픔이 심하다는 것은 평상시 그 부분에 병이 있거나 매우 약해 있었다는 증표이다. 구토 증세가 심하면 뜨거운 물을 후후 불어가면서 먹으라. 그리고 복식 호흡을 하라. 그리하면 진정된다. 두통 또는 위통은 소금, 설탕 혹은 카페인을 끊었기 때문에 나타날 수도 있다. 이러한 통증을 피하려면 금식하기 전에 먼저 이러한 것들을 섭취하지 말고 절식해 나가면 된다. 허리 아래쪽의 통증은 탈수 때문에 생길 수 있으며 유동식이 필요하다는 신호일 수도 있다.

자신에게 변화가 일어나길 기대하라.

다른 사람과 똑같이 금식의 효과를 경험하는 사람은 없다. 왜냐하면 똑같은 상황에서, 똑같은 목적을 갖고, 금식에 임하는 사람들이 없기 때문이다. 그러나 만일 당신이 주님 앞에서 회개하고 중보기도하며 예배를 드리고 주님의 말씀을 계속적으로 묵상하면서 자신을 낮추면, 당신은 주님의 임재를 확실히 느끼는 경험을 할 것이다. 하나님에 대한 당신의 확신과 믿음이 더욱 강화될 것이다.

　대부분의 사람들은 금식의 결과로 어느 정도 부흥을 경험한다. 그러나 우리가 매일 신선한 성령충만을 받을 필요가 있는 것처럼, 우리도 또한 하나님 앞에서 새롭게 금식하는 것이 필요하다. 단 한번의 금식이 영적인 만병통치약이 될 수 없다. 요한 웨슬레, 찰스 웨슬레 형제는 '육체를 주님 아래 계속 놓기 위해' 그리고 금식이 가져다 주는 주님과의 친밀함을 유지하기 위해 매주 2일씩 금식하도록 주장했다. 정상적인 금식기간 동안 특별히 생수를 마셔야 한다. 끓인 물은 먹지 말라. 물을 씹어서 천천히 자주 많이 마실 때 온 몸 세포 세포 마디 마디에 있는 독소들도 다 제거되고 새로운 건강을 소유할 수 있다.

  금식 후 섭식이야말로 금식에 있어 가장 중요한 과정이라고 말한다. 당신의 몸이 쉴 동안에는 위와 장도 쉬기 때문에 위축되어 있어 신장 이상이나 장 파열과 같은 치명적인 증상을 피하려면 딱딱한 음식은 아주 늦게 천천히 섭취해야 한다. 금식 후에는 적어도 일 주일 후에 고기나 지방 같은 것을 먹어야 한다. 음식을 오래 끊었기 때문에, 포식하려는 욕구가 있겠지만, 그것은 매우 위험한 것이다.

금식 후 섭식 방법

금식이 끝날 때 과즙이나 콩나물 국물, 동치미 국물 같은 것으로 장을 푸는 것이 좋다. 금식 후의 섭식 기간이 금식 못지 않게 중요하다. 엄청난 식욕을 참지 못해 폭식을 하거나 육식을 하면 치명적 위장 장애가 생기므로 소화가 잘 되는 과일, 야채 주스나 꿀물, 유동식물을 극히 소량으로 금식기도 날짜만큼 보식해야 한다. 위장이 축소되어 있고 어린 아이 위장처럼 얇어졌음으로 식사 때마다 기도하며 성령의 도우심으로 절제가 몸에 베도록 힘써야 한다. 금식한 날만큼 섭식 기간이 요청되며 섭식을 잘 감당할 때 당신의 건강은 날로 새로워 질 것이다.

금식 후 은혜 관리지침

금식기도 중 매순간마다 금식을 못하도록 식욕뿐 아니라 마음 속에 각종 시험이 드는 것을 경험한다.

  금식 후에는 반드시 예외없이 가족이나 가까운 사람들을 통해서 성나게 하는 시험이 든다. 나는 그 일에 대해서는 수십 번 경험을 해서 알고 있다. 사단은 금식기도 중 받은 은혜를 쏟아버리도록 훼방한다.

  금식기도의 은혜관리를 위해 폭식의 시험과 성나게 하는 시험과 교만의 시험을 이기도록 특별히 기도해야 한다. 특별한 영전을 받은 것처럼 행동하게 만드는 유혹도 이겨야 한다. 더 엎드리고 무릎 꿇으며 긍휼을 입은 자다운 겸손을 유지해야 한다. 금식기도 중에는 힘이 없어서 누워만 있어야 하는 사람도 있으나 적당히 운동하는 것이 건강에도 좋다. 금식기도 전에 기도제목을 기록해서 자나깨나 의식, 무의식으로 기도 제목을 주님께 드리면서 얍복나루터 야곱처럼 간구하는 것이 좋다. 사실 금식 자체가 이미 기도이다.

5부

부흥을 일깨우는 메시지와 칼럼

기도응답의 간증 (1)
- C.C.C.의 역사는 기도의 역사 -

그를 향하여 우리의 가진바 담대한 것이 이것이니 그의 뜻대로 무엇을 구하면 들으심이라 우리가 무엇이든지 구하는 바를 들으시는 줄을 안즉 우리가 그에게 구한 그것을 얻은 줄을 또한 아느니라(요일 5:14~15).

기도에 대한 신앙 간증을 몇 가지 말씀드리겠습니다. 주님께서 저에게 베풀어주신 은혜와 축복과 신앙의 간증은 모두 여러분과 함께 나누어 가지라고 주신 것입니다. 주님이 제게 역사하셨던 은혜와 축복의 모든 것을 이야기하면서 주님께 영광을 돌리고 싶습니다.

1958년도에 학생운동을 처음 시작한 이후 여러 가지 많은 넘을 수 없는 산을 넘고 건널 수 없는 강을 건너면서 하나님께서 살아 계시고 인도하시고 섭리하시는 것을 날마다 날마다 피부로 느끼고 있습니다.

어떤 사람들은 기독교 학생 운동을 이렇게 해라, 저렇게 해라, 또는 석사나 박사들을 데려다가 하라 해서 교수들을 한 40명을 모셔 보기도 했습니다. 또 한국에서 제일 유명한 일류 강사들을 모셔다가 설교를 들을 수 있게도 해보았지만 학생들이 처음에 한 두 번은 잘 나오다가 나중에는 다 달아나는 것이었습니다.

이래도 저래도 잘 안 되어서 제가 일선 노동자가 되는 수밖에 없다고 생각하고 유치한 방법으로 교섭을 하고 집회 때에는 저희들이 원색적으로 복음을 전했습니다. 그렇게 했더니 C.C.C.에서 예수 믿고 구원받는 사람의 수가 많아졌습니다.

저는 항상 민족 전체의 구원이라는 것을 생각했었습니다. 그것은 하나님께서 제 속에다가 불덩어리를 집어넣어 준 것이나 마찬가지입니다. 제 속에 활활 타고 있는 이 복음화된 민족, 구원받은 민족이라는 불덩어리를 어찌 할 수가 없어서 부르짖어 보고 고독하게 홀로 서서 말해 보기도 했습니다. 누구에게 말해도, 아무리 외쳐도 자신들과는 상관없는 꿈으로만 생각했습니다. 그것을 현실적인 문제로 생각하는 사람들은 별로 없었던 것 같습니다.

그래서 몹시 외로운 광야의 소리처럼 저는 꿈쟁이로 통하게 되었습니다. 그러나 저는 "돈을 벌게 해주십시오. 사람이 많이 배출이 되었으니 돈만 있으면 한국 학원을 뒤집겠습니다."라고 기도했습니다.

1966년에 저는 미국에 갔습니다. 그곳에서 1년 반 가까이 세월을 보내면서 수십 가지의 일을 시도해 보았지만 하는 일마다 다 실패였습니다. 그러다가 자동차 사고가 났는데 자동차가 완전히 부숴져 버렸고 저는 의식을 잃었다가 살아났습니다.

틀림없이 자동차 앞 유리까지 다 깨지고 붕 떠서 10미터 밖으로 나동그라졌지만 저는 아무런 상처도 없이 무사했던 것입니다. 그때 두말 할 것 없이 돈벌이하고 있는 것을 잘못했다고 회개를 했습니다. 그 뒤 한국으로 돌아왔습니다.

그러나 미국 C.C.C.에서 받아온 돈으로는 한국 C.C.C. 운동을 도저히 할 수가 없어서 이 운동을 그만 두고 교회를 개척하려고 했습니다. 제가 교회를 개척하면 큼직한 교회가 되리라는 자부심을 가지고 있었고 그렇게 하여 전국 규모의 일을 해보리라고 생각했습니다.

그런데 졸업생들이 저에게 그러지 말고 우리 힘으로 해보자고 제의를 해 왔습니다. 그래서 3일 동안 졸업생들을 모았습니다. 기도할 장소가 없어서 양로원을 빌려 3일 동안 졸업생들을 모았습니다. 이틀째 저녁에 밤을 새우면서 기도를 하는데 몇 사람의 간부들이 모여서 우리들이 헌금을 작정하자는 것이었습니다.

그때는 우리가 돈 100만원을 5부 이자로 빌려서 묵정동 푹푹 찌는 지하실에서 예배를 드리던 때였습니다. 그러니까 학생회장 한 사람이 요나의 뱃속에서 빨리 나오게 해달라고 기도를 합니다. 그렇게 하면 좋겠냐고 저에게 묻길래, 100만원만 있어도 5부짜리 빚을 갚겠다고 했습니다. 그랬더니 "100만원은 더 해야지요."라고 말했습니다. "그럼 얼마나 하겠느냐?"고 했더니 300만원은 해야 한다고 했습니다. 다른 모퉁이에서는 300만원 이상, 500만원은 해야 한다, 아니다, 1,000만원은 해야 한다고 결정을 내렸습니다.

그것이 기분적으로 말한 것 같았지만 저는 깜짝 놀랐습니다. "이들에게는 100만원도 기적일텐데 어떻게 하려고 1,000만원을 작정하는가?" 하는 생각이 들었습니다. 그러나 그 분위기는 그들에게 은혜가 되었으므로 아무도 반대하는 사람 없이 1,000만원으로 작정이 되었던 것입니다. 사실 그날 밤에 모인 사람들이 작정했던 금액만도 300만원이 되었다는 것은 기적이 아닐 수가 없습니다.

그런데 한쪽에서는 "김 목사님이 미국에 갔다 왔으니 우리 간사들의 봉급을 올려 준다고 해야 할 텐데 봉급 올려 준다는 이야기는 하지 않고 회관 짓는다는 이야기만 한다."고 하면서 데모가 일어났습니다. 그래서 간사 대표가 저를 찾아 왔는데, 회원들이 1,000만원을 작정해 놓고 이제 민족 복음화를 한다고 하는 것을 보고 감히 그 이야기를 꺼내지 못하고 가 버렸습니다. 이렇게 시작이 되었습니다.

여름 집회 전에 어떤 자매가 자기 이모가 장충동에 땅을 200평을 가지고 있는데 1년 동안 졸랐다며 저에게 그 이모를 모시고 왔습니다. 그래서 또 200평 작정을 받았습니다. 그것이 2천만원이었습니다.

그 뒤에 한 마음씨 좋은 실업인을 만났습니다. 무슨 이야기를 하다가 세검정 너머에 땅을 좀 사 놓았다며 경치가 참 좋아서 거기다가 집을 지을 계획이라고 했습니다. 그 이야기를 들으면서 "저 젊은 사람이 자기 집을 지으려고 땅을 사 놓았는데 혹시 내가 달라고 하면 어떨까?" 하는 엉뚱한 생각이 들었습니다. 몇 번 차를 마시면서 이야기를 나누다가, 하루는 "나와 식사를 좀 하십시다." 했더니 자기가 식사를 대접하겠다고 자동차를 몰고 나왔습니다.

그래서 세검정에 있는 그 땅도 구경을 할 수가 있었는데, 저는 그 실업인에게 "집사님, 염치없는 말로 들릴지 모르겠습니다만 기도하고 제가 말씀을 드리는 것입니다. 만일 잘못 말하면 용서하시고 잊어 버리십시오. 이 땅을 집사님이 지으려고 샀지만 집사님이 살 집보다도 하나님을 위해서 영광 돌리는 목적에 쓰여진다면 집도 주시지 않겠습니까?"하고 물었습니다. 이 말이 떨어지자마자 "목사님이 그 말을 하실 줄 알고 땅문서를 가지고 왔습니다."라고 했습니다. 그럭저럭 6천만원이 되었습니다.

그러나 한 사람도 현금을 내놓은 사람은 없었습니다. 전부 문서나 말뿐이었습니다. 그래서 저는 기독교인 설계자에게 덮어놓고 돈 한 푼 없이 2, 3천만원 예산의 건물을 설계해 줄 것을 부탁했습니다. 그는 한 6천만원 정도 예산이 드는 건물 설계를 가져왔습니다. 그러나 현금은 한 푼도 없었습니다. 한 사람도 작정한 돈을 낸 사람이 없었습니다. 그냥 100만원에서 6천만원으로 커진 투시도를 학생 회관에 갖다 놓게 되었습니다.

그러던 중에 어떤 목사님이 저에게 서울시에 가서 공원 땅 같은 데 한 200평 얻지 그러느냐고 했습니다. 그때는 서울 시장이 아파트를 지으라고 땅도 주고 하던 때입니다. "서울시에 누구 아는 사람이 있습니까?"하고 물었습니다. 예수 믿는 부시장이 한 사람 있다고 했습니다. 그래서 소개해 달라고 해서 거서 만났습니다. 만나기 전에 그분에게 어디 좋은 땅 생각나는 데 없느냐고 했더니 피난민들을 다 이주시키고 지금은 공지가 되어 있는 러시아 대사관 자리를 얻어 보라는 것이었습니다.

부시장에게 가서 이야기를 했습니다. "우리 학생들이 헌금을 했는데 땅만 구하게 되면 회관을 하나 지으려고 합니다. 공지 땅을 우리가 좀 얻을 수 없겠습니까?" 했더니 그는 깜짝 놀라며 대통령이라면 몰라도 그렇지 않다면 생각도 말라는 답변이었습니다. 그것은 절대로 안 된다는 말입니다. 그렇게 안된다는 뜻으로 한 이야기가 제 귀에는 대통령이면 된다는 말로 들렸습니다. 그것은 성령께서 감동을 주신 것 같습니다.

그래서 학생들과 간사님들에게 "러시아 대사관 자리에 땅이 있다는데 대통령에게 그 이야기를 하면 땅을 얻을 가능성이 있을지 모르니까 기도를 하십시다."라고 했습니다. 학생들이 밤을 새우면서 기도를 했습니다. 저는 "아, 이 장소가 하나님이 허락한 장소구나!"라고 생각했습니다. 누가 감히 그 땅에 회관을 지으려고 생각이나 했겠습니까?

여름수련회 기간이 되었습니다. 이때 650명이 모였습니다. "여러분, 그 장소를 위해서 기도해 주십시오."하고 학생 대표를 모아서 "내가 대통령을 만나 그 땅을 달라고 할 텐데, 몇 평을 달라고 할까요?"했더니 학생 하나가 "2천평을 달라고 하십시오."라고 했습니다. 기분 내키는 대로 그렇게 아무 생각 없이 말한 것입니다. 우리는 100평만 있으면 가장 만족하겠는데, 10평도, 50평도 없는 사람들이 2,000평을 달라 하자고 했습니다. 그것은 안 된다고 생각을 했지만 모두 "아멘"하는데 안 할 수 없지 않습니까? "그러면 모두 기도하십시오." 하고 기도를 모았습니다.

산에 흩어져서 나무 뿌리를 붙잡고 비가 억수로 쏟아지는 것도 아랑곳하지 않고 두 세 사람이 혹은 혼자서 모두 밤이 맞도록 기도하는 것이었습니다. 제가 들어보니까 "김 목사님이 대통령을 만나게 해 주시고, 대통령을 만나서 땅을 2,000평 달라고 할텐데 꼭 준비해 놓았다가 주시기 바랍니다."라는 내용의 기도들을 하는 것이었습니다. 하나님께서 성령으로 역사하시고 준비시키시는 것을 알았습니다.

그래서 돌아온 다음에 전국에 "이제부터 제가 대통령 면회 신청을 할텐데 여러분께서 철야 기도를 해주십시오."하고 부탁을 했습니다.

전지역에서 철야 기도를 하고 아침 출근할 때쯤 되어서 대통령 의전 비서실의 전화 번호를 기억해 놓았다가 전화를 걸려고 했는데 번호를 돌려야 하는 현실로 돌아와 보면 제가 꼭 미친 사람 같았습니다. 대통령을 만나서 러시아 대사관 땅 2,000평을 달라고 한다면 틀림없이 나를 미친놈이라고 하지 않을까 하는 생각 때문에 수화기를 몇 차례나 들었다가 다시 놓고는 또 전체 철야 기도를 하라고 하고, 그리고는 수화기를 또 들었다가 놓고 하다가 마침내 전화를 했습니다. 가슴이 떨렸습니다.

마침내 통화를 하게 되었는데 "잘 모르시겠지만, 저는 김준곤 목사라고 합니다."라고 했더니 "아, 목사님이요? 저는 목사님을 잘 압니다. 제가 목사님의 설교를 들었습니다."라고 했습니다. 제 설교가 값지게 생각되기는 그때가 처음이었습니다. 전화한 용건을 묻기에 대통령을 만나고 싶다고 했더니 그는 대통령께 이야기를 해보겠다고 했습니다. 저는 그 말을 듣고 깜짝 놀랐습니다. 전화상으로 된다, 안 된다를 이야기해 줄줄 알았기 때문입니다.

하여튼 저는 의전실장에게 곧 연락이 올 줄 알고 사무실 전화와 집 전화를 일절 못 걸게 하고 다른 곳에서 전화가 오더라도 중요한 전화를 기다리고 있으니 빨리 끊으라고 했습니다. 그리고는 쥐구멍 앞에서 고양이가 쥐를 기다리듯이 전화 오기만을 기다리고 있었습니다.

그러나 3일이 지나도 아무 소식이 없었습니다. 사방에서 전화가 왔습니다. 우리가 같이 기도했는데 어떻게 되었느냐는 것이었습니다. 전국에서 기도하고 있으니 이제는 후퇴할 수도 없게 되었습니다. 면회 신청을 해 놓고 그러저러 일주일이 지난 토요일 저녁, 드디어 저는 심각한 고민에 빠졌습니다.

'아, 내가 정말 미친 사람이었구나. 상식적으로 건전하게 신앙 생활을 해야지 이럴 수가 있나. 내가 이젠 학생들 앞에 나타날 수가 없구나. 광신자처럼 되어 버렸으니 내빼 버릴 수도 없구나.' 하는 생각이 들었습니다.

갈 수도, 올 수도 없었던 그 시간을 지금도 잊을 수가 없습니다. 그러한 일을 추진하려고 했던 제가 아주 미워졌습니다. 아주 싫었습니다. 없었던 일로 하고 싶은 생각까지 들었습니다. 그렇게 주일이 지나고 월요일도 지났습니다. 말할 수 없이 창피한 노릇이었습니다. 화요일도 지나고 수요일이 되었습니다.

그런데 오후 1시쯤 되어서 전화가 왔습니다. 청와대 의전실인데 3시에 올 수가 있겠느냐는 것이었습니다. 그렇게 기쁠 수가 없었습니다. 갈 수 있다고 말한 뒤 전화를 끊고는 거의 본능적으로 목욕을 했습니다. 그리고 대통령을 만나서 해야 할 이야기를 설교를 암송하듯이 10분이나 15분 동안 이야기할 것을 뼈대를 추려서 처음부터 마지막까지 암송을 했습니다. 이 말만은 꼭 하고 오리라고 다짐했습니다. 서양 역사도 이야기하고 전도도 할 겸 성경도 이야기하리라고 다짐했습니다.

그리고는 곧바로 택시를 잡아타고는 청와대로 가자고 했더니 그 운전사는 청와대가 어디냐고 했습니다. "청와대가 하나이지 둘입니까? 대통령이 사는 곳 말이요."라고 했더니 운전사가 자꾸 저를 쳐다보았습니다.

지금까지 택시 타고 청와대까지 가는 사람이 한 사람도 없었기 때문인지 자꾸 쳐다보면서 거기까지 못 간다고 했습니다. 못 가는 데가 어디 있느냐면서 돈을 더 주겠다고 해도 못 간다는 것입니다. 나중에 생각해 보니까 운전사가 간첩 신고를 했던 것 같습니다. 그 운전사는 저를 중앙청 부근에 내려놓고는 말도 않고 가 버렸습니다.

할 수 없이 거기서 막 뛰어 들어가는데 어떤 사람에게 붙잡혔습니다. 어딜 가느냐고 해서 대통령 면회 간다고 하니까 그냥 붙잡아 들이는 것이었습니다. 자초지종을 이야기해도 막무가내였습니다. 그래서 신분증을 다 내놓고 비서실에 전화해 보라고 했더니 사실을 확인한 후에야 들여보내는 것이었습니다.

그러나 대통령 관저에 들어가는 문에서 또 붙잡히고 말았습니다. 다시 확인을 받고서 겨우 대통령을 만나게 되었습니다. 그전에 대통령 조찬기도회에서 제가 설교할 때 대통령을 만났었기 때문에 대통령도 제 이름을 기억하고 있었나 봅니다. 그러나 대통령이라는 그 의식 때문에 가슴이 떨렸습니다.

대통령은 "무슨 일로 나를 만나려고 했습니까?" 하고 물었습니다. 그러자 저는 "나라를 위해서 길을 만들고 공장을 세우는 것도 중요하지만 신앙이 있어야 합니다. 하나님의 축복을 받아야 합니다." 하고 서두를 쭉 이야기하고는 그렇기 때문에 우리가 회관을 지어서 신앙 운동을 하려고 하는데 이 신앙 운동에 대해서 이해를 해주셔야 하겠다고 했습니다. 또한 유럽에 있는 기독교 민족만이 민주주의를 할 수 있지 않았느냐며 별소리를 다 했습니다.

짧은 시간에 대통령께 틈을 안 주고 아래만 내려다보며 이야기를 했습니다. "우리 학생들이 헌금을 했습니다. 땅만 주시면 회관을 짓겠습니다." 했더니 "어디 땅을 봐 두었습니까?" 하고 물었습니다. 그래서 "러시아 대사관 자리를 봐 두었습니다." 했더니 고개를 갸우뚱하면서 "그곳은 시장에게 무슨 계획이 있는가 봅니다. 그러지 말고 요새 많이 개발이 되는 여의도가 어떻습니까?" 하는 것이었습니다. 그래서 저는 "거기는 너무 거리가 멀어서 안될 것 같습니다." 했더니 그러면 몇 평이 필요하냐고 물었습니다.

그 말에 저는 기가 팍 죽어서 200평이란 말이 금방 나올 것 같았습니다. 2,000평이라고 하면 아무래도 도둑놈이라고 할 것 같았기 때문입니다. 그렇지만 2,000평이라고 기도를 하고 왔으니 "2,000평입니다." 하고 눈 딱 감고 대답했습니다. 그 말을 들은 대통령의 표정을 보면 무서울 것 같았기 때문입니다.

그러나 대통령은 2,000평이니 200평이니 2평이니 하는 것에는 아무 관심이 없었습니다. 그러냐고 하면서 시장에게 말해 보겠다고 해서 다 된 것인 줄 알고 나왔습니다. 그리고는 전국에 감사 기도를 하라고 전화를 했습니다.

그런데 한 시간 후에 서울 시장이 만나자고 연락이 왔습니다. 그 분은 굉장히 화가 나 있었습니다. 그런 문제로 거기까지 찾아가서 자기의 입장을 곤란하게 했다며 외교관계도 있는데 그 땅이 어떤 땅인 줄 알고 달라고 했느냐며 안 된다는 것이었습니다. 그러면서 세 검정에 국유림이 있는데 시청과 관계가 있는 땅 200평 정도를 유리한 조건으로 주겠다고 했습니다. 그 말을 들은 저도 굉장히 기분이 나빴습니다. 그래서 저는 싫다고 했습니다. 저도 화가 났습니다. 그만 두라고 했더니 이번에는 여의도를 유리한 조건으로 주겠다는 것이었습니다.

"유리한 조건이고 뭐고 싫습니다. 아무 것도 받지 않겠습니다. 당신이 그렇게 화낼 것까지 없지 않습니까?"라고 했더니 자기도 좀 미안해졌는지 "그러면 몇 평이 필요하냐?"고 했습니다. "2,000평입니다."라고 했더니 정신 나갔다고 하면서 한 7~800평이면 어떻게 해 보겠다고 했습니다. 그러나 저는 한 1,000평은 달라고 했습니다. 그랬더니 시장이 승낙을 했습니다. 그런데 그 땅을 거저 줄 줄 알았는데 임대를 해주었습니다.

그러나 문제는 거기서 끝나지 않았습니다. 그 후에 별일이 다 생겼습니다. 집을 지을 돈이 하나도 없었습니다. 그래서 이렇게 저렇게 생각하는 가운데 2억원짜리 설계를 했습니다. 2억원이라는 큰 돈을 저는 상상도 한 번 안해 봤습니다. 그러나 땅을 얻고 보니까 "하나님, 제가 이렇게 되든 저렇게 되든 일단 지어 놓고 보겠습니다." 하는 기도를 하게 되었습니다.

그러면 이제 모금을 해야 하는데 하루에 10만원씩 모금을 하더라도 2,000일이 걸려야 했습니다. 그래서 "하나님, 제가 2,000일 동안 돈을 모금하기 위해서 태어난 사람은 아닌 것 같습니다. 그렇다고 누가 매일 10만원씩 준다는 사람도 없고, 하나님께는 10만원이나 1억원이나 마찬가지이니까 하나님께서 저에게 1억원씩 돈을 낼 수 있는 사람을 둘만 보내 주십시오." 하고 기도를 했습니다. 다른 사람에게도 그렇게 기도하라고 부탁했습니다. 그러면서 얼른 떠오르는 생각이 돈 많은 미국에 가서 구해 보자는 것이었습니다.

설계도를 가지고 미국으로 갔습니다. 미국에 가는 열 여섯 시간 동안 내내 화장실에 가서까지도 눈을 감고 기도했습니다. 밥도 안 먹고 "이것은 하나님의 뜻입니다. 꼭 필요합니다. 주실 줄 믿습니다."라고 어떻게 집중적으로 기도를 했던지 눈이 빠지는 것 같았습니다. 미국에 도착해서 나사렛형제들에게 그러한 계획을 이야기하고 철야 기도를 했습니다. 철야 기도를 한 다음 날 점심 때쯤 C.C.C. 국제본부로 갔습니다.

마침 빌 브라잇 박사가 미국에서 아주 유명한 실업인들의 모임에서 설교를 마치고 점심을 먹기 위해 나오는 것을 보고 로비에서 만났습니다. 그분은 저를 보고 깜짝 놀라면서 "마침 잘 오셨습니다. 여기서 실업인들의 세미나가 있는데 오늘 저녁에 설교도 하고, 같이 기도도 하고 식사도 같이 합시다."라고 했습니다. 그리고는 키가 작고 까무잡잡한 어떤 사람을 저에게 소개시켰습니다. 저는 급히 화장실에 가고 싶어 별로 반기지도 않았습니다.. 그러나 그 사람은 저를 안다고 하면서 친절하게 대했습니다.

그런데 제가 불친절하니까 브라잇 박사는 저를 따라오면서 저 사람은 굉장히 부자인데 주님을 위해 좋은 사업을 많이 한다고 했습니다. 그래서 '아, 첫 번째 만난 사람에게서 돈이 나오게 되려나 보다. 그렇다면 꼭 붙잡아야 되겠다.' 하는 생각이 들었습니다.

그리고 마침 그 사람과 함께 식사를 하게 되었습니다. 식기도가 끝나고 식사를 하면서 한국 이야기를 해보라고 해서 저는 러시아 대사관 자리에 훈련소를 만들겠다고 흥분하며 이야기를 했습니다. 그랬더니 브라잇 박사는 너무 좋아서 기도를 하고 야단이었습니다.

그런데 사실 브라잇 박사에게는 관심이 없고, 돈 있는 사람에게 감동을 줘야 하는데 그는 감동을 안하는 것 같았습니다. 얼굴을 쳐다봐도 전혀 표정이 없었습니다. 안되겠다 싶어서 전략을 바꾸었습니다. 6.25 때 이야기를 했습니다.

"갑자기 공산당이 들이닥치니까 한국 부자들이 팬티 바람으로 보석과 돈 보따리만 들고 나오다가 폭탄을 맞아 죽고 말았는데 아기도 내버리고 나왔으니 심판을 받은 것이 분명합니다. 미국 사람들도 하나님이 복음화하라고 주신 많은 돈을 복음화에 안 쓰면 벼락을 맞을 것입니다."라고 이야기했습니다.

그러나 이러한 이야기를 듣고도 눈 하나 까딱을 하지 않기에 저는 완전히 실망을 했습니다. 밥을 먹으라고 하는데 먹을 수가 없었습니다. 그런데 느닷없이 그 사람이 얼마짜리 건물을 짓겠느냐는 것입니다. 제 이야기를 전혀 듣지 않는 줄 알았는데 그 사람은 심각했던 모양이었습니다. 성령이 주시는 감동을 피할 수가 없었나봅니다. 그래서 제가 70만불이라고 대답했습니다. 그 말이 떨어지자마자 힘도 안 들이고 자기가 반을 내겠다는 것입니다. 나머지 반은 저더러 모금을 하라는 것입니다. 서로 눈이 동그래져서 쳐다보았습니다.

저는 쇼크를 받아서 한참 시간이 지나도 도대체 실감이 나지 않았습니다. 한참 있다가 감사하다는 말을 하고는 갑자기 떠나겠다고 했습니다. 왜냐하면 한국 사람의 일인데 이야기를 하다 보면 부정적인 이야기도 나오게 될 것이기 때문입니다.

그렇게 되면 그 사람의 마음이 변하게 될 것이 염려스러워서 변하기 전에 억지로 떠나왔습니다. 그래서 1억 원을 받아 왔고 나머지는 모금을 해서 할 수가 있었습니다. 믿음대로 됩니다. 하나님의 뜻대로 구하고 하나님의 뜻대로 살려고 하는 사람에게는 아무리 큰일이라도 믿음으로 되는 법입니다.

　그 일이 있고 나서 저는 한 30만 명을 여의도 광장에 모아 놓고 훈련시킬 생각을 하게 되었습니다. 학교 교실을 빌려서 밥을 해 먹이면서 전도 학습을 시켜서 내보내면 민족 복음화가 그만큼 빨리 되지 않겠는가하는 생각이었습니다.
　그래서 1972년, 미국에서 광고할 기회가 생겼을 때 6천만명이 시청하는 가운데 제가 십일조를 모아서 1974년도에 한국 여의도 광장에서 천막을 치고 30만명을 훈련시킬 계획이라고 했습니다.
　그러나 아무도 믿지를 않았습니다. 주변의 가까운 사람들도 그 사실을 믿을 수가 없다고 했습니다. 그러나 저는 "이것은 하나님께서 주신 비전이다. 반드시 된다."고 생각했습니다.
　1973년에 입석이라는 곳에서 간사 70명이 무거운 회의를 했습니다. 안건이 한 가지도 나오지 않는 것입니다. 왜냐하면 어떠한 안을 내놓아 보아도 불가능한 것뿐이었기 때문입니다. 어떻게 밥을 해 먹일 것인가, 어디서 돈이 생기며 누가 오라고 한다 해서 오겠는가, 여의도 광장의 8월 뙤약볕의 아스팔트에서 사람이 죽을지도 모르고, 교통 사고가 나서 죽을지도 모르며, 식중독이 발생될지도 모르고, 공산당 등 보안 사범도 생길 것이며, 또 교실은 어떻게 얻을 것인가 등등 골리앗처럼 태산처럼 모든 것이 불가능하게 보였습니다.
　이 회의를 하기에 앞서 저는 밥을 해 먹이고 동원을 하기 위해서 전에 사령관을 했던 사람들을 찾아가서 "30만 명에게 밥을 해 먹이는 방법이 없습니까? 훈련시키는 아이디어가 없습니까? 군대 동원을 해 봤으니까 잘 알 것이 아닙니까? 가르쳐 주십시오."라고 했더니 정신 나갔다며 사람 죽일 소리 하지 말라고 했습니다.
　5만 명의 군대에게 밥을 해 먹이고 이동시키는 데도 국력이 필요하고 6개월 전부터 계획을 해야 하는데 훈련이 전혀 안된 남녀 노소를 아스팔트 바닥에서 어떻게 밥을 해 먹이려고 하느냐는 것입니다.

공산당이 밀려오면 책임질 수 있느냐며 큰일 날 소리라고 했습니다. 그렇지만 저는 공대를 졸업한 사람이 많이 있어서 그 사람들과 함께 6개월 동안 식품 회사로 국방 연구원으로, 부대로 뛰어 다니면서 연구를 했습니다.

그러면서 저는 야고보서의 말씀처럼 후히 주시고 꾸짖지 아니하시는 하나님께 지혜를 구했습니다. 제 계산에는 그 당시에 쌀 한 가마니가 만원이었으니까 한 가마니로 400명에게 밥을 줄 수 있다고 할 때 1인당 쌀값이 25원이 들고 연료값이 20원, 새우젓과 단무지가 2원이면 50원 이내의 금액으로 한 끼를 충분히 준비할 수가 있었습니다.

다른 반찬은 각자 준비하도록 해서 십여 끼 식사 비용에 700원 정도면 되고 책값이 200원 정도니까 30만명에게 천원씩 받으면 훈련시킬 수 있다는 계획이 서게 되었습니다. 만일 모자라면 금식을 시켜야 되겠다는 생각까지 하게 되었습니다. 제 속을 모르는 사람들은 모두 밥 한 그릇에 200원, 300원에 가져온다고 하니 4, 5배가 비싸고, 별소리가 다 나왔지만 형편상 불가능한 제안들 뿐이었습니다.

그래서 하나님께 지혜를 구했습니다. "하나님, 제 사정을 아시지 않습니까? 1,000원 이상 받으면 많은 사람이 올 수가 없습니다. 1,000원 이내에 밥을 해 먹일 수 있도록 아이디어를 주십시오. 50원 이내에 밥을 할 수 있도록 해주십시오."라고 기도했습니다.

그렇게 모든 것을 하나님께 초점을 맞추어 놓고 있으면 어떤 때는 꿈속에서도 해결이 됩니다. 하나님은 저에게 풍부한 아이디어를 은사로 주셨나 봅니다. 간혹 제 아이디어 꼭지를 틀어 놓으면 서너 사람이 있어도 다 받아쓰지 못할 정도입니다.

어쩌다 옹기 굽는 데를 지나가다가 문득 보일러 생각이 났습니다. 여의도에는 보일러가 많습니다. '여름에는 그것을 사용하지 않는다. 평지에 인공 터널을 만들어서 그 속에 증기를 최대한으로 채워 넣고 위에 쌀과 물을 집어넣으면 거기에서 밥이 되지 않겠나' 하는 생각을 하면서 집에 돌아와 밀폐된 박스를 만들었습니다.

그리고 그 속에 우리 회관의 스팀 보일러를 가열해서 증기를 집어넣고 쌀과 물을 채워 넣고는 시간이 얼마 지난 후에 꺼내 보았는데 밥이 잘 되었습니다. '이만하면 됐으니까 이제 지상 최대의 솥을 만들어야 한다.'고 생각하고 철판을 사다가 솥을 만들었습니다. 20명 정도는 들어가서 살 수 있는 방만한 크기의 솥이었습니다. 그 속에 쌀과 물을 넣고 증기를 넣고 밥을 해보았더니 잘 되었습니다. 그 솥에 밥을 하면 한꺼번에 7,000명이 먹을 수가 있습니다.

그 솥을 20개 만들어서 두 번 밥을 짓고 그래도 모자라는 분량은 트럭으로 빵을 사다가 나누어 먹이면 된다고 생각했습니다. 지상 최대의 솥입니다. 알렉산더나 징기스칸이나 시저가 백만 군대를 동원했다지만 한 장소에서 30만 명에게 밥을 해 먹인 것은 역사상 처음 있는 일이었습니다. 특허를 내서 밥 공장을 해보라는 사람도 있었습니다.

그렇게 밥을 해 먹이면서 여의도 집회를 할 수 있다는 생각을 하고 그날 저녁에 간사들과 전략회의를 하면서 기대를 하라고 하니까 모두 안되는 것만 이야기합니다. 그래서 그럼 오늘 저녁엔 안되겠다고 하는 것을 전부 말해 보라고 했습니다.

그러니까 입에서 콩알 튀어나오듯이 튀어나옵니다. "이것도 잘 안되는 일입니다. 이것은 어려운 일입니다. 식중독 사고가 일어납니다. 교통은, 수송은 어떻게 할 것입니까? 교회가 반대합니다. 무엇 때문에 올 것입니까? 어떻게 동원할 것입니까?" 등등을 이야기했습니다. 2시간 반 동안 불가능하다는 의견 70여 가지가 나왔습니다.

저는 그들에게 "이 사람들을 훈련하는 것이 하나님의 뜻입니까? 아닙니까?" 하고 물어보았습니다. 그 물음에 대해서는 아무런 반대가 없었습니다. "요한일서 5장 14, 15절에 하나님의 뜻대로 구하면 들으신다고 했습니다. 우리가 기도하면 하나님이 들으실 것이 아닙니까? 우리가 기도합시다. 하나님은 가능합니까?" 하고 물었더니 "가능합니다." 하고 답했습니다. "그것은 힘으로도 능으로도 안되고 오직 기도와 믿음으로 됩니다." 하고 답했습니다. "그러면 누가 합니까?"했더니 "우리가 합니다."라고 했습니다.

각자가 책임자가 되었습니다. 책임을 진 사람은 불평이 없습니다. 불평은 고용인들이 하는 것입니다. 자식은 다른 집에 가서 자기 부모의 흉을 보지 않습니다. 자식은 부모가 잘못해도 자기의 잘못으로 생각합니다. 우리는 주인의식을 가져야 하는 것입니다.

이런 일도 있었습니다. 사랑방 운동을 위해 몇 천만원이 필요했습니다. 왜냐하면 1만 4천 부락에서 사람을 모아 훈련을 해야 하기 때문입니다. 우리가 여비도 좀 줘야 합니다. 돈이 없으면서도 좋은 아이디어가 있어서 돈도 없이 사람을 모집했습니다.

그래서 또 미국에 갔습니다. 브라잇 박사를 붙잡고 돈 좀 달라고 하니까 예산을 다 짜 놓았는데 어떻게 주겠느냐면서 자꾸 피해 다녔습니다. 그전처럼 부자를 소개해 달라고 하니까, 부자를 소개해주면 언제나 그 부자가 우리만 도와 주고 미국은 안 도와 준다는 것입니다. 부자도 소개시켜 주려고 하지 않았습니다. 더 이상 아는 부자가 없다고 하면서 3일 동안 만나 주지를 않았습니다.

하루는 기다리고 있다가 브라잇 씨의 비서에게 "아주 중요한 일이 있으니까 전화 받지 마십시오."라고 명령하다시피 하고는 안으로 들어가 문을 딱 걸어 잠그고, "당신과 이야기하고 안되면 집에 갈테니까 한 시간 동안만 이야기합시다." 하고 붙잡고 앉아서 "돈을 좀 해 주십시오." 하니까 없다면서 꼭 필요하냐고 묻길래 그렇다고 했습니다. "그러면 내가 하나님의 보증 수표를 하나 드릴까요?" 하길래 저는 좋다고 했습니다.

저는 미국의 수표 제도를 잘 몰라서 하나님의 보증 수표라는 것이 있는 줄 알았습니다. 처음엔 자기 수표를 주면 좋겠냐고 해서 당신은 부도를 안 낼 테니까 좋겠다고 했더니 그러면 하나님의 수표를 주면 어떻겠냐고 했던 것입니다. 그러더니 앞에도 언급했던 요한일서 5장 14, 15절을 같이 읽자고 하면서 이 말씀이 하나님의 보증 수표가 아니냐고 했습니다.

저는 실망을 했습니다. 귀찮으니까 성경 구절 하나 읽어 주고 기도하자는 것이 무책임하고 불쾌했습니다. 그러나 하나님은 그때 제게 말씀하셨습니다. 그래서 저는 "아, 그렇다. 어째서 나는 사람을 믿었는가? 하나님이 우리에게 있지 아니한가? 하나님의 말씀이 있지 않은가?" 하는 것을 깨닫게 되었습니다. 저는 무슨 일이 일어날 것이라고 기대하면서 한국으로 돌아왔습니다. 그런데 정말로 열나흘 후에 필요한 돈이 외환은행에 와 있었던 것입니다.

나중에 안 사실인데 그때 브라잇 박사가 설교를 하다가 자기의 체험을 이야기하면서 우리가 어떤 때 남에게는 성경을 가르칠 줄 알면서 자기에게는 가르치지 않는 경우가 있는데, 제가 브라잇 박사에게 돈을 달라고 하도 조르니까 피할 생각으로 말씀을 읽어 주었지만 그 말씀으로 둘이 함께 은혜를 받았는데 하나님은 그렇게 메시지를 하신다는 것을 설교했다고 합니다.

집회가 끝난 후에 어느 실업인이 "내가 그 이야기를 듣는 동안 당신에게 꼭 이 말을 물어 보고 싶었소. 김 목사를 아는데 그에게 돈을 들려서 보냈습니까? 말만 해서 보냈습니까?" 하고 브라잇 박사에게 물어 왔다는 것입니다. 그래서 "사실은 말만 해서 보냈습니다." 했더니 "그럼 내가 돈을 내겠습니다." 해서 그 돈이 오게 된 것입니다.

하나님께서 일을 행하시려고 하면 못 하실 일이 없습니다. 주님의 뜻대로 무엇이든지 구하면 다 들어 주십니다.

기도응답의 간증 (2)
- 기도로 지은 C.C.C. 부암동센터 -

구하라 그러면 너희에게 주실 것이요 찾으라 그러면 찾을 것이요 문을 두드리라 그러면 너희에게 열릴 것이니 구하는 이마다 얻을 것이요 찾는 이가 찾을 것이요 두드리는 이에게 열릴 것이니라 너희 중에 누가 아들이 떡을 달라 하면 돌을 주며(마 7:7~9)

연수원을 지은 이야기를 하나 하겠습니다. 발자취마다 할 이야기가 있습니다. 하나님이 하신 것입니다.

유앵순 권사라는 굉장히 열성이 있는 분이 계셨는데 지금 C.C.C. 부암동센터의 D동으로 사용하고 있는 집을 지은 후 기도를 해달라고 하기에 "주께 이 청와대 뒷담, 북으로 통하는 이 길목 자하문 밖 역사의 많은 우여곡절이 있는 이 땅에서 기도를 드리오니 통일의 날을 허락하시고 복음민족이 태어나게 하시며 우리가 그 파수꾼이 되게 하소서."라고 기도했습니다. 그후 그분은 그 집을 다른 사람에게 팔아 버리고 미국으로 이사를 갔습니다.

우리는 원단 금식수련회 때, 기도제목을 주어 "연수원이 필요한데 정동회관에서 십분 이내에 갈 수 있는 곳에 1,000평 이상 되는 곳, 1,000명 이상 수용할 수 있는 곳, 그리고 돈은 무료인 곳을 주소서!" 그렇게 구체적으로 기도하라 했습니다.

그리고 기도한 후 잊어버렸습니다. 그 후 '80년에 미국에 가서 설교를 할 일이 있었는데 설교를 한 후에 그 권사님이 찾아와서 나를 붙잡고 울면서 하는 말이 "목사님 제가 죄를 지었어요. 제가 '74엑스폴로 때 300만원 헌금하겠다고 작정했는데 그 돈을 떼먹고 왔어요. 그리고 여기 와서 다 망했어요. 제가 그 죄를 탕감 받기 위해 그 돈을 10배로 불려서 3,000만원을 헌금하겠습니다. 전에 목사님이 기도해준 땅 3,200평이 팔리면 그 돈을 목사님께 드리겠습니다." 그러려니 하고 돌아와서 생각해보니 원단 금식수련회 때 기도했던 그 조건이었습니다.

나중에 그 권사님이 8월쯤에 꼭 만나자고 찾아왔습니다. 건국대에 교회를 세우는 투시도를 가지고 왔습니다. "교회를 세우는데 목사님이 자문을 해주십시오." 해서 "그 돈은 어디서 납니까?" 하고 물으니 그 땅을 판 돈 8억 중에서 짓고 3,000만원을 우리에게 주겠다고 합니다. 사람이 하는 것은 힘든데 하나님이 하는 것은 쉽습니다. 제가 "권사님! 건국대에 지어봤자 믿지 않는 사람들 터니 다시 넘어갈 것인데 교회는 항상 자유가 있는 게 아닙니다. 그것 우리 주십시오."
아! 그런데 하나님이 그 권사님을 다 준비시켜 놓으셨습니다. 기도는 임신과 같아서 하나님께 기도하면 어떤 사건이 이루어지는 잠재적 가능성 속에 입력이 됩니다. 그러면 하나님의 방법으로, 하나님의 시간에, 하나님이 필요할 때 그걸 주십니다. 임신해서 아이가 열 달이 되면 꼭 나오는건데 다만 나오는 시간이 하나님께 달려 석 달 후에든 다섯 달 후에든 이루어질 수 있습니다.
기도를 해놓으면 임신한 생명처럼 없어지지 않습니다. 그 권사님이 "목사님, 그것이 필요합니까?" 해서 "그럼요 우리가 원단 금식기도회 때 기도했는데 그 조건이 딱 맞습니다." 했더니 "아, 그러면 드려야지요." 하고 줬습니다.

나는 이따금씩 이런 기도의 응답들이 많습니다. 디마스라는 사람에게서 1975년에 1억 4천만원을 받아 가지고 돌아오면서 '아 밤마다 뜨는 달도 쳐다볼 줄은 예전엔 미처몰랐습니다.' 라는 소월의 시를 떠올리며 기도가 이토록 응답이 된다는 사실을 예전엔 미처 몰랐습니다. 그리스도인의 체험은 날마다 날마다 새롭습니다. 그 권사님이 그것을 주신다고 할 때 기도가 이렇게 응답될 줄은 미처 몰랐습니다.
그해 또 그 권사님의 맘이 변할까봐 학생 채플 때 300여 명이 모이는 자리에서 간증을 하게 했습니다. "이 학생들을 위해 바치면 이 민족을 위해 평생을 선교사로 살 터인데 여기에 바치게 된 것을 영광으로 생각합니다." 했더니 박수가 터져나왔습니다.

한 가지 조건이 있었는데 막내 아이의 몫은 남겨줘야 할 것 같다고 하기에 그렇게 했습니다. 건축하기 위해서 신청을 했는데 그 막내 아들이 여러 차례 방해를 해서 수도 경비 사령관에서 인가가 안 났습니다.

큰일 났다 생각돼서 기도를 하라고 했습니다. "하나님이 여기까지 움직인 것은 섭리가 있어서인데 법이 고쳐지도록 기도를 해라." 그러고는 싱가폴 회의가 있어서 열흘 동안 갔다오고 미국을 갈 때마다 여러 차례 금식을 하면서 기도 부탁을 했었습니다.

수도 경비 사령관을 만나러 갔는데 박세직 장로가 사령관으로 있었습니다. 비서실장이 하는 말이 "목사님이 늘 신청서를 제출해서 청와대 경비 사령관에게 의견서를 물었습니다. 그분이 된다고 하면 될 것이지만 그렇지 않으면 힘들 것 같습니다."라는 것이었습니다.

그렇게 얘기를 하고 기다리고 있는데 심부름을 해주는 중위가 왔습니다. 와서 하는 말이 절대 불가합니다. 수도 경비 보안상 절대 안되는 지역이라고 합니다. 그 대령(비서실장)이 미안해 어쩔 줄을 몰라했습니다. 제가 묵도를 했습니다. "내가 내 일 하러 다니는 게 아니니까요. 하나님께서 개입하면 될 것 같은데 여기까지 왔으니 어떻게 되게 해주십시오." 하고 기도를 했습니다.

여러분 생애에 성경만은 못하지만 주님이 하시는 일을 배우는 것입니다. 나에게가 아니라 주님한테 배우는 것입니다. 어떻게 그런 말이 나왔는지 모릅니다. "이 사람아, 자네 예수 믿지?" "예." "그럼 자네 구약을 아는가?" "예, 압니다." "그럼 구약에서 전쟁이 날 때 누가 이기게 하지?" "하나님이 이기게 합니다." "누가 싸우지?" "하나님이 싸워줍니다." "이 머리 나쁜 사람아 왜 고정관념에 사로잡혀 있는가? 자네들이 대통령을 경호해서 잘하는 것과 C.C.C. 학생들은 기도하는 사람들인데 그들이 기도해서 잘하는 것과, 어느 것이 더 잘되겠는가?" "하나님이 하는 것이 잘 됩니다." 그렇게 멋있는 응답이 없었습니다.

비서실장이 중위를 불러 나에게 경례를 시키니까 "안합니다."라고 하였습니다. 비서실장은 "이 보고서 자네 손으로 고치게." 하고 하나님의 사람들이 경호를 하면 국가 안보상 더 잘 될 거라고 쓰라고 하였습니다. 중위가 당황해서 "그렇지만 사령관님께 다녀올랍니다." 그런 일이 있을 수가 없습니다. 대한민국에서 호랑이 군대시절에 얼마나 주님을 찬송했는지 눈물이 막 나오고 가슴이 뜨거웠습니다.

주님이 기도에 응답하시고 자기 일을 하시고 우리를 통해서 하신다니 감격스러워 가슴이 울렁거리는데 박세직씨가 왔습니다. "목사님 여기까지 안오셔도 되는데, 실무자 보내셔도 되는데 제가 처리하겠습니다. 그런데 기도만 해주시고 가십시오. 보고서 나중에 보내겠습니다." 그래서 갔다오니 허가가 딱 나왔습니다. 기적이었습니다.
그런데 건축법상 400명 이상이 들어갈 수가 없습니다. 그래서 미국에 갔는데 나는 한국에 1,000명 이상 들어갈 수 있게 건축법을 바꿔달라고 기도를 하라고 했습니다. 그리고 미국에서 20일 정도 돌아다녔는데 어디를 가니까 조선일보가 나와서 보니 건축법이 바뀌어 있었습니다. 우리가 한 번도 건축법을 바꿔 달라 얘기한 적이 없습니다. 하나님에게만 얘기했습니다. 전화를 해보니까 바뀌긴 바뀌었는데 600명 이상은 안된다고 합니다.
그래서 하나님이 개입하기 시작했으니까 또 한 번 바꿔 달라고 기도를 시작했습니다. 더 알아보니까 지하실은 규제에 포함되지 않았습니다. 지하실을 만들면 1,000명 이상 들어갈 수 있다고 합니다. 그걸 발견했습니다. 이곳 부암동 대강당이 지하실입니다. 그러니 동굴 같습니다. 지하실은 건평에 안 들어가서 지하실로 허가가 났습니다. 그런데 건축설계를 하고 보니까 돈이 한푼도 없었습니다. 그래도 하나님께 기도한 바가 있어서 그냥 건축을 했는데 건축가들이 "김준곤 목사가 하는 일인데 떼어먹기야 하겠나." 하고 시작했습니다.

여러분! 여러분과 나의 생애에 기적은 반드시 일어납니다. 어째서 반기적의 고정관념을 악마가 우리에게 심어놨는지, 기적을 믿는 사람은 반지성적이고 반문명적이고 반사회적이라고 사회를 해롭게 하는 줄로 생각하는 사람을 부끄럽게 만듭니다. 그렇지 아니한 C.C.C. 학생은 기적을 믿으십시오. 하나님이 비상간섭을 할 수가 있습니다. 초자연이 없이는 자연이 있을 수가 없습니다. 하나님이 역사의 주권자입니다.

그래서 믿음으로 시작을 했습니다. 무엇이든지 그렇게 했습니다. 일을 하는데 무명씨로 15만불이 왔습니다. 내 생애에 그런 일이 많습니다. 그걸 가지고 대강 대강 하다가 내가 J목사를 만났는데 "이것 전부 16억원 들었어요." 해서 그래도 하라고 했습니다. "어쩔려고 그러십니까?" 하기에 "모자라면 어떻게 하든지 해보라. 무에서 유를 창조하고 돈은 하나님의 것이고 필요하면 주시는 것이다. 모든 것을 넉넉하게 필요 이상으로 하나님께서 채우신다."라고 했습니다.

모든 것을 넉넉하게 필요 이상으로 하나님께서 채우신다는 성경 말씀이 있으니까 이것이 하나님의 일이면 하나님이 하실 것입니다. 죠지 뮬러는 평생 동안 모금을 해서 고아원을 하면서 한 번도 사람에게 요청을 해 본 적이 없다고 합니다. 우리는 지금 선교헌금을 모금하면서, 요청도 하고, 기도편지도 하는데 그것이 하나님이 하시는 일입니다.

죠지 뮬러는 5만번 기도의 응답을 받았습니다. 배워야 합니다. C.C.C. 학생들에게 내가 남겨줄 것이 무엇이고 간사들에게 가르쳐 줄 게 "기도보다 성령보다 앞서가지 마십시오."입니다. 필요하면 다 주십니다. 시작하신 이가 주님이시고 필요한 것들은 다 주실 것입니다.

죠지 뮬러가 한 번은 정말 빵이 없었습니다. 해는 지고, 배는 고프고 그래서 수백명의 고아들을 데리고 기도를 했습니다. 마침 그 동네에서 불이 났습니다. 소방차가 오고 난리가 났습니다. 나중에 알고 보니 제과제빵 회사에서 불이 났다고 합니다. 그래서 산더미 같은 빵을 고아원에 버렸습니다. 그래서 한 달이나 그 빵을 먹었다고 합니다.

여러분, 어떤 사람은 그걸 황당무계하다고, 우연의 일치라고 말하고 싶을 겁니다. 우리 간사들이 다 증인인데 설악산에서 우리가 기도를 했습니다. 제주도에서 태풍이 몰려오는데 그 태풍이 몰려오면 50퍼센트 곡식 피해가 있을 것이라고 방송이 나왔습니다. 그래서 밤 10시쯤 간사들이 모여 비상기도를 했습니다. 태풍이 방향을 바꿨다고 합니다. 그 다음 날 일본에 일본사상 유래 없는 큰 피해를 입었다고 합니다.

J목사를 찾아가서 "돈좀 보태 주십시오.", "얼마나 필요한데요?" 그래서 "할 수 있는 한 많이 주십시오." "2억밖에 안됩니다." "그거라도 주십시오." 그래서 가지고 왔습니다. 하나님의 일을 할 때는 철면피가 되는 것도 필요합니다. 일을 하다가 돈이 떨어져 많이 밀렸습니다. 그런데 또 무명씨로 15만 불이 왔습니다. 기가막힌 일입니다. 은행에서는 돈을 안 주기에 사채를 냈습니다. 아무튼 마무리를 했습니다. 다 하나님이 갚아 주셨습니다.

바로 앉아 있는 여기에서 얼마나 많은 사람이 민족을 위해서 금식하며 기도했습니까? 많이 모일 때는 12,000명 이상이 모여 금식하며 나라를 위해 기도했습니다. 이 지구상에서 금식기도를 대학생들이 그렇게 많이 하는 데가 없습니다. 이 어려운 시기에 금식과 기도로 개인의 영적 성장과 기도응답을 받아 풍성한 삶을 사시길 바랍니다. 우리의 기도로 우리의 공동체가 부흥하며 이 민족의 영적 부흥과 남북통일의 문이 반드시 열릴 것을 확신합니다.

구국 운동의 최대 액션 포인트

여호와의 말씀에 너희는 이제라도 금식하며 울며 애통하고 마음을 다하여 내게로 돌아오라 하셨나니 너희는 옷을 찢지 말고 마음을 찢고 너희 하나님 여호와께로 돌아올지어다 그는 은혜로우시며 자비로우시며 노하기를 더디 하시며 인애가 크시사 뜻을 돌이켜 재앙을 내리지 아니하시나니 주께서 혹시 마음과 뜻을 돌이키시고 그 뒤에 복을 끼치사 너희 하나님 여호와께 소제와 전제를 드리게 하지 아니하실는지 누가 알겠느냐(욜 2:12~14)

프랑스의 한 병사가 가슴에 총탄이 박혀서 그것을 빼내는 수술을 하려고 하니까, "좀더 깊이 째 보십시오. 내 가슴 속 깊이 조국이 들어 있습니다."라고 말했습니다.

영국의 시인 브라우닝은 "내 마음을 열어 보면 마음 깊이 새겨진 한 이름이 있는데 그 이름은 내 조국이다."라고 했습니다.

지금 이 민족은 어머니처럼 고난과 고통 속에 신음하고 있습니다. 사랑하는 민족을 위해 그리스도인들이 어떻게 구국의 운동을 일으켜 갈 수 있겠습니까? 진지한 물음과 더불어 액션을 취해야 할 때입니다.

베트남과 캄보디아가 공산화되었던 때의 일입니다. Y목사님과 제가 며칠 전에 중국 지방을 순회하다가 뉴스에서 사이공이 함락되었다는 보도를 듣고 그날 밤에 잠을 이루지 못하고 6.25전야 같은 비통한 심정으로 기도를 드리면서 무엇인가 몸으로, 행동으로 옮기고 싶은 충동이 생겼습니다. 우선 돌아와서 간사들을 소집하고 그런 뜻을 전했더니 모든 간사들이 결의를 같이 하고 나라와 주님을 위해서 순국과 순교의 각오까지라도 할 수 있다고 말했습니다.

이 뜻에 정성껏 서명을 하고 제1차적으로 하나님 앞에 제물로 드리면서 이것이 모든 가슴 속에 전달이 되어 기도 운동이 모아져서 우리 나라에 빛나는 복음 국가를 건설하며 구국 운동으로 극대화 될 수 있기를 염원하는 뜻을 모으게 되었습니다. 그래서 우선적으로 뜻을 같이 하는 사람들이 서명을 하고 호소문을 냈습니다.

　마침 때를 같이 해서 사이공과 프놈펜에서 보내 온 전문들이 멀리 마닐라를 거쳐서 우리 손에 입수가 되었습니다. 우리의 동역자인 월남의 도오우히라는 사람으로부터 다음과 같은 전문을 받았습니다. "우리들에게 마지막으로 남아 있는 것이란 하나도 없습니다. 어제 나의 양친이 살해당했습니다. 하나님의 뜻이라면 최후까지 남아서 공산당들에게 그리스도를 전하겠습니다. 우리를 위하여 기도해주시고 다른 이들에게도 그렇게 부탁해주십시오."
　또 캄보디아의 템벡호 옹이라는 사람은 "우리들은 캄보디아를 그리스도께 인도하기 위하여 목숨이 다하는 순간까지 예수 그리스도를 섬기기로 작정했습니다. 바라건대 우리가 순교하기 전 다시 만날 수 있으면 좋겠거니와 그렇지 못하면 천국에서 다시 만나겠습니다." 라고 전문을 보내 왔습니다. 이 전문들은 남의 문제로 생각되지 않았습니다. 이것은 우리들 사건에 대한 묵시 같은 느낌이 들었습니다. 그래서 Y목사님과 제가 만일의 경우 우리는 순교하자고 말했습니다.
　제가 돌아와서 베커 목사님이라는, 저와 동역하는 미국 선교사 목사님이 어디서 이 이야기를 듣고 저와 이야기를 나누게 되었는데 자기가 이 사실을 듣고 기도를 했다고 했습니다. 아직은 장담은 못하지만 눈에 눈물을 가득히 머금고 비장한 표정으로 저에게 하는 말이 어린아이들과 가족은 피난을 시키겠지만 자신은 여기에 꼭 남아서 운명을 같이 하겠다고 했습니다. 아가페(C.C.C. 의료선교부)에서 일하고 있는 분들도 그렇게 할 것이라고 저에게 말했습니다. 그래서 구국기도회를 개최했습니다.
　지금 우리는 IMF 구제 금융이라는 치욕스런 민족의 사태 앞에서 다시 한번 구국을 위한 액션을 요구받고 있습니다.

성경 가운데 우리와 비슷한 상황의 민족이 민족의 운명을 앞에 놓고 하나님 앞에 기도를 하여 그 민족과 나라의 위기를 구한 사례는 많이 있습니다. B.C. 600년 경 예레미야가 활동하던 그 시대의 상황이 오늘 우리의 상황처럼 어려움에 처해 있었습니다. 남침의 위협을 받고 있었습니다. 바벨론이라고 하는 나라가 일어나서 모든 약소국가들을 다 침략했습니다.

그때에 예레미야가 선지자로 부름을 받고 환상을 보았는데 끓는 가마를 보았습니다. 끓는 가마가 북에서 남쪽을 향해 기울어져 있는 것을 보았습니다. 이것은 북쪽 군대가 남침을 한다고 하는 예고였던 것입니다. 그리고 예레미야는 예레미야 4장 19절에서 이렇게 말을 했습니다.

"슬프고 아프다 내 마음 속이 아프고 내 마음이 답답하여 잠잠할 수 없으니 이는 나의 심령 네가 나팔 소리와 전쟁의 경보를 들음이로다"

그는 바벨론의 남침의 경고를 들었는데, 그 경고 중에는 이스라엘 백성들에 대한 하나님의 진단서가 들어 있었습니다.

예레미야 5장 1절에 보면 "너희는 예루살렘 거리로 빨리 왕래하며 그 넓은 거리에서 찾아보고 알라 너희가 만일 공의를 행하며 진리를 구하는 자를 한 사람이라도 찾으면 내가 이 성을 사하리라"고 하셨습니다. 머리털부터 발바닥까지 성한 곳이 없다는 뜻입니다. 이러한 상황에 처해 있던 이스라엘 백성들은 무엇을 했어야 했습니까? 서로 자기들끼리 고발하고 있어야 했습니까? 하나님이 요구한 것은, 한 사람도 의인이 없으니 너희들은 너희의 죄를 회개하라는 것이었습니다.

IMF 구제 금융이라는 국난 앞에서 우리는 무엇을 생각하고 무엇을 해야 하겠습니까? 성경적인 영감과 지혜를 구해야 하겠습니다.

제가 다섯 가지로 말씀을 드리겠습니다.

첫째, 살아계신 하나님이 우주와 역사와 민족과 개인의 주권자이심을 재확인해야 하겠습니다.

참새 한 마리도 주님의 허락 없이 떨어지지 않습니다. 하나님이 나라의 주권자를 세우기도 하시고 폐하게도 하시며 민족의 흥망과 성쇠도 주관하십니다. 우리가 어떻게 8.15와 6.25의 해방과 구원을 얻었습니까? 정치적·군사적인 여러 측면을 생각할 수 있을 것입니다. 그러나 궁극의 원인은 하나님이 일본을 망하게 하셨으며 하나님이 김일성 군대를 우리에게서 몰아내 주셨다는 것입니다.

하나님은 보이지 않지만 모든 것은 그의 섭리하에 되어 가는 것입니다. 하나님의 가을을 막을 자가 없고 하나님의 봄을 막을 자가 없습니다. 하나님의 시간이 다하기 전에 아무도 죽을 사람이 없으며, 하나님의 시간 이상 살아남을 사람도 없습니다.

공산당의 시한도, 중국의 시한도, 러시아의 시한도, 일본의 시한도, 북한 공산당의 시한도 하나님의 장중에 있다는 사실을 재확인해야 합니다. 김정일도 마찬가지입니다. 그들은 하나님이 만든 피조물이며 코로 숨을 쉬는 인간입니다. 따라서 어느 순간에 하나님이 그들을 데려갈지 모르는 것입니다. 이와 같은 사실은 역사가의 눈에도, 군사 평론가의 눈에도, 정치가의 눈에도 보이지 않고 신앙의 눈에만 보이는 것입니다. 대한민국을 하나님이 지키시는 한, 당할 자가 없을 것입니다.

한국은 제2의 이스라엘이 될 가능성이 있습니다. 우리가 인류 최후의 단 한 가지 남아 있는 영의 혁명 운동을 일으켜야 하겠습니다.

영국은 산업혁명을 일으켰고, 프랑스는 정치 혁명을 일으켰습니다. 구 소련은 공산 경제 사회혁명을 일으켰습니다. 미국은 시민혁명이 일어난 진원지입니다. 중국은 문화혁명을 한 바가 있습니다.

이제 한국에서 일으킬 인류 최후의 혁명은 영의 혁명입니다. 공산

주의도 다 망하고, 이데올로기도 다 죽어 버리고, 모든 사상들은 다 바닥나고, 인간들이 절대적으로 믿고 있던 신들과 가치관들은 다 깨어져 버릴 것입니다.

일본 사람들은 많은 상품을 수출하고 있고, 프랑스 사람들은 프랑스 스타일의 자유를 세계에 수출하고, 미국은 미국 스타일의 민주주의를 모든 세계에 수출하고, 중동은 석유를 수출하고 있습니다.

그러나 우리 한국은 참으로 인류에게 필요한 것, 이것이 없으면 영원히 망할 수밖에 없는 것, 어떠한 상황에서도 사랑과 기쁨과 평화가 충만하며 하나님의 자녀 되는 영원한 생명을 얻는 법, 누구도 빼앗을 수 없는 사랑과 소망과 성령의 충만함을 얻는 법을 모든 나라에 수출하고 있습니다. 한국을 통해서 하나님은 크고 비밀한 새 일을 시작하셨습니다. 21세기 선교 강국으로 세워주고 계십니다. 이 사실을 잊지 말아야 하겠습니다.

둘째, 한국은 세계사를 푸는 한 열쇠를 가지고 있습니다.

불과 10여 년 전만 해도 세계는 자유 진영과 공산 진영의 양대 진영으로 갈라져 있었습니다. 모든 사건들과 모든 문제들이 그 갈등 속에서 일어났습니다. 그러나 지금은 이데올로기의 개념이 희박해져 가고 있습니다. 세계가 자국의 이익을 위해 화해와 협력의 길로 나아가고 있습니다.

그럼에도 지구상 유일한 분단 국가인 우리 나라는 이데올로기의 갈등이 상존하고 있습니다. 그 이데올로기는 신학적인 것이며, 신학적인 것은 곧 영적인 것이고, 궁극적으로는 묵시록의 붉은 용으로 상징되는 악마와 성령의 싸움이 바로 이 싸움인 것입니다. 그리고 이 싸움의 워털루와 같은 결전장이 바로 한국이 될 것입니다. 휴전선은 영적 분계선을 상징하는 것입니다. 그러므로 이 싸움은 영적 세력이 선행되어야 할 것입니다.

남한의 성도들이 사도행전적 성령을 힘입어 복음을 전하기 위해서 기도할 때 철의 장막은 비로소 열리게 될 것입니다. 이 철의 장막이란 곧 전도의 문입니다. 전쟁에 의해서 되는 것이 아닙니다. 힘으로도, 능으로도 못할 것입니다. 오직 남한에 있는 기독교인들이 오순절 때와 같은 성령을 힘입을 때, 하나님의 성령의 계절이 올 때 한국 사람이 나아가서 전도하라고 북한의 문을 열어 주실 것입니다. 우리에게는 이 사명이 있습니다.

10만 대학생 통일 봉사단을 훈련시켜야 하겠습니다. IMF 사태를 극복하기 위해 C.C.C. 2만명의 대학생들이 전개한 '나라 살리기 운동'의 첫 행동 포인트가 구국 기도의 운동을 일으키는 일이었던 것처럼, 기도로 무장한 민족의 심장 같고 새벽 이슬 같은 젊은이들이 있는 한 이 민족의 미래는 소망이 있습니다.

셋째, 구국 운동을 전개해야 하겠습니다.

성경적 구국 운동을 전개해야 하겠습니다. 역대하 7장 14절에 보면 "내 이름으로 일컫는 내 백성이 그 악한 길에서 떠나 스스로 겸비하고 기도하여 내 얼굴을 구하면 내가 하늘에서 듣고 그 죄를 사하고 그 땅을 고칠찌라"는 말이 있습니다.

다른 사람이 아닙니다. 바로 예수 믿는 사람들이, 내 이름으로 일컫는 내 백성이 악한 길에서 먼저 떠나라는 것입니다. 그 길에서 떠나 스스로 겸비하고 기도하여 내 얼굴을 구하면 내가 하늘에서 듣고 그 죄를 사하고 그 땅을 고친다고 했습니다. 다른 사람의 죄 때문이 아닙니다. 기독교인의 죄 때문에 우리가 지금 이렇게 어려움을 당하고 있는 것입니다.

우리의 고발의 대상을 교회 안에서 찾아야 할 것입니다. 다른 사람을 고발할 자격이 없습니다. 바로 우리 교회와 우리 자신의 가슴을 치며 금식하며 회개하며 하늘을 우러러 볼 수 없을 만큼 통회하는 마음이 일어날 것을 하나님은 원하고 계십니다. 소수의 단합된 사람들이 금식하며 회개하면 그것이 민족을 구원할 수 있는 힘이 되는 것입니다. 신약성경 이후에도 모든 나라들이 침략을 당했을 때 특별히 이렇게 하여 그 나라를 구한 예는 얼마든지 있습니다.

모세가 기도의 손을 들면 이스라엘은 승리를 했습니다. 엘리야의 기도는 운동력이 커서 3년 6개월 동안 비오지 않던 하늘이 문을 열고 비를 내리게 했습니다.

B.C. 470년 경, 페르시아의 아하수에로 왕 제3년에 하만의 음모로 이스라엘이 전멸의 위기에 놓이게 되었을 때 유대인 왕후 에스더는 수산성의 전 유대인의 운명을 대신해서 죽으면 죽으리라는 결심으로 온 유대인들에게 3일 동안 금식하라고 부탁을 하고 왕 앞에 나아갈 것을 결심했습니다. 유대인들이 자리를 같이 하고 모여서 3일 동안 금식하고 기도하는 가운데 드디어 왕이 그의 청을 들어주어 유대 민족이 멸망의 위기를 벗어난 사례도 있었습니다. 이것은 우리가 교훈으로 삼아야 할 이야기입니다.

약 2,500년 전에 티그리스강 동쪽에 있는 앗수르 제국의 최후의 동방 수도인 니느웨는 10만의 인구를 가지고 있는, 당시에는 가장 견고하고 거대한 도시였습니다. 하나님이 보시기에 죄악이 관영하므로 멸망시키기로 작정하셨습니다. 그러나 기회를 주어서 저들에게 경고를 하도록 요나에게 명령했습니다. 40일 후의 멸망을 경고했습니다. 니느웨 성 사람들은 하나님 앞에 모여서 우리는 어찌할꼬 하며 기도를 했습니다. 그리하여 그 성은 사함을 얻고 구원을 얻었습니다.

요엘서를 보면, 요엘 선지자가 살고 있던 시대에는 유대 지방을 향한 북쪽 나라의 남침 야욕이 가중되고 있었습니다. 요엘 선지자는 "너희는 시온에서 나팔을 불어 거룩한 금식일을 정하고 성회를 선포하고 백성을 모아 그 회를 거룩하게 하고 장로를 모으며 남녀 노소가 다 모여 울며 이르기를 여호와여 주의 백성을 긍휼히 여기소서 이렇게 기도하라 그러면 여호와께서 중심이 뜨거워져서 그 백성을 긍휼히 여기실 것이며 너희를 열국 중에 욕을 당하지 않게 할 것이며 북편 군대를 멀리 떠나게 하여 메마르고 적막한 땅으로 쫓아내리니 전군은 동해로 후군은 서해로 들어가게 할 것이라"고 했습니다.
　아주 이상한 말입니다. 북쪽 군대가 너희를 향하여 내려오다가 먼저 온 사람들은 동해 바다에 빠져 죽고 나중에 온 사람들은 서해 바다에 빠져 죽게 될 것이라고 경고했습니다. 어떻게 하면 그렇게 된다고 했습니까? 회개하고 금식하며 기도할 때 그렇게 하겠다고 했습니다.

　6.25 전쟁 때 우리 기독교인들은 부산과 제주도에서 기도를 했습니다. 지금도, 특히 믿는 젊은이들이 이런 운동을 전개한다면 하나님의 가슴이 뜨거워지고 그 기도의 운동력은 클 것입니다. 구국의 기도는 어디까지나 조용히 전개되어야 합니다. 진실하고 순수하게 해야 됩니다. 죄를 고발하고, 시기를 하고, 쇼를 하는 것은 없어져야 할 것입니다.
　이 세계의 대부분의 혼란한 것들은 우리 기독교인들이 책임을 져야 한다고 생각합니다. 성령 충만하지 않은 기독교인의 행동은 속에 불이 없기 때문에 남을 태울 수가 없고 변화를 일으킬 수도 없고 그냥 연기만을 피우기 때문에 그 연기 냄새 때문에 무슨 행동을 해도 증오를 남기고 혼란을 남기고 미움을 만들어 내고 분노를 만들어 내고 우리 사회의 사회악을 만들어 내는 것이라고 저는 생각합니다. 그야말로 얼마나 위장된 행동입니까?
　은밀한 기도를 하는 운동을 벌여야 하고, 기도의 불을 모아 성령의 용광로를 만들어서 성령 운동을 일으키고 그리스도의 복음을 전하며 모두 모여 기도할 때 모두의 마음이 합해지는, 그런 운동이 일어나야 하겠습니다.
　저는 이 문제에 있어서 자랑스럽게 생각하는 것이 있습니다. 진해만 해도 400군데 구국 제단이 있습니다. 매일 아침마다 새벽 기도를 하고 있습니다. 산골짜기마다, 산 꼭대기마다 구국 제단이 있습니다. 전군 신자화 운동도 있습니다. 270만 예비군에게 5,000명의 향목이 설교를 할 수 있습니다. 복음화 운동도 있습니다. 5만 9천의 자연 부락을 상대로 성경학교가 있습니다.

그리고 1995년 5월 20일 잠실 올림픽 주경기장에 모인 10만의 대학생들이 통일 조국과 복음화된 조국을 위한 대학생 통일봉사단 발대식을 갖고 활동에 들어갔습니다. 이 민족에 소망이 있습니다.

넷째, 절대신앙의 제자들을 키워내야 하겠습니다. 제가 여러 차례 우리 학생들에게 가르친 바 있는데 네 가지 절대가 있습니다. 첫째는 절대신앙입니다. 둘째는 절대헌신입니다. 셋째는 절대훈련입니다. 넷째는 절대행동입니다.

20대의 학생들 혹은 청년들이 절대헌신을 해서 훈련을 받고 절대신앙을 가지고 절대행동을 할 때 국가의 위기를 극복할 수가 있습니다. 그리스도의 십자군, 복음화 운동을 하는 십자군, 영으로 무장된 십자군, 즉 성령 충만하고 기도로 무장하고 말씀으로 준비된 이 사람들이 우리 나라에서 새로운 기도 운동, 구국 운동을 하게 된다면 소망이 있을 것입니다.

다섯째, 사랑과 화해의 모델이 되어야 합니다. 우리 기독교인들의 모습이 분노하고 고발하는 무서운 표정으로부터 사랑과 화해하는 모습으로 달라져야 할 줄로 생각합니다.

성 프란시스의 "미움이 있는 곳에 사랑을 심고 용서를 심고, 어둠이 있는 곳에 빛이 되고 소망을 심고, 의혹이 있는 곳에 신앙을 심고, 슬픔이 있는 곳에 기쁨을 심자."는 평화의 기도와 같이 이러한 임무를 바로 오늘 우리 크리스천들이 수행할 수 있어야 합니다.

우리가 한 덩어리가 되어 주님을 위해서, 위대한 복음 국가를 건설하기 위해서, 구국 기도의 불씨가 되어 힘을 하나로 뭉칠 때 하나님께서는 이 민족의 경제 위기를 벗어나게 하시고 민족 복음화와 통일을 허락하실 것입니다.

내 이름으로 일컫는 내 백성이 그 악한 길에서 떠나 스스로 겸비하고 기도하여 내 얼굴을 구하면 내가 하늘에서 듣고 그 죄를 사하고 그 땅을 고칠찌라(대하 7:14)

지금 이 민족은 6.25 이후 최대 국난으로 일컬어지는 IMF 구제금융이라는 비통한 국가 사태를 당했습니다. 온 민족은 이 시대의 충격과 위기를 민족적 참여와 총화 단결로 승화시키고자 금 모으기 운동을 비롯, 나라 살리기 운동에 나서고 있습니다.

이럴 때 우리 크리스천들은 하나님의 최후의 경고와 채찍으로 알고 통회하고 자복하고 일치 단결해서 기도와 사랑과 전도에 총력을 다하여 우리에게 시급한 과제인 민족 복음화와 세계 선교 운동에 총력을 기울여야 하겠습니다.

해방 후에 거듭되는 국가 변란이 일어날 때마다 그에 앞서서 반드시 교회의 누적된 당쟁과 증오가 극에 달해서 폭력 사태로 폭발하여 교단이 분열되고 곧 이어서 국가 변란이 일어났던 것을 저희들은 기억합니다. 여순 반란, 6.25사변, 4.19의거, 5.16혁명, 5.18 광주민주화운동 등이 그러했고 이번 IMF 구제금융 사태가 그러했습니다.

본문 말씀에는 "내 이름으로 일컫는 내 백성이 그 악한 길에서 떠나 스스로 겸비하고 기도하여 내 얼굴을 구하면 내가 하늘에서 듣고 그 죄를 사하고 그 땅을 고칠찌라"고 했습니다. 누구의 죄 때문에 어려운 국가적 상황이 일어납니까? 우리 기독교인은 다 알고 있는 사실입니다.

내 이름으로 일컫는 내 백성이 그 악한 길에서 떠나 스스로 겸비하고 기도하며 내 얼굴을 구해야 하나님께서 그 기도를 들으시고 그 땅의 상처를 고쳐 주십니다. 하나님의 백성들이 민족과 하나님 사이에서 중보 역할과 제사장 역할을 해야 할 터인데 우리가 싸우고 미

위하고 죄를 범하고 부패되었기에, 하나님은 교회는 물론, 민족 전체에게 형벌을 내리시는 것입니다. 신구약 성경 전체와 교회사를 통해서 우리가 알고 있는 사실입니다.

IMF 구제 금융 사태는 단순한 경제 위기 문제가 아닙니다. 우리 그리스도인들을 향한 하나님의 징책입니다. 하나님께서 베푸신 경제적 은총과 국가 발전을 마치 인간의 능력으로 이룬 것처럼 착각하고 무질서와 과소비, 향락에 취해 있는 한국민들을 깨우기 위한 하나님의 사랑의 채찍인 것입니다.

한국 교회가 대량화, 물량화 되어 가고, 목표가 사람이 아닌 화려한 건물일 때, 한국 교회를 향한 경고이자 새롭게 되기를 원하시는 하나님의 징표인 것입니다.

이럴 때 우리 한국 교회가 하나가 되어서 사랑과 성령으로 충만하고 기도와 성령의 전도 운동을 일으켜야 합니다.

에스겔 37장에 있는 해골 떼가 생령의 군대를 이루는 그런 기적이 일어나면 이 위기에서 벗어날 수 있습니다. 구약성경에서 그 전례를 많이 볼 수 있는데 하나님의 말씀이 전해지는 곳에 반드시 현실 부흥이 일어났습니다.

에스겔 37장이 주는 교훈이 무엇입니까? 에스겔이 그 절망적인 해골 떼를 향하여 하나님의 메시지를 전했습니다. 하나님의 메시지를 전하니까 뼈들이 이어지고 힘줄이 생기며 살이 생기고 가죽이 덮이고 생기가 들어가서 생령의 군대를 이루어 마침내는 북쪽 막대기와 남쪽 막대기가 하나님의 손에 의해서 하나가 되었습니다.

하나님의 메시지를 오늘날 우리의 현실에서 전한다는 의미는 무엇입니까? 그것은 두말 할 것도 없이 예수 그리스도의 복음입니다. 복음 운동이 일어나면 반드시 기도 운동이 일어나고, 기도 운동이 일어나면 반드시 복음 운동이 일어납니다.

이것은 수레의 두 바퀴와 같습니다. 기도 운동과 전도 운동이 일어나면 성령의 바람이 불어옵니다. 그리하면 현실 부흥이 일어납니다. 뼈가 이어진 것은 정치 부흥을, 힘줄이 생긴 것은 국방력의 부흥을, 가죽이 덮인 것은 경제 부흥과 사회 문화의 부흥을 의미합니다. 그러나 이런 것만 가지고는 안됩니다. 반드시 성령 운동이 일어나야 합니다. 성령 운동이 일어나야 남북통일이 됩니다. 기도, 전도, 성령, 회개, 일치, 사랑 운동이 일어나서 민족 복음화가 되면 남북통일은 저절로 될 것입니다.

지금 가장 절실한 것은 기도 운동입니다. 참회 운동이 일어나야 합니다. 하나님께서 기도 운동을 일으키면 우리 나라 도처에서 현실 부흥이 일어날 것을 확실히 믿습니다. 하나님께서 선교를 시키려고 하면 반드시 그 나라에 국력을 주십니다. 지금까지 교회사가 그것을 말해주고 있습니다. 현실 부흥이 일어나는 그 배후에는 이름 없는 성도들의 기도가 있었습니다.

최근 몇 년 간 한국 교회가 정체의 늪으로 빠져가고 있습니다. 그런데 IMF 사태로 인해 사람들의 마음이 가난해졌습니다. 다시 한 번 부흥과 전도의 기회가 왔습니다. 이 문은 영원히 열려 있는 것이 아닙니다. 앞으로 2, 3년이 지나가면 그 문이 닫힐지도 모릅니다. 만일에 우리가 그 책임을 다하지 못한다면 하나님은 러시아 최후의 날 같은 심판을 한국에도 하실 것입니다.

러시아 최후의 날이 어떠한지 아십니까? 그 당시 러시아에는 그릇 하나에도 십자가 표시가 없는 것이 없었습니다. 톨스토이나 도스토예프스키의 작품을 보면 문학이나 언어나 의식이나 러시아의 토기나 건물이나 문학이나 교육 가운데 기독교인의 것이 아닌 것이 없었습니다. 그런데 무엇을 했습니까? 코카서스의 기병대가 모스크바를 향해서 쳐들어오고 있을 때에 사제들은 모여서 싸움을 했습니다. 축도를 할 때 손가락을 어떻게 펼 것이며, 성직자의 가운의 색깔은 어떻게 할 것인가를 가지고 싸움을 했습니다. 그때 쳐들어왔습니다.

어느 대장이 인솔을 하여 후퇴를 하게 되었습니다. 금은보화를 마차에다 싣고 처녀들과 사제들과 부녀들과 귀족들과 부자들과 예술가 등 125만명이 후퇴를 했습니다. 날씨는 영하 35도에서 40도를 오르내리는 강추위였습니다. 먹을 것이 없고 춥고 병들어 거의 다 죽었습니다.

어느 부인이 만삭이 되어 아기를 낳게 되었습니다. 한참 있다가 소리가 없어 보니까 아기가 반쯤 나오다가 산모도 죽고 아기도 죽었습니다. 어느 사제 한 사람이 "오 하나님이여, 감당할 수가 없습니다. 나의 생명을 거두어 가소서."라고 하면서 죽어갔다고 합니다. 이 비참한 러시아 최후의 날, 얼마나 많은 사람이 경고를 했습니까? 우리 한국에게 주는 마지막 경고입니다.

저는 6.25를 잘 알고 있습니다. 묶여 끌려가다가 죽을 뻔한 위기를 수없이 넘기면서 애절단장(哀絶斷腸)의 눈물을 흘렸습니다. 이와 같은 사실을 우리는 상기해야 합니다. 잊어서는 안됩니다. 분명히 우리에게 말하고 있습니다.

지금의 이 시련은 복음의 기회, 한국 민족의 단결의 기회, 총화의 기회, 기독교인의 참회의 기회입니다. 교단의 벽과 지역주의, 교권주의의 벽을 허물어야 합니다. 우리가 이것을 위해 참회의 기도를 해야 하겠습니다.

내 이름으로 일컫는 내 백성이 그 악한 길에서 떠나 스스로 겸비하고 기도하여 내 얼굴을 구하면 내가 하늘에서 듣고 그 죄를 사하고 그 땅을 고치겠다고 하셨습니다.

이 말씀을 믿고 우리 민족 전체의 구원을 위해 회개하면 하나님께서 이 민족을 보호하실 것입니다. 한국 민족사에 획기적인 일이 일어나도록 해야 하겠습니다.

에스더의 구국 운동과 민족사를 보는 눈

그가 에스더의 말로 모르드개에게 고하매 모르드개가 그를 시켜 에스더에게 회답하되 너는 왕궁에 있으니 모든 유다인 중에 홀로 면하리라 생각지 말라 이때에 네가 만일 잠잠하여 말이 없으면 유다인은 다른 데로 말미암아 놓임과 구원을 얻으려니와 너와 네 아비 집은 멸망하리라 네가 왕후의 위를 얻은 것이 이때를 위함이 아닌지 누가 아느냐
  에스더가 명하여 모르드개에게 회답하되 당신은 수산에 있는 유다인을 다 모으고 나를 위하여 금식하되 밤낮 삼일을 먹지도 말고 마시지도 마소서 나도 나의 시녀로 더불어 이렇게 금식한 후에 규례를 어기고 왕에게 나아가리니 죽으면 죽으리이다 모르드개가 가서 에스더의 명한대로 다 행하니라 (에 4:12~17)

1950년 한국전쟁 중 약 3개월 동안 부산, 대구 일부를 남겨 놓고 거의 점령당해 공산당의 지배를 받은 적이 있습니다. 아마 지구상의 이데올로기 가운데 공산주의처럼 직접적으로 기독교를 적대시하는 정치 체제는 없을 것입니다.
  그런 시련을 겪으면서 우리 민족에게는 새로운 역사의식이 생겼습니다. 우리 역사를 보는 각도가 달라지기 시작했는데, 많은 순교자들이 주님을 증거하다 피를 흘리며 죽었습니다.
  그러면서 역사의 주인은 단순히게 인간의 노력에 의해서 되는 것이 아니라 하나님의 섭리 가운데 있다는 사실이 우리 민족의 역사의식 속에 서서히 싹트게 되었습니다.
  이것은 역사의 한 기적이라고 말할 수가 있습니다. 한국 민족사에 일어난 최대의 자각이라고 아니할 수가 없습니다. 믿는 사람에게는 물론이고, 믿지 않는 사람들에게까지 점점 심화되고 있습니다. 구약 성경의 이스라엘 민족사를 보면서 저는 우리 민족의 역사를 보는 눈이 보다 성경적인 역사관으로 심화되어야 한다고 생각합니다.

이스라엘 민족사 가운데 에스더의 구국 운동이 있습니다. 페르시아의 수산성에서 일어났던 사건으로, 페르시아 수산 성에 살고 있던 모든 유대인들을 멸절하려 했던 하만의 음모가 있었으나 유대 민족들이 3일 동안 금식기도를 함으로 극적으로 구원받은 사건입니다. 이것을 부림절이라고 하며, 지금도 유대인들은 6월 12일부터 15일까지 부림절을 지키고 있습니다.

그때의 사건을 상기하면서 하나님의 은총을 감사하고 하나님의 구원을 생각하는 그러한 날로 지키고 있습니다. 부림이란 법학 용어로 주사위, 투전이라는 뜻입니다. 유대 민족이 전멸하느냐 구원받느냐 하는 그런 생사의 기로에서 일대 도박을 하여 민족 전체가 구원받았다고 해서 부림절이라고 이름지은 것입니다.

구약의 유대 민족사에서 다른 나라에게 완전히 점령당했던, 혹은 포로가 되었던 이스라엘 사람들을 구원하기 위해서 미리 그 나라에 보내어서 예비해 놓았던 네 사람의 사건을 생각할 수가 있습니다.

한 사람은 요셉입니다. 그는 하나님의 섭리 가운데서 애굽으로 팔려 가서 보디발의 집에서 노예 생활을 했으며, 급기야 보디발의 아내의 유혹으로 인하여 누명을 쓰고 옥에 갇혔다가 후에 애굽의 총리 대신이 된 후 야곱의 후손들이 애굽에 들어가서 살게 하는 기틀을 만들었습니다.

또 한 사람은 모세입니다. 하나님은 섭리 가운데서 모세를 일으켜 애굽 땅에서 400년 동안 살던 이스라엘 민족을 해방하는 사람으로 세웠습니다.

또 한 사람은 다니엘입니다. 바벨론 제국에 이스라엘 사람들이 모두 포로가 되어 잡혀갔을 때 하나님의 특별한 섭리 가운데서 뽑힘을 받아 바벨론 궁중에서 왕을 받드는 임무를 맡았고 점점 승급이 되어 대재상이 되었습니다. 애굽 역사에서 제일 유명한 재상이 요셉이었다면 바벨론 제국에서 최대의 재상은 다니엘이었습니다. 다니엘은 고레스 왕의 마음을 감동시켜 유대인의 귀국령을 내리게 했습니다.
또 한 사람은 에스더입니다. 페르시아가 바벨론을 점령했습니다. 페르시아의 아하수에로 왕은 수도 수산성이라 하는 곳에서 문무 백관과 귀족들과 후빈들을 전부 모아 놓고 180일 동안 잔치를 베풀었습니다. 그 180일 가운데서도 마지막 일주일이 클라이막스입니다. 그때 아하수에로 왕에게는 자기의 왕비 가운데 제일 자랑스럽고 아름다운 왕비인 와스디라는 왕비가 있었는데, 왕은 이 와스디를 모든 신하들 앞에서 과시를 하고 싶었습니다.

영웅이고 호걸이며 독재 국가의 왕인 아하수에로 왕이 천하에서 제일 아름답다는 자기의 왕비 와스디를 신하들 앞에서 일주일 동안 나오게 하여 과시를 하고 싶었습니다. 그런데 이 와스디는 아주 품위가 높은 여인으로서, 한 나라의 왕비가 아무리 흥겨운 잔치라고는 하지만 왕의 노리개처럼 신하들의 구경거리로 과시하는 곳에는 나가고 싶지 않아 왕의 명을 거부했습니다. 그러자 이 왕은 와스디를 폐비시키고 쫓아내 버렸습니다.

여기에서 하나님의 섭리가 움직이게 되었습니다. 그 후 왕비를 간택하게 되었는데 그 절차가 아주 까다로웠습니다. 페르시아 전역에서 추천을 받은 아름다운 처녀들을 데려다가 준비시키는 기간이 1년 동안입니다. 그중 6개월 동안은 향유 가운데 가장 값비싼 인도나 아라비아의 향유를 가지고 그 피부를 깨끗하게 마사지를 하고 정결케 합니다. 반드시 미용의 효과만을 위한 것이 아니라 종교적인 정결의 효과를 내게 하는 의식이 포함되어 있습니다.

그리고, 다른 여러 가지 향수를 가지고 6개월 동안 또한 몸을 깨끗하게 하는 규칙이 있습니다. 교양을 닦는 규칙이 있고 예절을 배우는 규칙이 있습니다. 1년 동안 이렇게 훈련을 시켜서 한 사람 한 사람을 차례 차례 왕 앞에 나아가게 합니다. 그 왕 앞에 나아갈 때는 그 처녀가 무엇이든지 달라는 대로 다 줍니다. 필요한 몸의 장식뿐만 아니라, 후궁으로 들어갈 때 달라고 하는 것은 다 주어야 합니다. 따라서 간택시 낙선이 되더라도 부자가 될 경우가 있습니다. 일단 그 후보자가 되는 것만으로도 왕비 다음가는 영화를 얻게 되는 것입니다.

에스더는 포로로 잡혀간 사람이었고 고아였습니다. 에스더는 사촌 오빠 모르드개에게서 자랐습니다. 모르드개는 궁중의 문지기, 즉 하급 무관이었습니다. 모르드개가 에스더를 데려다가 양아버지가 되어 양육시켰던 것입니다. 그리고 철저하게 종교 교육을 시켰습니다. 무엇이든지 순종하고 믿음으로 행하는 동생을 만들었습니다. 동생이지만 딸처럼 키웠습니다. 나라를 사랑하도록 교육을 시켰습니다.

이스라엘 백성들의 교육 가운데 특별한 것은 선민의식을 가르치는 것이었습니다. 즉 자기들이 하나님의 택함받은 백성이라는 것, 절대로 피가 섞이지 않게 하는 것을 가르쳤습니다. 그래서 에스더는 하나님과 사람에게 칭찬과 복을 받으며 자라났습니다. 이 에스더가 선택되어 왕 앞에 나타났을 때 왕이 그 머리에 면류관을 씌우고 와스디를 대신하여 왕후로 삼았습니다.

그 후에 굉장한 시련이 일어났습니다. 이스라엘 백성들과 완전히 원수가 된 아말렉 계통의 자손 하만이 아하수에로 왕의 총애를 받아 왕 다음가는 큰 세력을 얻게 되었습니다. 모르드개는 아첨하는 사람이 아니었습니다. 선민의식이 있어서 누구에게도 함부로 고개를 숙이지 않는 고고한 자세를 가진 사람이었습니다.

이 모르드개가 그렇게 속에 단단하고 고고한 것이 있었기 때문에 에스더를 품위있게 키울 수가 있었습니다. 하만이 지나가면 다른 모든 사람들은 땅바닥에 이마를 대고 절을 하는 자세를 취하였지만 모르드개는 절대로 그렇게 하지 않으므로 하만의 눈에는 그것이 항상 거슬렸습니다.

하만은 어떻게 하면 모르드개를 없애 버릴까 하고 생각을 하다가 왕에게 말하기를 페르시아 제국 안에는 수백의 약소 민족들이 있는

데 모르드개라고 하는 사람이 처해 있는 유대 민족만은 이상한 법률을 가지고 있어서 페르시아의 법률에 복종하지 않으니 다른 민족에게 본을 보여주기 위해서 페르시아의 법은 지켜야 된다는 것을 가르쳐주기 위해 모르드개가 속한 모든 유대 민족을 진멸시켜야 한다고 고했습니다. 그때는 페르시아의 아하수에로 왕이 하만이 하는 말을 그대로 듣고 정치를 하던 때였기 때문에 하만의 뜻대로 하라고 하고 왕이 반지를 빼어서 도장을 찍어 주었습니다.

그래서 유대 민족을 진멸하는 영을 내리게 되는데 그 일을 맡은 사람에게는 일만 달란트까지 돈을 주어 가면서 하도록 했습니다. 하만은 완전한 음모를 짜 놓았습니다. 이 이야기를 들은 모르드개는 밤에 잠을 잘 수가 없었기에 그냥 베옷을 입고 재를 무릅쓰고 성중에 나가서 통곡을 했습니다.

그러자 에스더가 옷을 갖다 주면서 왜 그렇게 우느냐고 물었습니다. 모르드개가 에스더에게 하는 말이 "네가 이때를 위해서 왕비가 되지 않았느냐? 하나님의 섭리 가운데서 네가 왕비가 되지 않았느냐? 네가 돕지 않을지라도 우리는 하나님의 특별한 방법으로 구원을 받을 것이다. 만일 네가 힘써서 유대 민족의 구원에 앞장서지 않는다면 우리가 하나님의 은총으로 구원받을 때 너와 너의 가족은 하나님의 형벌을 받을 것이다. 그러므로 너는 왕에게 가서 우리 민족의 구원을 간청해 보아라."고 했습니다.

그러자 에스더는 모르드개에게 자신을 위해서 3일 금식기도를 하도록 부탁했습니다. 그리고 에스더는 그대로 순종했습니다. 에스더는 깊이 기도하는 여인이었고 또 포로로, 고아로 이국 땅에 왔을 때의 서러움과 고독, 외로움 속에서 신앙적인 품위, 인격적인 품위를 지닌 여인이었습니다.

군계일학이란 말이 있는데, 많은 닭 가운데 있는 학 한 마리처럼 어떠한 왕비도 에스더의 미모에는 따라갈 수가 없었습니다. 이스라엘의 여인만이 지니는 그런 훌륭한 품위와 미를 가지고 있었습니다.

에스더는 왕궁에 들어가서 누구에게도 그 비밀을 누설시키지 않았습니다. 그리고 마음 속 깊이 하나님 앞에 "죽으면 죽으리라"는 작정을 했습니다.

페르시아 궁정에는 법이 하나 있는데 왕의 신변 보호를 위해 왕의 가족이든지 왕비가 되었든지 신하가 되었든지 누구든지 왕의 허락 없이 왕 앞에 나타날 때는 사형을 당했습니다. 암살 사건이 많기 때문에 그렇게 엄하게 만들어 놓았습니다. 그런데 에스더가 왕의 허락 없이 왕 앞으로 나아갔습니다. 하지만 사는 방법이 하나 있습니다. 왕이 금홀을 내밀었을 때에는 살 수 있습니다. 그것은 특별한 것입니다. 사느냐 죽느냐 하는 확률은 왕의 기분에 따라서 결정됩니다.

그러한 상황에서 에스더가 왕 앞에 나아간 것입니다. 모르드개에게 수산성뿐만 아니라 페르시아 제국 안에 있는 모든 유대인들이 3일 밤 3일 낮을 금식기도하기를 부탁했습니다. 남녀노소 할 것 없이 민족의 구원을 위해서 기도할 것을 부탁했습니다. 그리고 자신도 3일 동안 금식기도를 했습니다. 그리고 왕에게 들어가기로 결정을 한 것입니다. 그것은 믿음입니다. 기도로 준비를 한 것입니다. 이스라엘 민족의 사고의 초점이 들어 있습니다. 어떤 일이든 하나님의 축복 없이는 안된다고 생각하는 것이 이스라엘 민족의 사고의 초점입니다.

이것은 민족을 구원하는 일이었습니다. 자기의 아름다움을 왕에게 보이는 것까지도 자기의 아름다움을 의존하지 않고 전적으로 하나님께 의존했습니다. 이 행위 가운데서 우리는 배울 것이 많이 있습니다. 소수 민족이지만 유대 사람들은 게릴라를 조직해서 여기 저기에서 하만을 복수할 수도 있고 반페르시아 운동도 전개할 수가 있습니다.

하지만 그 모든 방법을 쓰지 않고 하나님께 민족을 구원해 줄 것을 기도했습니다. 역사의 주인이 하나님이심을 그들은 알았습니다. 기도를 한 다음에 왕 앞에 들어가게 되었습니다. 왕 앞에 나아갔을 때에 왕이 금홀을 들지 않으면 에스더는 그 자리에서 체포가 되어 처형을 당해야만 합니다. 왕비라도 어쩔 수 없는 것입니다.

그래서 죽으면 죽으리라는 마음가짐으로 생명을 걸고 들어간 것입니다. 그만큼 민족을 사랑했기 때문에 목숨을 걸었습니다. 그런데 왕이 금홀을 내밀었습니다. 에스더를 보자 너무 기뻐서 "에스더의 소원이 무엇인가? 내가 나라의 절반이라도 그대에게 주겠노라. 어서 소원을 말하라."고 했습니다. 에스더의 슬기라고 할까 아니면 성품 지혜라고 할까. 에스더는 그때 즉흥적으로 "하만이 이러한 사람입니다."라고 울면서 이야기하지 않고 왕에게 다만 왕을 위해서 베푸는 잔치에 와 주시고 또 하만도 함께 와 줄 것을 이야기했습니다. 왕은 더욱 기쁘고 좋았습니다.

왕보다 더 기쁜 것은 하만이었습니다. 하만은 왕의 총애를 받고 있지만 왕비에게까지 총애를 받고 있다고 생각하며 기뻐했습니다. 왕비가 베푼 두 사람만을 위한 잔치에서 왕은 또 에스더에게 "그대의 소원이 무엇인가? 내가 나라의 절반이라도 달라면 주겠노라."고 했습니다.

한참 왕이 술을 마시고 기분이 좋을 때 에스더는 "한 번만 더 내 잔치에 하만과 함께 나와 주셨으면 합니다."라고 했습니다. 왕의 총애를 받는 자신을 선하게 여기시거든 왕께서 자신에게 은총을 베푸시사 한 번 더 잔치에 와 주실 것을 원했습니다. 왕이 기분이 좋아 그러자고 했습니다. 하만도 마찬가지였습니다. 하만은 그의 부인과 친구들을 모아 놓고 왕비가 자기를 또 한 번 청했다고 기뻐했습니다.

그런데 모르드개는 도대체 하만에게 고개를 숙이지 않았습니다. 천하가 다 자기의 것인데 모르드개만은 아니었습니다. 하만은 자기 부인과 친구와 함께 꾀를 내어 왕에게 이야기를 해서 유대 민족 전체를 진멸하기로 하고 50자나 되는 장대를 만들어서 거기에다 모르드개를 매달 것을 계획했습니다. 다음 날 왕비가 베푼 잔치가 끝나면 모르드개를 매달 생각을 했습니다.

하나님은 아주 작은 일 하나까지도 그의 섭리 가운데서 인도하십니다. 모르드개는 문지기인데 예전에 그 문지기 가운데서 두 사람의 내시가 왕을 암살할 계획을 세웠습니다. 그것을 모르드개가 아하수에로 왕에게 고발을 했습니다.

그래서 아하수에로 왕이 두 사람을 잡아 처형한 일이 있었습니다. 그런데 그날 저녁에 하나님께서 아하수에로 왕으로 하여금 잠을 못 자게 하고는 역사 일기를 가져오게 하여 그 일기책을 읽는 가운데 전에 그 두 사람이 왕을 암살하려고 한 것을 모르드개라는 사람이 자기에게 밀고해 주어서 생명을 구한 것을 기억나게 했습니다. 왕은 모르드개에게 빚이 있었습니다.

다음 날 에스더가 베푼 잔치에 왕과 하만이 다시 나왔습니다. 왕은 에스더에게 다시 "에스더여, 그대의 소원이 무엇인가? 나라의 절반이라도 시행하겠노라."고 했습니다. 에스더는 왕에게 "내가 왕의 목전에 은혜를 입었고 왕이 선히 여기시거든 나와 나의 민족이 진멸을 당하게 되었사오니 내 민족을 구하여 달라."고 했습니다. 왕은 그가 누구냐고 물었습니다. 에스더가 하만이라고 하자 왕은 노하여 모르드개를 달려고 한 그 장대에 하만을 매달아 죽게 했습니다.

성경에 보면 하나님께서 아브라함에게 "너를 축복하는 자를 축복하고 너를 저주하는 자를 저주하리라."는 말씀이 있습니다. 이 말씀이 그대로 이루어졌습니다.

우리는 이 말씀 속에서 하나님의 섭리가 한 개인을 인도하는 일이나 한 나라의 일이나 모두 하나님의 섭리 속에서 이루어진다고 하는 사실을 배울 수가 있습니다.

또 한 가지 배울 것은 이스라엘 민족사와 우리 한국 민족사를 비교해 볼 때 우리 민족의 운명 역시 복음에 있다는 것입니다. 우리 민족이 일제 치하에서, 공산 치하에서 그 시련을 받게 된 것이 우리 민족을 통해서 세계사에 성취하려는 하나님의 복음의 섭리가 분명이 있는 것입니다. 하나님께서 한 가지 한 가지 사건을 통해서 역사하고 계십니다. 구약에 보면 이사야가 "너희는 잠잠히 여호와를 신뢰하라"고 했습니다. 하나님은 흥하게 할 자는 흥하게 하시고 망하게 할 자는 망하게 하십니다. 역사의 주관자는 하나님이십니다.

그러면 우리 나라의 일제의 침략이나 민족 수난이나 요즘 IMF 사태를 어떻게 보아야 합니까? 저는 이렇게 생각합니다.

역대하 7장 14절에 보면 "내 이름으로 일컫는 내 백성이 그 악한 길에서 떠나 스스로 겸비하고 기도하여 내 얼굴을 구하면 내가 하늘에서 듣고 그 죄를 사하고 그 땅을 고칠찌라."고 기록되어 있습니다. 내 이름으로 일컫는 내 백성이 기도하면 죄를 사하시고 고치신다고 하셨습니다.

일제의 압박을 받은 것도, 6.25가 터진 것도 기독교인들이 더 많이 책임을 져야 하고, 지금 우리가 겪고 있는 IMF 사태도 기독교인들에게 더 많은 책임이 있는 것입니다. 여기에서 우리가 구국 운동을 해야 합니다.

역사는 하나님의 것입니다. 우리는 에스더처럼 3일 동안 금식기도를 하며 회개하고 하나님의 은총을 구하고 축복을 구하고 용서를 구해야 할 것입니다.

누가 한국의 에스더가 될 것입니까? 누가 한국의 모르드개가 될 것입니까? 우리가 한국의 에스더가 되고 한국의 모르드개가 되십시다. 한국의 에스더와 한국의 모르드개는 어떻게 행동을 해야 됩니까? 여기저기에서 기도하는 운동이 일어나고 복음 운동이 일어나야 겠습니다.

독일에 말틴 미네르라는 목사님이 있었습니다. 그 분은 히틀러 치하에서 본 회퍼라고 하는 분과 함께 감옥에 갇혀 있었습니다. 많은 고문을 당했습니다. 본 회퍼는 죽고 미네르 목사님은 생존해서 출옥을 했습니다. 그는 정치를 해야겠다고 생각했습니다. 그런데 꿈을 꾸었습니다. 모든 사람들이 주님의 심판대 앞에 서 있었습니다. 아주 심각한 표정을 하고 열을 지어 서 있었습니다. 주님께서 "너는 네가 한 일을 변명해 보라."고 했습니다. 자기도 거기서 머리를 숙이고 있는데 자기에게 그 말을 하지 않고 자기 뒤에 있는 사람들에게 그 말을 하는 것이었습니다.

그들은 주님의 물음에 "나를 반대하고 욕하는 사람만 있었지 나에게 예수를 전해 주는 사람은 없어서 믿지 않았다."고 했습니다. 일곱 밤을 계속해서 이 꿈을 꾸었습니다. 그래서 그분은 목사님이 되었습니다.

우리는 이 이야기에서 하나님의 뜻을 찾아야 합니다. 주님이 우리에게 위탁한 것이 있습니다. 이 민족을 복음으로 구해야 하겠습니다. 세계 선교를 우리가 담당해야 하겠습니다. 에스더처럼 "죽으면 죽으리라"는 각오로 하나님을 믿고 의지하고 구하면서 주님께서 우리에게 부탁한 땅끝까지 이르는 증인이 되어야 하겠습니다.

성령 안에서 믿음의 기도를 드리자

왕이 이에 말과 병거와 많은 군사를 보내매 저희가 밤에 가서 그 성을 에 워쌌더라 하나님의 사람의 수종드는 자가 일찍이 일어나서 나가 보니 군사 와 말과 병거가 성을 에워쌌는지라 그 사환이 엘리사에게 고하되 아아, 내 주여 우리가 어찌하리이까 대답하되 두려워하지 말라
　우리와 함께 한 자가 저와 함께 한 자보다 많으니라 하고 기도하여 가로 되 여호와여 원컨대 저의 눈을 열어서 보게 하옵소서 하니 여호와께서 그 사환의 눈을 여시매 저가 보니 불말과 불병거가 산에 가득하여 엘리사를 둘렀더라 아람 사람이 엘리사에게 내려오매 엘리사가 여호와께 기도하여 가로되 원컨대 저 무리의 눈을 어둡게 하옵소서 하매 엘리사의 말대로 그 눈을 어둡게 하신지라 (왕하 6:14~18)

크리스천들이 우리 민족을 구원할 수 있는 최대의 액션은 아마 금식 기도하는 것이라고 저는 생각합니다.
　역사의 주권자는 하나님이시므로 그가 하려고만 하시면 우리 민족 을 구원해주실 수가 있습니다. 그러나 기도의 응답으로 해주시는 것 이지 자동적으로 해주시지는 않을 것입니다.
　모세의 기도나 바울의 기도에는 공통점이 있습니다. 민족의 구원 을 위해 자신들이 예수님에게서 끊어짐을 당하고 저주를 당해도 오 히려 원하는 바라고 똑같은 말을 했습니다. 이들은 정말 자기 민족 의 주인인 것입니다. 우리들이 우리 민족의 주인이라면 그와 같은 기도를 해야 합니다.
　또 막연히 기도를 해서는 안될 것입니다. 엘리야가 갈멜산 꼭대기 에서 결사적인 기도를 했던 것처럼, 우리도 하나님의 중심을 뜨겁게 하는 그런 기도를 해야 합니다. 엘리사가 사환의 눈이 뜨이게 해달 라고 기도하자 사환의 눈이 뜨였습니다. 우리도 기도를 통해 눈이 밝아져서 볼 수 없었던 것을 보고, 느끼지 못했던 것을 느끼고, 알

지 못했던 것을 알고, 깨닫지 못했던 것을 깨닫게 되기를 바랍니다.

사도행전의 사람들이라든가 신구약 성경에 있는 그 많은 인물들이 어떻게 그런 행동을 할 수가 있었겠습니까? 보통 지성의 인식으로 그렇게 생각하고, 그렇게 확신하고, 그렇게 되기를 바라고 믿는다고 되는 것이 아닙니다.

그렇게 하지 않으면 죽을 수밖에 없는, 다르게는 살 수 없는 거의 절대적이고 순교적인 확고부동한 것을 하나님께서 그들에게 알게 하셨기 때문에, 하나님께서 행동을 하도록 하셨기 때문에 그렇게 할 수 있었습니다. 우리의 눈이 뜨이고 귀가 열리고 또 마음의 문이 열려지기를 바라는 마음이 간절합니다.

마태복음 11장 25절부터 27절을 보면 "이것을 지혜롭고 슬기 있는 자들에게는 숨기시고 어린아이들에게는 나타내심을 감사하나이다 옳소이다 이렇게 된 것이 아버지의 뜻이니이다 내 아버지께서 모든 것을 내게 주셨으니 아버지 외에는 아들을 아는 자가 없고 또 아들과 아들의 소원대로 계시를 받은 자 외에는 아버지를 아는 자가 없느니라"고 하셨습니다. 철학적인 방법으로, 혹은 종교적인 방법으로, 명상을 통해서 하나님을 알고 예수님을 알고 구원받는 방법은 일절 없습니다. 우리들은 계시로 하나님을 알게 된 것입니다. 성령께서 우리로 하여금 예수님을 알게 해주신 것입니다.

에베소서 1장 17절에 보면 "우리 주 예수 그리스도의 하나님 영광의 아버지께서 지혜와 계시의 정신을 너희에게 주사 하나님을 알게 하시고 너희 마음 눈을 밝히사"라고 기록되어 있습니다.

그리고 로마서 1장 9절을 보면 "내 심령으로 섬기는 하나님"이라는 말씀이 있습니다. 인간의 이성과 종교와 정서와 의지로 예배를 드리는 것이 아니라 우리 속에 있는 심령이 하나님을 예배하는 것입니다.

로마서 7장 6절에는 "이러므로 우리가 영의 새로운 것으로 섬길 것이요" 하고 로마서 8장 15절에는 "양자의 영을 받았으므로 아바 아버지라 부르짖느니라"고 했습니다.

또 로마서 8장 16절에는 "성령이 친히 우리 영으로 더불어 우리가 하나님의 자녀인 것을 증거하시나니"라고 했습니다.

고린도전서 14장 15절에서 16절을 보면 "내가 영으로 찬미하고… 영으로 축복할 때에"라는 말씀이 있습니다.

누가복음 1장 46절부터 48절에 보면 마리아가 엘리사벳을 만났을 때에 예수님을 잉태한 채로 "내 영혼이 주를 찬양하며 내 마음이 하나님 내 구주를 기뻐하였음은 그 계집종의 비천함을 돌아보셨음이라" 하는 송가를 불렀습니다.

이와 같이 성경 속에는 우리 속에 계신 성령에 대해서 '내 영'이라든가 '사람의 영'이라든가 '우리의 영'이라든가 한 것이 많습니다.

인간의 구조를 잠깐 생각해 보십시다. 인간에게는 정신적인, 즉 보이지 않는 영적인 것과 보이는 육체적인 것이 있습니다.

성경에는 몸과 혼과 영이 있다고 기록되어 있습니다. 이것을 육체적 자아, 정신적 자아, 영적 자아라고도 말할 수 있습니다.

몸은 오관을 가지고 있어서 외부에서 정보를 받아들입니다. 그리고 안에서 밖으로 내보낼 때도 오관을 통해서 전달을 합니다.

또 혼이라는 것이 있는데, 혼은 생각을 가지고 있습니다. 혼을 정신이라고 해도 좋을 것입니다. 정신은 지정의를 가지고 있어서 진선미의 세계를 추구합니다. 이것을 정신적 주체 또는 정신적 자아라고 합니다.

그리고 사람에게는 영이라는 것이 있습니다. 이것을 영각(靈覺), 영지(靈智)라고도 합니다. 헬라어에서도 '쏘마(soma)'니 '푸쉬케(psyche)'니 '프뉴마(pneuma)'니 등으로 다르게 말하고 있습니다.

하나님이 최초에 우리를 창조할 때에 흙으로 사람을 지으시고 생기를 코에 불어넣으시니 생령이 되었다고 했습니다. 흙으로 지었다, 생기를 코에 불어넣었다, 생령이 되었다는 이 세 가지가 있습니다.

흙은 육이고 생기는 영이라고 할 수 있습니다.

이 육과 생기가 연합을 할 때에 거기에서 생령(living soul)이 되었습니다. 하나님에게도 삼위일체가 있듯이, 우리에게도 복합적인 요소가 삼위 일체를 이루는 완전한 통일과 조화가 있음을 볼 수 있습니다. 분명히 육체의 물질적인 것과 정신적인 것은 서로 다릅니다. 또 하나님을 경배할 때 순수한 영적인 것과 세상을 접촉할 때 쓰는 정신적인 것은 어느 정도 구별해서 차이를 두는 것이 좋은 줄로 생각합니다.

히브리서 4장 12절을 보면 "하나님의 말씀은 살았고 운동력이 있어 좌우에 날선 어떤 검보다도 예리하여 혼과 영과 및 관절과 골수를 찔러 쪼개기까지 하며"라고 했습니다. 관절과 골수는 육체의 부분이므로 이 말씀은 혼과 영과 육체 이 세 가지를 시사하고 있습니다.

그리고 데살로니가전서 5장 23절을 보면 "평강의 하나님이 친히 너희로 온전히 거룩하게 하시고 또 너희 온 영과 혼과 몸이 우리 주 예수 그리스도 강림하실 때에 흠 없게 보전되기를 원하노라"고 사도 바울이 이야기했습니다.

이 영과 혼과 몸은 비유를 들어 설명을 해 볼 수 있습니다. 영을 제사장에 비유한다면 혼은 왕에 비유를 하고 몸은 백성에 비유할 수가 있습니다. 영은 하나님에게 지시를 받아 왕, 곧 혼에게 명령을 합니다. 그러면 왕은 몸인 백성들을 다스립니다. 영은 또 성전의 지성소로 비유할 수 있습니다. 성전에는 성소와 지성소가 있는데 지성소에는 아무나 들어가지 못하고 제사장이 일년에 한 번 들어갑니다. 그곳에는 법궤가 있습니다. 이 법궤에 피를 뿌려 속죄하는 속죄소가 있고 그 속에는 십계명이 들어 있습니다.

그런데 예수님 안에 생명이 있었고 예수님은 우리의 빛이고 우리는 그에 의해서 창조되었고 그를 위해 창조되었습니다. 그 안에서 우리가 존립합니다. 그러니까 예수님을 떠나서는 사람의 생명을 생각할 수가 없습니다.

따라서 우리 영의 지성소는 하나님의 영광이 가득 차 있는 곳입니다. 아주 고요한 곳입니다. 모세나 엘리야는 그 고요한 곳에서 주님의 세미한 음성을 들었던 것입니다. 우리 인격의 지성소에 영이 있는데 마치 성전의 지성소에서처럼 그 영이 예수님의 십자가를 통해 하나님과 교통하는 것입니다. 영이 주인이고 혼은 하나의 청지기 같다고 그렇게 이야기할 수 있습니다. 그리고 우리의 육체의 각 부분은 일꾼과 같습니다.

사람이 떡으로만 살지 않고 하나님 말씀으로 산다는 말씀 가운데 떡이라는 것은 사람이 먹고 사는 정신, 곧 인간의 모든 종교와 철학과 예술과 그들이 추구하는 문화적이고 정신적인 전체를 말합니다. 하나님의 말씀은 예수님을 말하고, 성경에 나오는 구속의 진리를 말하는데 그 예수님의 십자가와 부활을 통해서만 성령이 역사를 하고 중생이 우리에게 이루어집니다. 그렇기 때문에 이 영은 항상 예수 그리스도와 하나님의 말씀, 즉 구속의 진리라든가 십자가라든가 부활과 관계가 되어 있습니다. 그것이 없는 영은 죽은 것입니다.

인간에게는 복합적인 요소가 있습니다. 부활을 할 때 육체 부활을 합니다. 지식의 체계는 전부 달라질 것입니다. 지금은 거울로 보는 것 같이 희미하나 그때는 얼굴과 얼굴을 대함 같을 것입니다. 에덴동산에서 아담과 하와가 타락하기 이전에 하나님과 교통을 하였습니다. 영교가 있었습니다. 그것은 지금보다 훨씬 직관적입니다. 아담과 하와가 타락하기 전에는 영이 완전히 그들을 지배했습니다. 그리고 영은 하나님이 지배를 했습니다. 위계 질서가 잡혀 있었고 우주의 혼란이 없었습니다.

창세기 3장을 보면 아담과 하와가 범죄함으로 인하여 하나님과의 관계가 끊어졌을 때 하나님은 정녕 죽으리라고 했습니다. 범죄 이전의 아담과 하와는 순수하고 흠 없는 무구성을 가지고 있었습니다.

하나님께서 아담과 하와에게 무엇이든지 다 먹으라고 하셨습니다. 에덴동산에는 생명과가 있었습니다. 하나님은 이 생명과를 먹기를 원하셨습니다. 이 과실을 먹으면 우리는 영원히 죽지 않습니다. 그런데 선악을 아는 지식의 열매를 먹었습니다. 우리는 모두 지식의 열매를 먹으며 죽고 있는 것입니다. 지식의 나무에는 절대로 생명과가 열리지 않습니다. 생명과는 차단되었습니다. 예수님이 생명과가 되셨습니다.

그런데 하와가 사단의 유혹에 빠졌을 때, 두 가지 거짓말을 했습니다. 하나님의 말씀을 변경했습니다. 선악과를 먹는 날에는 반드시 죽으리라고 하셨는데 사단이 선악과를 먹으면 죽느냐고 물었을 때 하와가 "죽을까 하노라"고 거짓말을 했습니다. 죽을지도 모른다고 했습니다. 그것은 불만을 표시하는 것입니다. 하나님의 말씀을 조금 비틀어 보고 의심을 하는 것입니다. 사단이 하나님의 말씀을 의심하게 만든 것입니다. 사단은 항상 우리를 넘어뜨릴 때 외부에서 침입을 합니다. 육체의 정욕을 통해서, 오관을 통해서, 세상을 통해서 공격을 합니다. 그것이 사단의 대개의 경로입니다.

아담은 어떻게 타락을 했습니까? 하나님께서 왜 그런 짓을 했느냐고 물었을 때 하와는 뱀이 시켜서 했다고 했고, 아담은 하와가 먹으라고 해서 먹었다고 했습니다. 이렇게 타락을 하여 하나님과 인간이 분리되고, 인간의 영과 육체 또한 산산이 분리되었습니다. 아담과 하와, 아담과 자연, 아담과 하나님의 관계 전부가 분리되었습니다.

인간이 그렇게 타락을 하게 되면 영은 아주 죽게 되고 그것은 불모의 땅과 같이 있으나마나 한 것이 됩니다. 악기가 있어도 그것을 연주하는 사람이 없으면 아무 소용이 없듯이 이 영은 있어도 유명무실하게 됩니다. 제 기능을 발휘하지 못하고 육체가 사람을 지배하는 육체 인간이 됩니다.

창세기 4장에 보면 가인 문화에 찬란한 꽃이 피었는데 거기에는 공업이 있고 육축이 있고 음악이 있고 시도 있습니다. 결국은 육체의 반란, 육체의 꽃입니다. 영이 죽어 버린 곳에는 인간의 정신적 철학이라든가 문학이라든가 인간의 지성이라든가 과학이라든가 하는 것이 전체가 되어 찬란하게 꽃피게 되어 있습니다.

현대 문화는 영이 완전히 죽어 버린 그 위에 핀 문화이기 때문에 정신 문화와 영의 문화를 구별해야 합니다. 정신이란 인간의 자연성을 말합니다. 타락 이후에 가지고 있는 인간의 이성, 정서, 의지, 진선미를 추구하는 것, 우리 문화가 가지고 있는 것 전체를 말합니다. 하지만 그것은 전부 타락한 것입니다. 바벨탑입니다.

로마서 8장에 보면 인간의 육신의 생각은 사망이고 영의 생각은 생명이라고 합니다. 또 육신으로는 하나님을 기쁘시게 못하고 하나님과 원수가 되어 있고 하나님의 법을 행하지도 않고 행할 수도 없다, 진노하에 있다고 합니다.

로마서 1장에 보면, 인간들 속에는 하나님을 알 만한 것이 있고 하나님의 존재와 능력이 우주 만물에 나타나 있는데 하나님께 감사치도 아니하고 경외하지도 않으며 오히려 마음이 허망하여지고 미련한 마음이 어두워져서 결국 하나님께서는 타락하도록 내버려두고 상관을 안하게 되었다는 말씀이 있습니다.

인간에게는 유전적으로 원죄가 있습니다. 육에서 난 것은 육입니다. 하나도 하나님의 성령과 거룩한 것에 의해서 태어난 것이 없고, 원죄에서부터 말미암은 것입니다. 아담과 하와의 나쁜 출발에서 흘러 내려오는 것이 전부 하나님의 진노의 대상이 되었습니다. 그것이 성경 속에 면면히 흐르고 있는 사상입니다. 인류 전체가 하나님의 진노의 대상이 되었습니다.

의인은 없나니 하나도 없다는 말이 바로 그것입니다. 에덴 동산에서 인간이 가지고 있었던, 원래 하나님과 통할 수 있었던 영은 죽고, 있으나마나 한 상태에 놓여 있습니다. 노예의 상태에 있습니다. 그래서 대용품의 종교를 많이 만들어냅니다. 영혼을 사모하고 하나님을 사모하도록 하나님 형상대로 지음을 받았기 때문에 자꾸만 종교를 만들어냅니다. 진짜 하나님을 피해서 우상을 만들고 있습니다. 가짜 하나님을 만들고 있습니다.

하나님과 완전히 끊어져 버렸습니다. 육체의 인간이 되어 버렸습니다. 자연인으로 원죄하에 있기 때문에 하나님을 알지도, 보지도, 기쁘시게도 못하는 소경이요, 귀머거리요, 벙어리인 것입니다. 악기는 악기이나 울리지 않아서 쓸모가 없는 악기가 되어 버렸습니다. 하나님과 일체 불통이 되어 버렸습니다.

그래서 영적 지식이라든가, 영적 감각이라든가 하나님과 직접 통하는 직관적인 것들이 쓸모없이 되어 버렸습니다. 인간은 육체에서 일어나는 것에 관해서는 정보를 듣고 자연 인간으로서, 정신 인간으로서, 하나님을 떠나 있는 인간으로서, 가인의 후예로서 정신 기능을 가지고 있는 것입니다.

고린도전서 1, 2장을 보면 사람이 자기 지혜로 하나님을 알지 못한다 또는 복음을 설교할 때는 인간의 지혜와 웅변으로 하지 않았다 하나님의 권능으로 했다고 사도 바울은 역설하고 있습니다. 인간의 지식으로는 하나님을 알지 못할 뿐만 아니라 구원에 이르는 지식을 가지지 못한다는 것입니다.

신령한 것은 신령한 것으로 분별해야 합니다. 육에서 난 것은 육입니다. 인간의 철학과 종교를 포함하고 인간의 정상적인 모든 것을 다 포함해도 육은 육입니다. 육에서 난 것은 자연인이라는 말입니다. 자연인은 하나님의 영과 나의 영이 통하는 지성소가 완전히 죽어 버린 사람입니다. 자연인이 불의를 행하면 불의 때문에 나쁘고, 의를 행하면 공작이 깃을 펴듯이 바리새인이 되기 때문에 나쁩니다. 인간이 자기 노력을 자랑하면 교만해집니다. 아무리 종교적이 되고, 예술적이 되고, 도덕적이 되어도 하나님이 볼 때는 기형입니다.

이러한 인간의 구원을 위해 예수님께서 이 땅에 오셔서 십자가에 달려 죽으시므로 우리가 구원을 받게 되었습니다. "누구든지 저를 믿으면 멸망하지 않고 영생을 얻는다"고 했습니다. 예수님의 죽음은 나의 죽음이고 예수님의 부활은 나의 부활이라고 믿을 때 구원을 받습니다. 우리 마음의 지성소에 주의 성령이 거하게 됩니다.

로마서 6장에 있는 나와 예수는 연합되었다고 하는 말은 나는 예수님과 함께 십자가에서 죽었다, 그리고 나는 예수님의 부활과 연합하여 부활한 사람이 되었다는 뜻이 됩니다. 우리는 믿음으로 예수님이 나를 대신해서 죽으시고, 예수님이 형벌을 받음으로 내가 저주를 받지 않게 되었고, 예수님이 부활하심으로 나도 그리스도 안에서 부활했다는 사실을 알 수 있습니다. 사도 바울이 그것을 해석하면서 그리스도 예수의 사람들은 옛 사람이 예수와 함께 십자가에 못박혔다는 말을 했습니다.

로마서를 이해하려면 하나님은 의로우시고 우리는 죄인이고 살 사람은 하나도 없다는 것을 알아야 합니다. 그것이 실감이 나든지 안 나든지간에 우리는 이 사실을 예수님을 믿을 때에 수락해야 합니다.

로마서 6장 4절을 보면 "그러므로 우리가 그의 죽으심과 합하여 세례를 받음으로 그와 함께 장사되었나니"라는 말씀이 있습니다. 우리는 예수님과 함께 장사 지내졌다는 것을 알아야 합니다.

그뿐만이 아니라 세례를 받았습니다. 세례는 예수님과 연합한다는 의미입니다. 또 로마서 6장 6절을 보면, "우리 옛 사람이 예수와 함께 십자가에 못박힌 것은"이라는 말이 있습니다. 어떻게 내가 예수님과 함께 십자가에 못박혔느냐는 사실이 매우 중요합니다. 그것을 모르면 예수님이 나를 대신해서 죽었다, 예수님을 영접함으로 내가 하나님의 자녀가 된다고 하는 의미의 기초가 없게 됩니다. 예수님의 십자가에서 나의 과거와 현재와 미래의 죄가 다 없어졌습니다. 예수님께서 모든 대가를 지불했습니다. 그가 대신 죽었고 내가 살았습니다. 그리스도 안에는 정죄함이 없습니다. 예수님의 십자가에서 내가 죽었습니다. 그것이 사실입니다.

그러나 내가 믿지 않을 때 그 사실은 죽은 사실입니다. 내가 언제 죽었습니까? 그리스도께서 십자가에 못박히실 때 그리스도와 함께 십자가에 못박혀 죽었습니다. 하나님은 그것을 말씀하셨습니다. 느껴지지 않거나 이성으로 이해가 안되더라도 상관없습니다. 철학이나 논리나 인간의 상식으로 연구해봤자 답이 안 나옵니다. 십자가를 바라볼 때 하나님의 성령이 나에게 그것을 알게 해준다고 했습니다. 이것은 내 육이 아니고 하나님의 영이 나의 영에게 가르쳐 준 것입니다. 이성보다 훨씬 깊은 곳에서, 의지보다 훨씬 깊은 곳에서, 우리의 어떠한 정서보다도 훨씬 깊은 곳에서, 지정의의 극치보다 더 깊은 곳에서 "당신은 날 대속해서 죽었습니다."하는 이 사실을 우리에게 알게 해주셨습니다.

그런데 안다는 것에는 한계가 있습니다. 인간의 이성이 알아낸 지식의 50퍼센트는 그림자에 불과합니다. 절대 인식은 없습니다. 인간의 이성과 감정과 정신이 알아낸 종교와 철학의 체계 속에 심령을 바칠 만큼 절대적인 인식은 없습니다. 아는 것을 위해서 생명을 바칠 만한 것이 없습니다.

그러나 "내가 주님을 압니다. 나는 주님이 나의 아버지임을 압니다. 내 죄를 속해 주신 주님을 압니다. 내가 주님과 함께 죽었음을 압니다. 내가 다시 부활에 참여했음을 압니다. 내가 주님이 오실 때 영화로운 몸으로 부활될 것을 압니다. 내가 기도 응답받을 것을 믿습니다."라고 시인하고 인정해야 합니다. 내가 안다고 하는 것에는 절대가 있습니다. 예수님이 내 영에게 알게 해주셨습니다. 성령이 알게 해주고 아버지가 알게 해주어야 안다고 했습니다. 그러므로 믿음은 곧 선물입니다.

이제 우리는 생명과 성령의 법 안에서 살아갑니다. 주님의 부활한 영을 가지고 있습니다. 산 영을 가지고 있습니다. 예수님과 함께 부활했습니다. 이것은 절대적 사실입니다. 최대의 진리입니다. 아무도 변경할 수 없는 진리입니다. 자신의 느낌과는 관계가 없습니다. 우리가 얕은 데서, 즉 몸에 나타나는 증거를 찾고 있는데 그럴 필요가 없습니다. 내 마음의 깊고 깊은 고요한 지성소에 주님이 전을 삼고 계십니다. 하나님이 십자가를 믿는 우리 속의 영을 다시 살게 해주신 것입니다.

중생은 내 육체가 세상에 새로 태어난 것과 똑같이 새로 태어난 것을 말합니다. 이 세상에 없는 것입니다. 중생할 때는 하나님이 내게 새 영을 주십니다. 하나님께서는 옛날에 죽은 우리의 영에다가 새로운 영을 주셨습니다. 그 영은 아담과 하와에게 주었던 것보다 훨씬 우수한 하나님의 영입니다. 십자가에서 구속한 영입니다. 아들의 영입니다. 하나님은, 하나님과 통하는 아들의 영과 함께 계십니다.

우리는 악마의 영역에 있었습니다. 사망의 권세 아래에 있었습니다. 사단의 권세 아래에 있었습니다. 육체와 율법의 권세 아래에 있었습니다. 죄 아래에 있었습니다. 죄와 사망의 법 안에 있었습니다. 아담의 권세 아래에 있었습니다.

그런데 지금은 예수 권세, 예수 왕국, 생명 권세, 성령 권세, 은총 권세 안에 들어 있습니다. 사랑의 영역에 들어 있습니다. 우리는 중생한 사람들입니다. 하나님의 아들이 되었습니다. 영으로 새 생명을 얻은 것입니다. 이 영은 시간의 제약을 받지 않습니다. 이렇게 우리의 영이 이 세상에 없는 것으로 새로 지음을 받았습니다.

우리가 이 영안을 뜨고 세상을 바라볼 때는 훨씬 양상이 다르게 보이고 다르게 느끼게 될 것입니다. 우리가 알고 있는 지식이라는 것은 실체의 몇 백분의 일의 모래알 하나밖에 되지 못합니다. 인간이 가지고 있는 지식은 좁고, 단편적이고, 작고, 불완전한 것인데도 사람들은 하나님의 계시에 굴복을 하지 않습니다. 교만하고 건방져서 생명의 신비 전체를 자기가 가지고 있는 다 깨진 현미경과 3류 과학 교실의 시험관 속에 집어넣으니 안 맞는다고 할 수밖에 없습니다.

엘리사가 사환의 눈이 뜨이게 해달라고 기도했을 때 사환의 눈이 뜨였습니다. 바울은 자기가 모든 것을 알고 제일 잘났다고 여겼지만 눈에서 비늘 같은 것이 벗겨진 다음에야 제대로 볼 수가 있었습니다. 성령이 우리 마음의 지성소에 와서 내주할 때에만 비로소 성령의 도움을 받을 수 있습니다. 성령은 우리의 선생님입니다. 예수님을 가르치는 선생님입니다.

그러니까 아무리 신학을 공부했고 성경을 많이 알아도 성령의 가르침을 우리의 영이 받지 않을 때는 영의 눈이 어둡습니다. 밝지가 않습니다. 설교나 신학 강의를 들어도 도무지 모릅니다. 영은 영에게 직접 가르칩니다. 물론 말씀없이 가르치지는 않습니다. 성령도 말씀으로 가르칩니다.

우리가 말씀을 명상할 때 고요히 갈멜산에 내리는 신의 계시처럼 간혹 말할 수 없이 깊은 곳에서 주의 음성을 들을 때가 있습니다. 그럴 때면 얄팍한 감각적인 것을 구하는 사람들보다 훨씬 깊은, 나의 인격의 깊고 깊은 지성소에서 영의 감각이 되돌아오게 됩니다. 성경 말씀을 보고 연구하고 주의 뜻에 순종하려 할 때 반드시 영의 기쁨이 옵니다. 찬송도 영으로 하는 찬송이 있습니다. 말을 못하는 의식 불명의 사람도 영으로 하나님께 회개하고 찬양합니다.

현재 우리의 의식은 무의식에 비하면 빙산의 일각에 불과하다고 합니다. 무의식이 어디서 어디까지 연결되어 있는지 모릅니다. 불교인들은 심층 심리학에 자각이 생겨서 자기가 기억을 더듬어 보면 옛날에 불행했을 때도 알고, 몇천 대도 알 수 있다고 합니다. 사실 심리학적으로 분석을 해 보아도 우리의 의식은 아담에게 연결되어 있고 사회 전체와 민족 전체에 연결되어 있습니다. 의식은 매우 깊은 것입니다.

그러면 그 의식보다 깊은 곳, 즉 인간의 어떤 심리학적 차원이 아닌 완전히 우리에게 숨겨져 있는 영적인 하나님의 성전이 되어 있는 지성소를 가만히 생각해 보십시오. 과연 어디에 있습니까? 내 심장 속에, 내 지식 속에, 내 꿈 속에, 내 이력서 속에, 내 눈 속에 있습니까? 그 어디에도 있지 않습니다. 영은 보이지 않고 느낄 수가 없습니다. 우리의 몸에 있긴 있어도 인간 지식으로 도저히 알 수가 없습니다.

그 영이 죽었을 때에도 악령과는 접촉을 합니다. 그러니까 수채구멍으로 몰래 다니면서 종교도 만들고 신비 체험도 하는 것입니다. 그러나 하나님과는 통하지 못합니다. 하나님과는 십자가의 구속으로 말미암아 죄 사함을 받고 진노의 대상이 사랑의 대상으로 바뀌고 피 흘려 자기 자식을 만들었을 때 통합니다.

우리가 거룩한 생활을 한다, 혹은 기도를 한다, 성경을 깨닫는다, 전도를 한다, 반성을 한다, 예배를 드린다, 하나님의 일을 하려고 한다 할 때 자연 인간으로 하기가 쉽습니다. 자기의 노력으로 하기가 쉽습니다. 자원(自願)으로 하기가 쉽습니다. 그것이 육입니다.

성령이 지배를 하지 않으면 벌써 그 사람은 육적인 사람이 되는 것입니다. 결코 하나님을 기쁘시게 못합니다. 하나님의 것으로 하나님이 하셔야 합니다. 기도도 성령이 역사하심으로 하는 것입니다. 육으로 기도하면 기도가 잘 안됩니다. 정신적이고 영적인 것이라도 하나님이 허락한대로 안 하면 그것이 육이 되는 것입니다. 자아가 되는 것입니다.

금식기도를 할 때 하나님께서 우리에게 큰 은혜를 주십니다. 성령이 주권적으로 주시지만 우리가 사모하면 성경을 보는 눈이 뜨일 것입니다. 똑같은 말씀을 보는데 갑자기 생수가 터진 것 같이 영이 우리에게 알게 해줄 때가 있습니다. 그러나 내 육이 성경을 보려고 하면 눈이 어두워집니다. 아무 재미도, 능력도 없습니다. 기도도 마찬가지입니다. 찬송을 하는 것도 마찬가지입니다. 우리가 주님의 일을 할 때도 마찬가지입니다. 내 육이 하면 피곤합니다. 인간의 자아가 하면 피곤합니다.

그러나 우리 속에 있는 주의 성령이 우리 영에게 능력을 주시면 이 세상에서는 불행하고 고통스럽고 슬픈 일이 많이 있어도 깊은 평화와 사랑을 느낄 수가 있습니다. 예배도 그 영이 영을 통해서 합니다. 물론 그 영은 우리 전체의 주인입니다. 우리의 지정의를 모두 자유로이 씁니다. 우리의 육체도 자유롭게 씁니다. 다 거룩한 것이 됩니다. 그러나 우리의 영이 하나님의 영에게 반란을 할 때는 전부 원수가 됩니다. 우리가 가지고 있는 선한 것, 의로운 것, 도덕적인 것까지 전부 원수가 됩니다.

특별 금식기도 모임에서 주의해야 할 것이 하나 있습니다. 그것은 양심의 문제입니다. 양심이라는 것은 정도의 차이가 있습니다. 어떤 사람의 양심은 아주 냉정하고 어떤 사람의 양심은 아주 온화합니다. 양심이란 교육이 필요합니다. 양심은 영에 속해 있습니다. 칸트는 양심을 절대명령이라고 했습니다. 양심은 직관입니다. 하나님께서 준 생명의 것입니다.

그렇지만 문화 과정, 지식 과정, 생활 과정에서 여러 가지 오염이 될 경우가 있습니다. 그래서 죄가 아닌 것도 죄라고 생각한다든지 죄도 죄가 아니라고 생각하게 되기도 합니다. 그러나 양심의 본래 기능은 악을 제어하고 선을 행하는 것입니다. 양심은 지식의 정도에 따라 예민하기도 하고 예민하지 않기도 합니다. 성경을 많이 알고 하나님의 지식이 많아지면 많아질수록 그만큼 양심은 예민해지고 고개가 숙여집니다.

특별 금식기도 모임에 참석할 때 성령께서 우리에게 말씀하시는 것이 있습니다. 조목조목 기도제목을 가지고 기도하는 것도 중요하지만 참회가 필요합니다. 내 영이 맑아지고 민감해져야 합니다. 양심이 막히면 하나님과 막힙니다. 하나님과 통해야 합니다. 우리의 양심에 성령이 지적하는 괴로움이 있으면 그것을 회개하고 고쳐야 합니다. 물론 우리가 완전할 수는 없습니다. 어떤 사람은 떫은 감 같고, 어떤 사람은 홍시 같습니다. 완전할 수는 없지만 이런 기회를 통해서 우리의 양심에 걸리는 것은 자꾸 자복을 해야 합니다.

요한일서 1장 9절 말씀에 입각해서 우리가 죄 지은 사실에 대해 성령께서 지적하는 대로 동의하고, 과거, 현재, 미래의 모든 죄를 예수님의 십자가에서 속해 준 것에 대해 감사하고, 또한 죄를 자백하면 용서해 주심을 믿고 고백해야 합니다. 부활의 영이신 성령의 능력을 순간마다 활용하고 성령의 지배를 받아서 우리 배에서 생수의 강이 흘러나도록 해야 하겠습니다.

모세가 반석을 치자 반석에서 생수가 터져 나왔습니다. 금식기도하는 동안에 영의 눈이 밝아지고, 깨닫게 되고, 기도하는 것이 밝아지고, 영력이 생기고, 우리의 영이 강건해져서 찬송을 하든지 성경을 보든지 무엇을 하든지 하나님 앞에 아름다운 영이 되어야 하겠습니다. 젊은 독수리와 같은 영들이 되어야 하겠습니다. 우리가 기도할 때 틀림없이 하나님께서 우리의 기도를 들으십니다. 능력 있는 기도를 해야 합니다.

영을 통해 하나님의 보좌를 움직이고 하나님의 중심을 뜨겁게 해서 우리 민족을 구원할 수 있다는 확신을 가져야 합니다. 진정한 영적 변화를 받으면 다른 것은 저절로 변화를 받습니다. 먼저 그의 나라와 그의 의를 구하면 모든 것을 더하십니다.

주의 영을 의식하고 인정하고 힘 입어서 기도하면 응답해주십니다. 기도는 다 응답됩니다. 절대로 응답됩니다. 나라도 달라집니다. 이 나라를 구할 수가 있습니다. 남북 통일의 문도 기도로 열어야 합니다. 우리 민족 전체가 복음화될 수 있습니다. 그것을 깨달았으면 합니다. 그것을 믿어야 합니다. 어째서 우리가 기도로 생산을 하지 않습니까? 어째서 기도를 덜하고 손해 보며 삽니까?

하나님께서 기계처럼 자연 법칙만으로 하는 것이 있습니다. 자연 법칙 범위 내에서 좀더 열심히 하는 사람은 더 주고 게으른 사람은 덜 주고 합니다. 그러나 하나님에게는 특별한 은총의 법칙이 있습니다.

누가복음 18장에 보면 하나님은 강청함을 인해서 주신다고 했습니다. 그것은 진리입니다. 하나님의 뜻입니다. 하나님께 영광을 돌리는 것입니다. 금식기도는 믿음의 기도입니다. 응답해 줄 것을 믿지 않고 기도하는 사람은 없기 때문입니다. 꼭 될 줄 알고 믿음으로 기도하는 것입니다. 그러니까 하나님이 기뻐하십니다. 하나님에게 모자라고 아쉬울 것이 뭐가 있겠습니까? 하나님의 사랑은 주는 것입니다. 하나님은 주어서 기쁘고 우리는 받아서 기쁩니다. 그것이 하나님을 영화롭게 하는 것입니다. 하나님께 많이 간구해서 얻는 것이 필요합니다.

자유함을 얻으십시오. 여러분은 하나님의 자녀입니다. 악마가 침범을 못합니다. 성령은 우리 안에 있고 악마는 밖에 있습니다. 우리 안에 있는 자가 밖에 있는 자보다 강하다고 했습니다. 성령이, 하나님이 내 지성소 속에 같이 계시니까 악마가 우리의 동의 없이 침범을 못합니다. 그래도 악마는 점점 우리를 유혹할 것입니다.

그러나 우리를 위해 죽으셨다가 우리를 위해 살아나신 부활의 영을 힘입어서 이 모든 것을 할 수 있다고 믿어야 합니다. 내게 힘 주시는 자 안에서 모든 것을 할 수 있습니다. 비전을 가지고, 큰 기도의 제목을 가지고, 열의를 가지고 창조를 하고 예수의 혁명을 일으키는 젊은이들이 되어 이 민족의 역사를 바꾸어 놓는 여러분이 되어야 하겠습니다.

밖에서 뛰어다니면서 소리를 지른다고 역사가 바뀌는 것이 아닙니다. 하늘이 움직여지지 않는데 무엇이 바뀌어집니까? 하나님을 움직여야 합니다. 하나님을 움직이지 않으면 변화되지 않는다고 생각하는 것이 올바른 역사의식이고 생각입니다. 인간이 노력한다고 다 됩니까? 바벨탑을 보십시오. 아무 것도 아니지 않습니까? 높이 쌓으면 쌓을수록 전부 무너집니다. 우리의 영이 이것을 깨달았으면 좋겠습니다.

우리 민족의 나아갈 길은 어느 모로 보든지 복음을 전하는 길밖에 없습니다. 예수님의 능력, 부활의 권능, 성령으로 할 수밖에 없습니다. 하나님이 능력을 주십니다.

사도행전에 보면 그 사람들은 미쳤다는 말을 듣고도 돌아다니면서 전도하지 않았습니까? 그만큼 강건함을 받아야 합니다. 깨달아야 합니다. 그렇게 강렬하게 보여야 합니다. 영적 직감으로 우리에게 문을 열어 주시고 영의 지혜를 더해 주시고 영의 깨달음을 더해주시고 능력을 더해주실 것입니다.

이 시대의 영적인 부흥이 기도하는 모임에서부터 폭발적으로 일어나기를 바랍니다. 그리스도인의 삶의 승패는 여기에 달려 있습니다.

하나님은 우리 개인이 기도하는 것을 크게 보십니다. 역사를 움직일 수가 있습니다. 여기에서 바로 우리 민족을 구원하고 세계를 구원하는 새 물결이 일어나야 하겠습니다.

얼마나 많은 기도를 주님이 응답해 주셨습니까? 우리가 기도하는 것마다 응답 안 받은 것이 없습니다. 너무 너무 신기합니다. 그러나 우리의 기도가 없이 하나님께서 주시지는 않습니다. 예수님은 나면서부터 소경인 자의 눈을 뜨게 하셨습니다. 하나님의 자녀는 믿음 외에 달리 살 길이 없습니다. 큰 믿음을 가지고 기도로써 날마다 승리하시기 바랍니다.

기도의 비상사태

구하라 그러면 너희에게 주실 것이요 찾으라 그러면 찾을 것이요 문을 두드리라 그러면 너희에게 열릴 것이니 구하는 이마다 얻을 것이요 찾는 이가 찾을 것이요 두드리는 이에게 열릴 것이니라
　너희 중에 누가 아들이 떡을 달라 하면 돌을 주며 생선을 달라 하면 뱀을 줄 사람이 있겠느냐 너희가 악한 자라도 좋은 것으로 자식에게 줄줄 알거든 하물며 하늘에 계신 너희 아버지께서 구하는 자에게 좋은 것으로 주시지 않겠느냐(마 7:7~11)

"구하라 주실 것이다. 찾으라 찾을 것이다. 문을 두드리라 열릴 것이다." 이것은 예수님의 명령입니다. 이 명령은 매우 행동적이고 동적입니다. 기도가 액션이 아니라는 생각은 잘못입니다. 누워서 감이 떨어지기를 기다리는 게으른 행동이 아닙니다. 영적이고 종교적인 행동입니다. 인간 노력의 극한을 요구하는 것입니다. 힘쓰는 일이고 노력하는 일입니다. 구하지 않으면 얻을 수 없습니다. "너희가 얻지 못함은 구하지 아니함이라"고 하셨습니다. 구하는 자가 얻습니다. 천국은 침노하는 자에게 얻어지는 것이라고 했습니다.
　기독교는 강한 행동을 요구합니다. 매우 능동적입니다. 매우 역동적입니다. 게으른 사람은 들어가지 못합니다. 인간 가운데 제일 못난 사람이 게으른 사람입니다.
　특히 젊은 사람들 가운데 게으름으로 인하여 하나님이 주신 달란트나 인간의 잠재적인 가능성을 하나도 쓰지 못하는 죄를 범하는 사람이 있습니다. 찾지 아니하면 얻지 못하고, 두드리지 아니하면 문이 열리지 않습니다. 우리는 많은 닫혀진 문 앞에 서서 두드려야 하겠습니다.
　기도의 액션을 통해서 최대의 창조의 문이 열리게 됩니다. 많은 죽어 버린 것들이 살아납니다. 잠자던 것들이 깨어납니다. 병든 것이

고쳐집니다. 어두운 곳에 빛이 비추어질 것입니다. 무력한 곳에 힘이 생길 것입니다. 닫혀진 문들이 우리 속에 얼마나 많은지 모릅니다. 우리 사회 속에 얼마나 많은지 모릅니다. 학생들 속에 닫혀진 문이 얼마나 많은지 모릅니다. 찾지 아니하므로, 구하지 아니하므로, 문을 두드리지 아니하므로 열리지 않는 것들이 너무도 많습니다.

오늘 우리는 하나님의 음성을 들어야 합니다. 성경은 문이 없는 곳에 문을 뚫었습니다. 헬라어 성경을 보면 현재 명령형으로 되어 있는데 "계속 구하라, 계속 찾으라, 계속 문을 두드리라."고 되어 있습니다. 자기의 평생에 열리지 않으면 자손 때까지 계속해서 문을 두드려야 하고 혼자 힘으로 되지 않으면 전 민족이 달려들어서 문을 두드려야 하며 인류 전체에게 문이 닫혀 있으면 전 인류가 매달려 합심해서 문을 두드려야 한다는 것입니다. 얼마나 많은 문들이 닫혀 있습니까? 우리는 그 가능성을 보아야 하겠습니다. 그 문을 열어야 하겠습니다.

기도는 생활화되어야 합니다. 기도는 의식 구조화되어야 합니다. 꿈속에서도 기도할 수 있어야 합니다. 전화를 걸면서도 기도할 수 있어야 합니다. 편지를 쓰면서도 기도할 수 있어야 합니다. 길을 가면서도 기도할 수 있어야 합니다. 뛰면서도 얼마든지 기도할 수 있어야 합니다. 버스를 타고 가면서도 얼마든지 기도할 수 있어야 합니다. 낙서를 하면서도 기도할 수 있어야 합니다.

다윗의 시편은 전체가 기도입니다. 성경의 3분의 1이 기도입니다. 성경의 인물들은 기도를 했습니다. 크리스천은 기도하는 사람입니다. 믿는 사람과 안 믿는 사람의 차이는 무엇입니까? 믿는 사람은 새로운 언어를 가지고 새로운 숨을 쉽니다. 예수의 이름으로 예수라는 통로를 통해서 숨쉬는 사람입니다. 대화하는 사람입니다. 그는 새 언어를 가졌습니다. 하나님을 향한 언어가 막혀 버린 사람들이었지만 이제는 언어의 범위가 다르고 길이가 다르고 차원이 다릅니다.

어떤 사람은 자기 자신만을 위해 기도합니다. 그의 신앙과 인격은 이기적입니다. 어떤 사람은 물질만을 위해서 기도합니다. 욕심으로 기도합니다. 물론 하나님은 그 기도도 들으십니다. 어떤 사람은 자기 가족만을 위하여 기도합니다. 그렇게 되면 그 사람은 그만큼밖에 크지 않습니다.

그러나 어떤 사람은 민족 전체를 안고 겟세마네에서, 골고다에서 하나님을 붙잡고 기도합니다. 그 사람은 민족의 지도자가 될 수 있는 사람입니다. 인류 전체가 그의 기도 속에 포함되어 있는 사람이 있습니다. 그는 인류의 작은 메시야라고 할 수 있습니다. 우리는 그리스도의 대사입니다. 그리스도의 편지입니다.

저는 성경 속의 기도를 생각해 보았습니다. 아브라함의 노종 가운데 충성스러운 종이 있었습니다. 아브라함이 이 노종에게 이방 족속에게서가 아닌 자기의 고향 땅 메소보다미아로 가서 이삭의 아내를 구해 오라고 하면서 축복을 하여 보냈습니다.

창세기 24장을 보면 이 노종이 어떻게 했습니까? 이 종은 자기의 주인의 아들인 이삭의 아내를 구하기 위해 하나님께 기도를 했습니다. 약대를 타고 갔는데 "우리 주인 아브라함의 하나님, 내 기도를 들으시옵소서. 성 중 어느 우물가에 서 있다가 한 소녀가 물 길러 나왔을 때 제가 물을 청하면 나에게 물을 줄 뿐만 아니라 저 약대에게도 물을 먹이면 그 소녀를 이삭의 아내로 정하신 자로 알겠나이다."하고 기도했습니다.

그런 후에 우물가에 갔더니 마침 한 소녀가 물을 길러 왔습니다. 아주 순수하고 수줍어하는 아름다운 소녀였습니다. 물을 좀 달라고 하자 그 소녀가 물을 주고, "저 약대에게도 물을 먹이겠습니다."하며 급히 그 약대에게도 물을 먹였습니다. 이를 본 노종은 "저 소녀가 바로 내가 기도한 소녀이구나."하고 생각하고는 "네가 뉘 딸이냐?"고 물어 보았습니다.

알고 보니 그 소녀는 아브라함과 친척되는 사람의 딸이었습니다.

그 당시는 종교관계로 이방 사람과는 결혼하지 않았습니다. 신앙적인 혈족과 결혼을 했습니다. 그리하여 노종은 그 소녀의 집에 가서 자기의 사정을 이야기한 다음 이삭의 아내로 데리고 왔습니다. 이 여인이 바로 리브가입니다.

야곱은 에서에게서 장자권을 빼앗아 가지고 에서를 피하여 먼 나라로 도망갔습니다. 그가 그곳에서 성공을 하여 부인과 자녀들과 육축과 재산을 가지고 고향으로 돌아가려 할 때, 옛날에 자기가 에서를 배반했는지라 에서가 자기 처자와 자기 육축을 빼앗고 자기를 죽일지 모르겠기에 얍복강가에서 "아브라함의 하나님, 나의 아버지의 하나님, 나의 형 에서의 손에서 나를 건져 내시기를 바라나이다." 하고 기도를 했습니다. 그런데 하나님께서 이 기도를 들으시고 응답해 주셨습니다. 노할 줄 알았던 에서는 야곱을 안고 울었다고 했습니다.

또 모세의 삶의 모든 것이 기도였습니다. 그는 기도로 민족을 구했습니다. 구름기둥, 불기둥의 인도를 받으면서 물이 없어도 기도했고, 하루의 여정을 위해서도 기도했습니다.

여호수아에게도 큰 기도가 있었습니다. 여호수아는 모세의 후계자가 되어 출애굽을 마치고 가나안에 들어간 후 총사령관이 되었습니다. 그가 가나안의 토족 아모리 사람과 전쟁을 하는데, 그 아모리 사람들은 토족이기 때문에 지리에 밝았으나 여호수아 군대는 광야에서 출애굽을 한 침략 군대이기 때문에 지리에 밝지 못해, 밤이 되면 아모리 군대의 야습에 의해 늘 패했습니다.

그런데 여호수아는 이스라엘의 총사령관으로서 해가 지기 전에 전쟁을 다 끝내야 했습니다. 그래서 그는 해가 지려고 하자 하나님께 기도했습니다. "태양아 너는 기브온 위에 머무르라 달아 너도 아얄론 골짜기에 그리할지어다"하며 하나님께 태양이 멈추게 해주실 것을 기도했습니다. 여호와께서 이스라엘을 위해 태양을 멈추게 해버렸습니다. 그래서 태양은 거의 하루 동안 멈추게 되었습니다.

사무엘은 그 어떤 사람보다도 유명합니다. 한나라는 여인이 그를 낳았습니다. 한나는 늦게까지 아이를 못 낳아서 하나님 앞에 기도하여 서원하기를, "아이를 하나님께 바치겠사오니 이 여종의 기도를 들으시고 아이를 주시기를 바라나이다"라고 했습니다. 하나님이 그 기도를 들으시고 사무엘을 주셨습니다.

엘리야의 기도, 에스더의 죽으면 죽으리라는 기도, 다니엘의 기도도 들어 주셨습니다.

또 열왕기상 21장 29절에 보면 아합 왕이 못된 짓을 많이 하여 형벌을 받게 되었는데 회개하며 금식기도를 하자 "너의 생전에는 그 재앙을 내리지 아니하리라" 하여 그 재앙을 연기시켜 준 일도 있습니다.

또 신약의 사도 바울이 기도의 응답을 받아 죽은 사람을 살렸다든가 예수님의 기도라든가 신약의 모든 성도들의 기도를 일일이 다 열거할 수는 없지만 많은 기도의 응답이 있었습니다.

크리스천의 경험 가운데 제일 깊고 제일 보편적인 것이 기도의 체험입니다. 우리들에게도 많은 기도의 응답이 있습니다.

우리는 하나님 앞에서 많은 기도의 제단을 쌓으며 살아야 합니다. 우리 민족 속에 기도가 끊어지고, 우리 민족을 위해 기도하는 소리가 끊어지면 우리 민족은 망하는 것입니다. 불이 꺼지는 것입니다. 저는 애양원에 가면 전혀 설교를 준비하지 않아도 사도행전 같은 설교를 합니다. 그것은 제가 설교를 하는 것이 아니라 생수가 터져 나오는 기도가 있기 때문입니다. 지금도 그분들은 40년 동안 C.C.C.와 저를 위해 기도하고 있습니다.

우리들은 될 수 있으면 많은 사람을 위해 기도해야 하겠습니다. 한국 학원을 위해서 기도해야 하겠습니다. 기도는 노동입니다. 기도는 생산입니다. 기도는 능력입니다. 기도는 자연법칙을 초월합니다. 이 기도의 효과는 임상학적으로 볼 때, 통계학적으로 볼 때 어떠한 효과보다도 많은 증인과 증거를 가지고 있습니다.

학생들을 모아 놓고, 은혜 있는 사람들을 모아 놓고 기도의 간증을 하라고 하면 시간 가는 줄 모릅니다. 죠지 뮬러는 5만번 기도 응답을 받았다고 했습니다. 우리가 받은 기도의 응답을 적어 보면 너무나도 많습니다.

6.25 때 순교하신 어떤 아주머니가 있었습니다. 제가 신학교를 졸업하고 친구와 함께 그 부인이 살고 있는 곳으로 갔습니다. 그곳의 교인들은 모두 귀신 들린 사람, 병든 사람, 남편에게 소박 맞은 사람들뿐이었습니다. 그 부인은 전도를 하면서 이들에게 기도를 해주었습니다. "하나님, 돈도 없고 약도 없고 의사도 없고 우리는 아무 것도 가진 것이 없습니다. 하나님이 고쳐주십시오."라고 기도했습니다. 그렇게 기도하면 그들의 병이 많이 나았습니다. 우리도 그렇게 기도를 해야 합니다. 이러한 원색적인 신앙의 체험이 있어야 하겠습니다.

매사추세츠 주에 사는 어떤 용접공 한 사람이 그 도시에서 30리 떨어진 곳에 하수도 송수관을 묻는 공사에서 용접 일을 맡아 하게 되었습니다. 그런데 어느 날 같이 일하던 사람들이 다 가 버리고 혼자서 용접을 하다가 흙이 무너져 완전히 묻혀 버렸습니다. 다행히 용접 마스크를 쓰고 있어서 숨만 간신히 쉴 수가 있었습니다.

그러나 사방에서 압력이 가해지니 코에서 피가 나오고 눈이 뒤집히고, 숨이 막히고, 심장이 답답했습니다. 해는 이미 졌습니다. 30리나 떨어진 곳에서 혼자 공사를 하다가 그렇게 되었으니 어떻게 할 수 있습니까? 이 사람은 평생에 기도가 의식화되어 있던 사람이었습니다. 그는 "하나님, 살려 주십시오. 누구를 좀 보내 주십시오."라고 기도를 하면서 의식을 잃었습니다.

그런데 그의 친구인 트럭 운전수가 몇 십 리 밖에서 일을 다 끝내고 오는데 느닷없이 자기 친구 생각이 났습니다. 그래서 친구가 일하던 곳에 가보니 아무도 없었습니다. 이상히 여겨 자세히 살펴 보니 흙으로 덮인 그곳에 손이 나와 있었습니다. 그리하여 그는 친구의 도움으로 구조되었습니다.

기도를 모르는 사람은 세상을 헛 사는 것입니다. 자연 법칙 속에서만 사는 사람들은 불쌍한 사람들입니다. 우리에게 하나님께서 기도의 비결을 주셨고, 기도의 열쇠를 주셨습니다. 모든 닫혀진 문을 다 열 수가 있습니다. 이것은 비밀입니다. 이것은 예수님을 믿는 사람에게만 준 것입니다.

그리고 우리의 기도 가운데 특히 하나님이 기뻐하는 기도는 친구를 위해서 기도하는 것입니다. 남을 위해서 기도하는 것입니다. 기도를 하지 않는 사람은 참 크리스천의 생활을 하지 않는 것입니다.

오늘부터 인색하게 살았던 우리의 마음을 버리고 내 마음의 문을 열어서 내 이웃을 위하여 기도해야 합니다. 내가 할 수 있는 좋은 일 가운데 하나는—아마 최대의 일 가운데 하나는—기도해주는 것입니다.

여러분, 머리를 숙이고 기도할 사람을 생각해 보십시오. 나의 가족, 나의 친구, 나의 믿지 않는 이웃 친지를 위해서 먼저 기도하십시오. 한 사람을 생각해 내서 예수님을 믿게 해달라고 혹은 예수 믿는 사람이 우리의 복음화 운동에 참여하게 해달라고, 기도하시기 바랍니다. 이 기도는 평생 계속해야 합니다. 우리는 기도보다 성령보다 앞서 가지 맙시다. 그리고 우리들 개인을 위해서도 기도하시기를 바랍니다.

금식기도의 능력과 유익

해와 달이 캄캄하며 별들이 그 빛을 거두도다 나 여호와가 시온에서 부르짖고 예루살렘에서 목소리를 발하리니 하늘과 땅이 진동되리로다 그러나 나 여호와는 내 백성의 피난처, 이스라엘 자손의 산성이 되리로다(욜 3:15)

영적으로 비상한 시대를 사는 현대 크리스천들이 매년 한 번씩, 혹은 몇 차례씩 금식기도를 하면서 이 난국을 극복해야 되지 않을까 생각해 이 말씀을 드리게 되었습니다.

요엘 시대에 이스라엘 백성들이 국가적인 위기를 당했습니다. 안 보면에서는 외침의 위협을 받고 있었고, 국내적으로는 대혁명 때문에 밭에는 물이 없고 풀이 마르고 가축들은 먹을 것이 없어 소리를 지르고 있는 그런 시기였습니다. 모든 백성들은 절망에 처하기 시작했습니다.

이때 요엘 선지자가 "너희는 시온에서 나팔을 불어 거룩한 금식일을 정하고 성회를 선고하고 백성을 모아 그 회를 거룩케 하고 장로를 모으며 소아와 젖먹는 자를 모으며 신랑과 신부까지도 그 방에서 나와 금식기도를 하고 제사장들이 통곡하며 회개하면 하나님께서 그 중심이 뜨거워져서 긍휼히 여기실 것이며, 또 북방 군대는 너희에게서 멀리 떠나게 하여 메마르고 적막한 땅으로 몰아낼 것이며, 만일에 침략해 오면 그 전군은 동해에 빠져 죽게 하고 그 후군은 서해에 빠져 죽게 하여 너희에게 축복을 내릴 것이다. 그리고 나의 신을 만민에게 부어 주겠고 너희 자녀들은 장래 일을 말할 것이고 늙은이는 꿈을 꾸며 젊은이는 환상을 볼 것이다"(욜 2:15~20)라고 말했습니다. 그렇게 하기 위해서는 하나님의 백성들이 한 자리에 모여서 회개하고 금식기도하는 운동을 일으키라는 말씀입니다.

코브라는 사람이 쓴 금식기도에 관한 책을 읽어보면, 모든 시대를 통해서 그 세대를 하나님께 돌아오게 한 대지도자는 예외없이 금식기도를 한 사람들이라고 했습니다.
　그러면 금식기도에 관하여 몇 가지로 나누어서 생각을 해보고자 합니다.

　첫째, 금식기도를 하는 데 있어서 몇 가지 피해야 할 생각이 있습니다. 금식기도는 율법적으로 해서는 안됩니다. 이교 개념에서 하는 것은 배격되어야 하는 것입니다. 은총의 수단으로 삼아서는 안 되는 것입니다. 또 금식기도는 구원과 아무런 상관이 없습니다. 많이 기도해야 구원받고 많이 기도해야 죄사함을 받는다고 하는 생각은 전부 유대교적이고 율법적인 생각입니다.
　그리고 고행주의라든가 금욕주의 정신으로 금식기도를 해서도 안 됩니다. 육체를 괴롭히면 영이 좋아지고 하나님이 좋아하시리라는 생각은 잘못된 생각입니다. 그런 생각은 피해야 합니다. 금식기도가 성경의 주요 교리나 명령은 아닙니다. 그러므로 반드시 해야 할 의무는 없습니다. 물론 성경에 간접적으로 장려되고 있고 성경의 인물들과 하나님의 종들이 금식기도를 많이 한 것은 사실이지만, 그러나 의무적으로 해야 하는 것은 아니기에 반드시 해야 하는 것은 아닙니다.

　둘째, 금식과 건강 문제에 대해서 상식적으로 알고 지나가는 것이 좋겠습니다. 금식기도를 하면 토한다든지, 신물이 넘어온다든지, 어지럽다든지 이렇게 특별한 고통을 받는 경우가 있는데 금식에 관한 책을 보면 이것은 가만히 내버려두면 자연히 극복이 되고 아주 견딜 수 없는 사람은 약간의 쥬스 같은 것을 먹으면 극복이 된다고도 했습니다. 그러나 아주 극소수를 제외하고는 최근에 알려진 건강 요법 가운데 단식만큼 신비스러운 효과가 있는 것은 없다고 세계적으로 증명이 되고 있습니다. 어쩌면 만병 통치의 요법이 될 것이라는 기대마저 하고 있습니다.
　금식기도를 하게 되면 우리 몸 안의 병을 죽이고 건강을 증진시키는 모든 잠재력이 체계적인 변화를 일으켜서 건강 회복에 도움을 주고 또 피를 깨끗이 하고 신체 조직을 중생시키며 육체의 죽은 세포들을 중생시킨다고 많은 책들 속에, 의사들의 증언을 통해서 소개가 되어 있는 것을 보았습니다.

동물들의 세계를 보면 동면을 하는 동물들은 아주 건강합니다. 곰, 악어, 뱀, 개구리 등이 동면을 하는데 몸 속에 에너지를 저장해 놓고 6개월 동안 아무 것도 먹지 않는 것을 보면 여기에 아주 신비스러운 생태학적인 비밀이 있는 것 같습니다.

또 동물들은 몸에 병이 생기면 반드시 나을 때까지 본능적으로 먹지 않습니다. 1주일이고 2주일이고 단식을 하면 몸을 회복하는 기능이 생기는 것 같습니다. 따라서 먹지 않는 것이 몸의 병을 치료하는 데 크게 도움이 된다는 것을 동물 세계의 본능을 통해서 배울 수가 있습니다.

셋째, 종교와 단식에 대해서 생각해 보겠습니다. 모든 종교는 단식을 종교의 대표적인 것으로 실천해 왔습니다. 세계의 대종교, 즉 불교·힌두교·회교·유대교와 그 밖의 문화 종교, 심지어는 원시 종교들까지 반드시 금식하는 그런 관례가 있습니다. 회교도들 중에는 1주일에 두 번이나 한 번씩 금식하는 경건한 사람들이 있습니다. 또한 모든 회교도들은 최소한 한 달에 한 번은 금식기도를 한다고 합니다. 밥을 한 끼 덜 먹는 것이 얼마나 건강에 좋은지 모릅니다. 많은 사람들이 밥 한 끼만 덜 먹어도 그 만큼 몸이 약해지는 것으로 알고 있지만 그렇지가 않습니다.

넷째, 정신 수양에 특효가 있습니다. 현대인들은 정신 수양에 대해 무관심합니다. 너무도 방종하고 자유라는 미명하에 자기 욕망을 절제할 줄 모르고 있습니다. 극기라든가 인내라든가 하는 것들에 대해서 전혀 수련이 없습니다. 몸을 닦거나 마음을 닦거나 정신을 수련하는 일이 도무지 없는 것입니다.

간디는 자신의 정신적 생활을 위하여 자주 금식을 했다고 합니다. 세계의 정신 지도자들 가운데에는 정신 수련의 목적으로 금식을 한 사람들이 많이 있습니다. 인간의 본능과 욕구에 있어서 가장 기본적인 것은 식본능입니다. 성욕, 소유욕, 권력욕, 지식욕 등의 여러 가지가 있지만 금강산도 식후경이라는 말이 있듯이 식본능이 가장 기본적인 것입니다.

에덴 동산에서 아담과 하와에게 치명적인 도전을 가해 온 것이 이 식본능의 창구를 통해서였습니다. 선악과를 보니까 먹음직도 하더라고 했습니다. 그래서 먹는 문제를 통해서 인류의 시조에게 사단이 죄의 교두보를 만들게 된 것입니다. 만일에 이 식본능을 절제할 줄만 안다면, 그리고 본능적인 욕망을 절제하는 심리학적이거나 정신적인 수련을 많이 쌓게 된다면 인격 형성에 커다란 도움이 될 것입니다.

절제할 줄 모르고 극기와 인내를 모르고 자기 부정을 배울 수가 없으면 그 인간은 아무 데도 쓸데가 없습니다. 자기의 욕망을 적당하게 절제할 수 있고 자기 주장과 자기 의지를 보다 높은 의지에 굴복시킬 수 있는 그런 수련은 항상 필요한 것입니다. 젊었을 때 절제할 줄 아는 것을 배우게 하는 것은 그들의 정신 수양과 인격 형성에 있어서 결정적으로 중요한 것입니다.

다섯째, 성경적인 측면에서 볼 때 금식기도는 지극히 성경적입니다. 현대의 기독교인들이 상실한 것 가운데 소중한 것 중 하나가 금식기도에 관한 것이라고 저는 생각합니다. 요즘 이것을 많이 강조하고 있습니다만 세계적으로 볼 때 많은 기독교인들이 기독교가 가지고 있는 가장 보배스러운 것 하나를 상실하지 않았는가 생각됩니다.

성경의 위인들을 볼 것 같으면 모세가 40일 동안 금식기도를 했고, 엘리야도 40일 동안 금식기도를 했습니다. 예수님도 공생애의 출발에 앞서서 40일 동안 광야에서 금식기도를 했습니다. 사도 바울 또한 다메섹 도상에서 예수님을 만난 직후에 3일 동안 식음을 전폐했습니다. 사도행전에도 여러 군데에 금식기도를 한 기록이 있습니다.

성경의 모든 금식기도는 초비상 기도를 한 것입니다. 모세는 시내산에서 40일 동안 금식기도를 한 후에 십계명을 하나님에게서 받았고 구약사에 있어서 가장 중요한 사건이었던 출애굽의 주역을 담당했습니다.

또 구약 인물들 가운데 대표적인 두 사람을 든다면 예수님의 변화산상에서 나타났던 모세와 엘리야입니다. 바리새인들이 예수님께 가서 "그대가 엘리야냐"고 물을 정도로 엘리야는 구속주 메시야의 그림자로서 기적을 가장 많이 행했고 이스라엘의 구약의 예언자 가운데 대표적인 사람입니다. 그는 갈멜산 꼭대기에서 기도로 불을 내리게 하여 여호와가 살아 계신 것을 증거한 후 바알의 선지자들을 모두 멸했으며 3년 6개월 동안 비가 오지 않던 하늘에서 비를 내리게 했습니다.

그러나 이세벨에게 쫓김을 당해서 목숨이 풍전등화처럼 위협을 당하게 되자 그는 로뎀나무 아래에 드러누워 나만 이제 홀로 남았사오니 내 생명을 취해 달라고 기도하며 죽기를 원했습니다. 그런데 엘리야의 생애 가운데 가장 위기였고 이스라엘 종교사에 있어서 가장 암흑 같던 시기에 빛을 밝혔던 것은 호렙산까지 가면서 40일 동안 금식하며 기도한 것이었습니다. 초비상 시기에 초비상 기도를 한 것이 이 금식기도였습니다.

보통 기도를 보통 폭탄에 비유한다면 금식기도는 원자폭탄에 비유할 수 있습니다. 금식기도를 통해서 보통 때는 해결할 수 없었던 문제들이 해결받게 됩니다. 예수님께서 귀신 들린 사람을 고쳐 주셨을 때 제자들이 우리는 하지 못하는데 어떻게 할 수 있느냐고 묻자 금식과 기도로써 해결할 수 있다고 하셨습니다. 특별히 금식기도를 통해서 비상한 일을 할 수가 있는 것입니다.

또 다윗 왕은 그의 생애 도처에서 금식기도를 한 흔적을 찾아볼 수 있습니다. 시편 109편 24절을 보면 "금식함을 인하여 내 무릎이 약하고 내 육체는 수척하오며"라고 기록되어 있고, 또 시편 35편 13절에는 "나는 저희가 병 들었을 때에 굵은 베옷을 입으며 금식하여 내 영혼을 괴롭게 하였더니 내 기도가 내 품으로 돌아왔도다" 금식기도하여 병 고침을 받았다는 기록이 있습니다.

그리고 시편 69편 10절에는 "내가 곡하고 금식함으로 내 영혼을 경계하였더니"라는 말씀도 있습니다. 이것은 자기의 영적 수양을 위해서도 금식기도를 했다는 뜻일 것입니다.

우리에게도 특별히 큰 문제가 자기 앞에 놓여졌을 때는 금식기도를 해야 할 것입니다. 흉악한 죄악의 사슬을 풀기 위해서는 우리 각자의 작은 겟세마네에 엎드려서 엘리야가 갈멜산 꼭대기에서 하던 그런 결투로 금식해야 되는 경우가 우리의 신앙 생활 가운데도 종종 있는 것입니다.

우리가 예수님을 닮고 보다 성화되기 위해서는 하나님 앞에 특별한 기도를 드려야 될 경우도 많은 것입니다. 하나님 앞에 절대헌신을 하고 싶을 때 하나님이 나를 마음대로 쓸 수 있는 인물로 만들어 달라고 금식하며 기도할 필요가 있습니다. 큰 것을 기대하면서, 삶의 제2의 전기를 마련하면서 기도의 결전장에서 절실하게 하나님 앞에 기도를 해야 할 것입니다.

하나님 앞에 우리가 갖고 있는 기대나 소원들이 다 끝나 버렸다는 것은 죽은 사람이 되어 버린 것과 같습니다. 하나님 앞에서 크고 높은 소원들을 항상 갖고 있어야 합니다. "주여 내가 이렇게 되고 싶습니다. 또 당신은 나를 이렇게 만들 수 있다고 믿습니다."라고 기도해야 할 것입니다. 되고 싶은 것, 가지고 싶은 것, 하고 싶은 것, 하나님 앞에 알고 싶은 것, 변하고 싶은 것 등이 자기의 소원 속에 없다면 그 사람은 죽은 사람일 것입니다.

우리 나라에는 좋은 기도원이 많이 있습니다. 그 기도원에 가서 많은 사람들과 이야기를 해보면 금식기도를 통해서 신유의 은사를 받고 사랑의 은사를 받고 성경에 눈이 뜨이며 평안과 기쁨을 얻고 생수의 강이 넘치는 것을 봅니다. 또 교회가 부흥이 되고 가족이 회개를 하고 크고 작은 모든 필요와 소원들이 성취되기도 하고 전도의 은사, 가르침의 은사도 받았다는 간증들을 들을 수가 있습니다. 이 금식기도에 대한 응답의 체험을 말로 다 할 수가 없습니다.

오스본이라는 유명한 사람이 있습니다. 그 분은 기도의 용사이며, 금식기도를 많이 하신 분입니다. 미국에서 이 분의 기도로 125명의 벙어리가 고침을 받았고 또 90명의 소경이 눈을 떴습니다. 그리고 헬렌 홀이라는 사람은 기도해서 3,000명이 한 자리에서 사도행전 같은 회개를 했고 귀신 들린 사람과 관절염·위궤양·암환자 그리고 절름발이 등 많은 사람들이 고침을 받았다고 합니다.

또 요나서에서도 니느웨 성에서 33일 동안 위에서부터 아래까지 남녀 노소가 식음을 전폐하고 회개하며 기도했을 때 니느웨 성이 구원을 받은 것을 볼 수 있습니다. 그리고 사도행전 27장 9절에서 볼 수 있듯이 그때까지 금식하는 절기를 지킨 기록이 있고, 스가랴 8장 19절에 보면 4월과 5월과 7월과 10월에 국민적인 금식일을 정해서 일년에 네 번 전 민족이 금식기도를 한 것을 알 수 있습니다. 예수님 당시에 바리새 교인들은 매주 두 번씩 금식을 했습니다.

기독교 역사를 보더라도 영국·미국·핀란드 등의 유럽 여러 기독교 국가에서, 또 기독교 국가가 아니더라도 그곳의 기독교인들은 자기 나라가 국난을 당했을 때 하나님 앞에 초비상 금식기도를 한 예가 많이 있습니다. 6.25 때에도 부산에서 많은 사람들이 지하에 숨어서 나라를 위한 초비상 금식기도를 많이 했습니다. 그래서 하나님이 긍휼히 여기시고 우리에게 다시 자유를 회복해주신 것을 잊을 수가 없습니다.

지금의 우리 나라는 국내·외적으로 볼 때 여러 가지 어려움에 처해 있습니다. 정치적으로 안정이 필요하고 또한 북한의 남침 우려도 있으며 경제적으로도 심각한 위기를 당하고 있습니다. 이때에 우리는 비상 구국 기도를 해야 합니다. 우리 크리스천들이 해야 할 가장 긴급한 기본적인 태도가 금식기도를 하는 것입니다. 무엇으로 나라를 구하고 무엇으로 북한의 복음의 문을 열겠습니까? 통일을 위해서 크리스천들이 해야 할 일이 있습니다. 군사적으로는 군인들이, 정치적으로는 정치인들이 각각 해야 할 일이 있습니다.

특별히 우리 크리스천들은 통일을 위해서 기도를 해야 합니다. 그것이 이 민족을 구하는 비결입니다. 특별히 금식하며 기도하게 되면 남북통일이 될 것입니다. 금식과 기도가 아니면 공산당 귀신은 나가지 않습니다. 이러한 것들은 기도와 금식 외에는 쫓겨나지 않는다고 주님께서도 말씀하셨습니다.

생명을 건 에스더의 기도와 생명을 건 여호사밧의 기도처럼 우리가 금식하며 기도하면 우리 나라의 정치·경제·안보 등의 모든 위기를 구원할 수 있으리라고 생각합니다.

이 초비상 시기에, 축복과 저주의 갈림길에서 우리들의 미래가 희미한 이때에 우리 믿는 대학생들은 무엇을 해야 합니까? 믿는 대학생들이 모여서 금식하며 민족의 죄를 대신해서 자복하고 회개하면 하나님께서 들으시고 우리 민족의 죄를 사하시고 이 땅의 상처를 고치실 것입니다. 하나님의 중심이 뜨거워져서 우리를 긍휼히 여기시어 상한 이 민족을 회복해주실 것입니다.

대학가에서부터 믿음의 젊은이들이, 수천 수만명의 새벽 이슬 같은 대학생들이 모여서 금식하며 기도해야 합니다. 민족의 구원을 위한 에스더의 기도같은 기도 운동이 일어나야 하겠습니다.

지금은 금식기도를 해야 할 시기입니다. 마태복음 9장 14에서 15절에 "요한의 제자들이 예수께 나아와 가로되 우리와 바리새인들은 금식하는데 어찌하여 당신의 제자들은 금식하지 아니하나이까 예수께서 저희에게 이르시되 혼인집 손님들이 신랑과 함께 있을 동안에 슬퍼할 수 있느뇨 그러나 신랑을 빼앗길 날이 이르리니 그때에는 금식할 것이니라"는 말씀이 있습니다.

　지금은 약혼 기간입니다. 신랑을 어느 정도 빼앗긴 상태에 있습니다. 마태복음 6장 2절, 5절, 6절 말씀은 금식할 것을 전제로 하고 말씀하신 것이며 또한 지금은 금식을 할 시기라는 것을 암시하고 있습니다.

　여섯째, 금식기도는 믿음을 전제로 해야 합니다. 하나님이 어째서 금식기도를 기뻐하십니까? 믿음이 없이는 하나님을 기쁘시게 못합니다. 금식기도를 하는 사람은 막연하게 하지 않습니다. 꼭 들어주실 것을 믿고 또 문이 열릴 것을 기대하기 때문에 금식으로 문을 두드리는 것입니다. 반드시 응답을 받을 수 있다는 전제하에서 믿음으로 기도하기 때문에 하나님께서 그것을 기뻐하십니다. 금식기도는 간구하는 것의 극치입니다.

　성경은 너희가 구하라, 간구하라, 간절히 구하라고 합니다. 강청함을 인하여 된다는 말이 누가복음 12장에도 있고 마태복음 7장에도 있습니다. 또한 누가복음 18장에는 악한 재판관과 과부의 소청 비유가 있는데 이것도 강청함을 인하여 들어준다고 했습니다. 성도가 어떤 문제를 가지고 하나님께 간구하는 것을 하나님은 기대하고 계십니다. 그렇게 간구하면 하나님이 영광을 받는다고 하셨습니다. 금식기도를 하고 응답을 받았다는 그 통계적인 수가 입증이 되었습니다. 진신하게 기도하는 사람들이 간증을 들어보면 그 증거가 많습니다.

　그리고 금식에 대해 한 가지 더 생각할 것은 금식기도를 하려고 할 때부터 하는 기간 동안 사단의 시험이 있다는 것입니다. 그러나 반드시 하나님께서 힘을 주셔서 이기게 하십니다. 우리가 금식기도를 할 때마다 하나님께서 놀라운 역사를 행하셨습니다. 그러므로 하나님께서 꼭 들어 주신다는 것을 믿고, 힘들더라도 할 수 있는 힘을 주신다는 것을 믿고 큰 기대를 가지고 기도하기 바랍니다.

비상 금식 구국 기도운동을 전개합시다.

오라 우리가 여호와께로 돌아가자 여호와께서 우리를 찢으셨으나 도로 낫게 하실 것이요 우리를 치셨으나 싸매어 주실 것임이라 여호와께서 이틀 후에 우리를 살리시며 제삼일에 우리를 일으키시리니 우리가 그 앞에서 살리라 (호 6:1~2)

지금은 금식기도 할 때입니다. 우리 민족은 지금 여러모로 위태롭고 어려운 시련을 겪고 있습니다. 영적으로 생각해도 초비상 시기인 것 같습니다. 이럴 때는 성경적으로 볼 때 비상 금식 구국 기도를 드려야 한다고 생각합니다. 크리스천은 민족의 중보자요, 제사장입니다.

역대하 7장 14절의 내 이름으로 일컫는 내 백성이 회개하고 기도하면 그 민족의 죄를 사하고 그 땅의 상처를 고쳐 주시겠다는 약속과 구약의 이스라엘 민족이 위기 때마다 민족적 회개와 금식기도를 통해서 극적으로 구원받았던 사실들이 우리의 전감(前鑑)이 되는 것입니다. 해방 후 일어났던 국난들, 여순 반란 사건과 6.25, 4.19 혁명, 5.16혁명과 박대통령 시해사건, 5.18 광주민주화운동, IMF경제위기 등의 사건들이 한국 교회의 죄에 대한 징계와 무관하지 않았음을 우리는 시인합니다.

이미 도끼가 나무 뿌리에 놓였습니다. 지금은 우리 각자의 죄를 겸허히 자복, 회개할 때입니다. 다른 누구보다 나 자신이 죄인일 수 있습니다. 지금은 우리 서로 미움을 버리고 사랑할 때입니다. 교권주의와 물량주의에 빠져있을 때가 아닙니다. 지금은 분열해서는 안 되고 사랑과 화해와 교회 일치를 결의할 때입니다.

절대헌신과 순교적 신앙을 가져야 하겠습니다. 기도 운동, 전도 운동, 회개 운동, 성령 운동이 일어나야 하겠습니다. 에스겔 37장의 기적이 일어나야 하겠습니다. 예루살렘 최후의 날, 러시아 최후의 날을 상기합시다. 너무 늦기 전에, 문이 영영 닫히기 전에, 밤이 오기 전에 2, 3년 내에 영적 부흥, 도덕적 부흥, 경제 부흥 등 전 영역에서의 큰 부흥이 일어나야 하겠습니다. 위기라는 말은 잘될 가능성과 못될 가능성을 둘 다 내포하는 분기점을 의미합니다. 기독교 통일 민족이 될 수 있는 가능성과 이대로 주저앉아 버릴 것인가의 두 가지 가능성의 기회의 도전 앞에 서 있습니다.

성경의 교훈들을 생각하십시다.

사무엘상 7장 5절부터 6절에 보면 온 이스라엘이 미스바에 모여 회개하며 금식기도함으로 하나님이 블레셋 군대를 막아 주셨고 역대하 20장에는 여호사밧 왕이 모압, 암몬, 마온 연합군의 침공을 받고 온 백성에게 금식을 공포하고 유다 모든 성읍에 모여 여호와께 간구했을 때 하나님이 그들을 쳐서 폐하게 하신 이야기가 있습니다. 또 에스라 8장 21절에 보면 에스라는 바벨론 포수 생활에서 풀려난 이스라엘 백성들의 무사 귀환을 위하여 아하와 강가에서 금식을 선포했고, 느헤미야 9장 1절부터 3절에 보면 예루살렘의 축성 공사를 마치고 이스라엘 자손이 다 모여 금식하며 자기의 죄와 열조의 죄를 자복한 일도 있습니다.

다니엘도 포수 해방을 위해 금식기도했고, 바사 제국 치하의 유대인이 하만의 흉계로 전멸의 위기에 처했을 때 '에스더의 죽으면 죽으리라'의 결사적 금식기도와 온 백성들의 3일 간의 금식기도로 민족 멸절의 위기에서 구출을 받았습니다. 요나의 외침으로 니느웨 성의 온 백성이 3일 간 금식 기도함으로 멸망을 면했던 사실도 우리는 알고 있습니다. 히스기야의 기도로 하나님의 천사가 앗수르 군대 18만 5천명을 쳐서 진멸한 일도 성경에서 읽고 있습니다. 이렇게 실천해 주십시오.

▶실천적 행동 요항

1. 목사님들께서 전국 교회 주일 설교 메시지에서 호소해 주십시오.

2. 각 지역 시, 읍, 면 단위 연합 집회를 여십시오(오후 3시).
3. 지정된 금식 주일에 전 신도가 참여하는 목표를 세우십시오.
   (1) 아침 한 끼 금식
   (2) 1일 금식
   (3) 2일 금식
   (4) 3일 금식
4. 전국 기도원에서 일제히 3일 금식 특별 기도회를 여십시오.

경건과 기도

여호와의 말씀에 너희는 이제라도 금식하며 울며 애통하고 마음을 다하여 내게로 돌아오라 하셨나니 너희는 옷을 찢지 말고 마음을 찢고 너희 하나님 여호와께로 돌아올지어다 그는 은혜로우시며 자비로우시며 노하기를 더디하시며 인애가 크시사 뜻을 돌이켜 재앙을 내리지 아니하시나니 주께서 혹시 마음과 뜻을 돌이키시고 그 뒤에 복을 끼치사 너희 하나님 여호와께 소제와 전제를 드리게 하지 아니하실는지 누가 알겠느냐 너희는 시온에서 나팔을 불어 거룩한 금식일을 정하고 성회를 선고하고 백성을 모아 그 회를 거룩케 하고 장로를 모으며 소아와 젖 먹는 자를 모으며 신랑을 그 방에서 나오게 하며 신부도 그 골방에서 나오게 하고 여호와께 수종드는 제사장들은 낭실과 단 사이에서 울며 이르기를 여호와여 주의 백성을 긍휼히 여기소서

주의 기업으로 욕되게 하여 열국들로 그들을 관할하지 못하게 하옵소서 어찌하여 이방인으로 그들의 하나님이 어디 있느뇨 말하게 하겠나이까 할지어다 그때에 여호와께서 자기 땅을 위하여 중심이 뜨거우시며 그 백성을 긍휼히 여기실 것이라 여호와께서 그들에게 응답하여 이르시기를 내가 너희에게 곡식과 새 포도주와 기름을 주리니 너희가 이로 인하여 흡족하리라 내가 다시는 너희로 열국 중에서 욕을 당하지 않게 할 것이며 내가 북편 군대를 너희에게서 멀리 떠나게 하여 메마르고 적막한 땅으로 쫓아내리니 그 전군은 동해로, 그 후군은 서해루 들어갈 것이라 상한 냄새가 일어나고 악취가 오르리니 이는 큰 일을 행하였음이니라 하시리라 (욜 2:12-20)

메뚜기떼가 곡식을 다 뜯어 먹고, 땅이 황폐해지고 가축은 먹을 것이 없고, 가뭄이 들어 목이 타고, 백성들은 배가 고프고, 소망은 다 끊어지고 하나님의 심판은 닥쳐오는 상황에서 요엘은 하나님 앞에 모여서 금식하고 기도하라고 말합니다. 그리하면 하나님께서 이

스라엘을 축복해주실 것이고, 영적 부흥이 일어나게 할 것이라고 약속합니다.

또 말세에 내 영을 내 모든 남종과 여종에게 부어주고 너희 젊은이는 환상을 보고 늙은이는 꿈을 꾸며 성령의 계절이 올 것이라고 예언을 합니다. 하나님의 재난이 닥쳐올 때, 채찍이 임할 때, 절망적인 상황에 처했을 때에 개인적, 교회적, 민족적으로 성경적 처방의 원리는 동일합니다. 그것은 하나님께 돌아가 무릎으로 회개하는 것입니다.

구약성경을 보면 구국 금식기도가 종종 있었습니다. 사무엘 당시 블레셋의 억압에서 벗어나기 위해 미스바에 모여 기도한 것, 여호사밧왕 때 모압, 암몬 연합군의 포위 때, 예루살렘의 모든 백성이 모여 재를 무릅쓰고 회개하며 금식하고 하나님을 찬양함으로 적군이 전부 멸망당한 것, 이렇게 이스라엘 사람들은 나라가 국난을 당했을 적에 항상 모여서 회개하고 금식함으로써 하나님의 축복을 다시 찾고, 위기를 극복했던 것을 볼 수가 있습니다.

신구약 성경을 통해서 하나님이 쓰신 사람을 보면 기도의 사람이 아니었던 자가 하나도 없습니다. 기도로 시작하지 않는 운동이 신령한 의미와 커다란 역사의 변동을 일으킨 일은 성경을 통해서나 기독교 역사를 통해서 한 번도 없었습니다. 하나님을 믿고, 하나님의 능력을 의지해서 나아갈 때는 개인이나 단체나 그 운동이 예외없이 부흥되었습니다.

앞에는 홍해, 양쪽은 태산준령, 뒤에는 이집트 군대가 추격해 오는 극한 상황 속에서 모세는 지팡이를 들고 앞을 쳐서 바다를 갈라지게 했는데 이 지팡이는 믿음과 기도를 상징하는 것입니다. 2백만 이스라엘 민족이 광야에서 먹을 것이 없고 목이 탔을 때, 모세가 지팡이를 들어 반석을 쳐서 생수를 내게 한 것도 그러한 것을 가르쳐 줍니다. 소년 다윗이 골리앗을 이길 수 있었던 것도 하나님을 신뢰하는 믿음이었습니다.

교회 역사에서 하나님이 사용했던 사람은 모두 경건했던 기도의 사람들이었음을 볼 수 있습니다. 존 낙스는 스코틀랜드를 개혁할 때 "저에게 스코틀랜드를 주옵소서. 그렇지 않으면 죽음을 주옵소서." 라고 기도했습니다. 1905년 명성황후가 시해 당한 후 의병이 생기고, 헌병들은 의병을 찾느라 자연부락까지 샅샅이 누비고 다닐 때에 나라의 위기를 느꼈던 기독교 지도자들 700명은 평양에 모여서 3주일 동안 성경을 공부하면서 사경회를 했는데 이때 회개운동이 일어났습니다. 이로 인해 기독교 학교는 1주일 동안 휴교를 했고, 사람들의 회개로 인해 건물은 폭발할 것 같았다고 합니다.

웨일즈의 부흥은 이반 로버트라는 광부와 청년 몇 명이 "웨일즈에 부흥을 주옵소서."라고 열심히 기도하던 중에 일어났습니다. 술집, 극장, 형무소는 문을 닫게 되고 광부들은 석탄 나르는 당나귀를 끌어안고 "나의 형제, 자매여." 할 정도로 대부흥이 일어났다고 합니다.

1851년엔 이름없는 한 사람이 뉴욕의 도덕적 부패와 혼란한 사회적 상황을 보고 이 도시가 소돔, 고모라처럼 망할 것이라는 위기의식에서 민망하고 답답한 심령으로 기도를 했다고 합니다.

그의 기도는 기도의 홍수를 낳게 했고, 사방에서 성령으로 말미암은 회개운동이 일어나게 되었습니다. 모라비안 교도 224쌍의 남녀가 100년 동안 논스톱(none-stop)으로 기도를 한 결과 앵글라칸이 200년 동안 선교한 것보다 많은 성과를 거두었다고 합니다.

미국에도 헤이스틱 학생들이 비를 피하러 들어간 건초더미에서 기도한 것이 시초가 되어 계속 기도한 결과 해외선교의 장을 열게 되었습니다. 옥스퍼드 홀리 클럽(Holy Club)에서의 요한 웨슬레의 부흥운동, C.C.C. 최초의 부흥운동 모두 기도로 이뤄진 일들입니다.

방법론보다는 존 낙스와 같은 절박한 기도로 성령께서 이 세대에 역사하시도록 해야겠습니다. 개인과 단체에 기도운동이 다시 일어나야겠습니다. 힘으로도, 능으로도 할 수 없지만 주의 신으로 변할 수 있는 것을 믿고 나아가야겠습니다.

저는 1961년 21명의 간사들과 삼각산에서 금식기도를 하다가 저는 민족복음화에 대한 환상을 받았습니다. 민족의 전원에게 복음을 들을 기회를 주자, 우리가 그 불씨가 되자, 그것을 위해서 폭탄처럼 제물이 되자, 이러한 각오로 C.C.C. 운동을 일으켰습니다.

기도는 어떤 위기의 상황이든지 꼭 극복하게 만듭니다. 이제 북한의 복음의 문이 열려가고 있습니다. 우리에게 맡겨진 과업이 있습니다. 10만명 선교사 파송을 소원하고 있습니다. 우리가 구합시다. 존 낙스처럼 구합시다. 닫힌 문이 열리게 합시다. 회개의 문이 열리게 합시다. 헌신의 문이 열리게 합시다. 우리들의 골리앗이 정복을 당하게 합시다. 우리들 앞의 산이 옮겨지게 합시다. 홍해가 갈라지게 합시다.

주님이 우리에게 묻기를 무엇을 해주길 원하느냐? 하실 때 우리의 답은 두 가지입니다. 우리가 변하는 것이고 또 한 가지는 우리에게 맡겨 주신 이 강을 건너는 것입니다.

"10만명의 선교사를 위해서 너희들이 기도했는데 이것이 불가능하다고 믿느냐?"고 주님은 말씀하십니다. 우리에게는 불가능하지만 주님에게는 가능합니다. 주님은 12제자를 데리고도 다니지 않았습니까? 저주까지 했던 베드로를 들어 쓰지 않았습니까? 기독교인을 학대하며 다녔던 바울을 이방인 전도의 사도로 삼지 않았습니까? 주님은 무엇이든지 하실 수 있지 않습니까? 주여 우리에게 사도행전을 다시 한번 재현시켜 주십시오.

지금은 금식기도 할 때이다.

너희는 시온에서 나팔을 불어 거룩한 금식일을 정하고 성회를 선고하고 백성을 모아 그 회를 거룩케 하고 장로를 모으며 소아와 젖 먹는 자를 모으며 신랑을 그 방에서 나오게 하며 신부도 그 골방에서 나오게 하고 여호와께 수종드는 제사장들은 낭실과 단 사이에서 울며 이르기를 여호와여 주의 백성을 긍휼히 여기소서 주의 기업으로 욕되게 하여 열국들로 그들을 관할하지 못하게 하옵소서 어찌하여 이방인으로 그들의 하나님이 어디 있느뇨 말하게 하겠나이까 할지어다

그 때에 여호와께서 자기 땅을 위하여 중심이 뜨거우시며 그 백성을 긍휼히 여기실 것이라 여호와께서 그들에게 응답하여 이르시기를 내가 너희에게 곡식과 새 포도주와 기름을 주리니 너희가 이로 인하여 흡족하리라 내가 다시는 너희로 열국 중에서 욕을 당하지 않게 할 것이며 내가 북편 군대를 너희에게서 멀리 떠나게 하여 메마르고 적막한 땅으로 쫓아내리니 그 전군은 동해로, 그 후군은 서해로 들어갈 것이라 상한 냄새가 일어나고 악취가 오르리니 이는 큰 일을 행하였음이니라 하시리라 (욜 2:15~20)

금식에는 여러 가지 목적이 있을 수 있습니다. 사람들은 건강이나 미용, 정치 항의 등을 목적으로 금식을 하기도 하고, 이교도들은 금욕이나 고행 등을 목적으로 금식을 하기도 합니다. 동물들도 병에 걸리면 으레히 밥을 먹지 않습니다. 그러나 그리스도인들은 성경적인 근거를 가지고 금식을 해야 합니다.

예수님이 우리에게 명령한 일은 없습니다. 또한 금식기도가 구원 받는 일하고 관계가 있는 것도 아닙니다. 금식을 한다고 해서 우리의 영이 거룩해지거나 하나님한테 특별한 공로가 되는 것은 더욱 아닙니다. 어떤 때는 육에 속한 사람도 금식을 하는데 잘못하면 교만의 원인이 될 수도 있습니다. 나쁜 영과 접하게 되는 경우도 생기고

정신적으로 이상해지는 사람도 있습니다.
 그러면 성경의 어떠한 것이 금식기도의 근거가 됩니까?

 첫째, 금식기도는 성령에 이끌리어 해야 합니다. 물론 우리는 경건을 위해 금식기도를 할 수도 있습니다. 그러나 예수님께서는 세례를 받으시고 공생애를 출발하기 전에 성령의 인도함을 받아 광야에 나아가서 40일 금식을 하시고 사단의 시험을 받으셨습니다. 성령의 이끌림을 받는 것이 금식기도의 동기가 되어야 합니다.
 둘째, 금식기도는 전심의 기도입니다. 보통 기도로는 문제를 해결할 수 없을 때, 극한 기도, 생명을 내거는 결사적인 기도가 필요할 때 금식기도를 합니다. 예레미야 29장 12, 13절에 의하면 전심으로 하는 기도가 되어야 합니다. 개인의 문제나 가정의 문제, 교회의 문제, 각 나라들의 문제가 먹을 수 없을 만큼 절박할 때 마음을 다해 '하나님이 축복해 주시기 전까지는 먹지도 않고, 물러나지도 않겠나이다' 하는 기도의 육탄이 되는 그런 기도가 금식기도라고 하겠습니다.
 셋째, 선교사를 파송할 때 금식기도 합니다. 안디옥 교회에서 주를 섬겨 금식할 때에 바울과 바나바를 세계 선교사로 보내기로 작정했습니다(행 13:2).
 넷째, 전심으로 헌신하려고 할 때 금식기도를 합니다(행 14:23). 바울과 바나바가 여러 교회에서 장로를 임명할 때에 금식하고 안수했습니다. 자기의 몸을 제물로 바치려 할 때 금식기도하는 것은 성경적입니다.
 다섯째, 개인적으로, 혹은 교회적으로 특별히 간구할 일이 있을 때 금식기도하는 것이 성경적입니다. 다윗왕은 자기 아들이 병들어 죽게되었을 때 일주일 동안 금식하면서 하나님께 병을 고쳐 달라고 간구한 일이 있습니다.
 여섯째, 날을 정해 놓고 특별한 은혜를 간구하려고 할 때 금식하는 것도 성경적이라고 볼 수 있습니다.

　일곱째, 죄를 회개하고 죄 문제를 해결하기 위해 금식기도를 합니다. 사울은 그리스도인들을 죽이려고 다메섹으로 가다가 예수님을 만나서 회개했습니다. 그 후 다메섹으로 들어가 3일 동안 금식하면서 회개기도를 했습니다.

　여덟째, 지금은 신랑을 빼앗긴 때이므로 금식기도해야 합니다. 열 처녀의 비유 가운데 보면 신랑이 다시 온다고 했습니다. 예수님은 성령으로 우리에게 와 계시지만 몸으로는 신랑이 가버린 시대입니다. 신랑과 같이 있을 때는 금식할 필요가 없습니다. 신랑을 빼앗길 때 금식해야 합니다.

　역사적으로 보면 금식기도를 통해 큰 능력을 얻은 분들이 많이 있습니다. 물론 유대교에서는 구약시대에 범국민적으로 4, 5, 7, 10월에 각각 금식하는 날이 있었습니다. 예수님 당시에도 경건한 교인들과 바리새 교인뿐만 아니라, 세례요한의 제자들과 그외 많은 사람들이 금식을 한 것 같습니다. 초대 교인들도 금식을 했습니다. 칼빈이나 루터, 존 낙스, 요한 웨슬레 같은 분들도 금식기도를 많이 했다고 기록되어 있습니다.

　체험한 분들은 알고 있겠지만 금식기도를 하면 큰 능력을 얻습니다. 전도하는 능력을 얻습니다. 기도하는 능력을 얻습니다. 말씀을 가르치는 능력을 얻습니다. 남을 사랑하는 능력을 얻습니다. 봉사하는 능력을 얻습니다. 성령의 은사를 얻는 사람도 있습니다. 신의 은사를 받는 사람도 있습니다. 금식기도를 통해 여러 가지 기적을 행하는 것을 많이 봅니다. 신뢰와 간증이 많이 있습니다. 나무는 열매를 보아 안다고 했는데 최근에 금식기도를 많이 하는 분들을 보면 예수님을 닮고 하나님의 뜻대로 살려고 하는 생활 속에 이 경건된 금식기도 생활이 있는 것을 발견할 수가 있습니다.

　아홉째 기도와 금식으로만 사단의 세력을 결박할 수 있습니다(마

17 :21). 사단의 세력이 예수님을 믿지 못하도록 개인들을 붙잡고 교회들을 망치고 있습니다. 전세계의 공중권세를 잡은 자가 예술계에서, 대학가에서, 진화론이라는 과학 이론에서 활동을 하고 있습니다. 교회 안에서, 신흥종교를 통해서, 역사학을 통해서, 정치학을 통해서, 경제구조를 통해서 막스주의와 같은 이데올로기를 통해서, 영화계와 환락가를 통해서, 여러 가지 모양으로 예수 그리스도를 믿지 못하게 하고 있습니다. 죄악생활에서 헤어나지 못하게 하는 악마의 세력에 노예가 되어가고 있습니다. 어떻게 하면 이 암흑과 죄악의 악마의 세력을 묶을 수 있겠습니까!

'80 세계복음화대성회를 준비할 때에 18개월을 300명의 대학생들이 하루도 빠지지 않고 순번으로 금식기도를 했습니다. 그런데 이렇게 금식기도를 하면서 큰 집회를 준비하면 반드시 성공합니다. 아무리 인간들의 모든 계획이 잘 되어 있다 해도 금식기도로 준비하지 않으면 실패하는 것을 보게 되는데 그것은 기도와 금식을 통해서만 이 사단의 세력이 결박당하기 때문입니다. 사단의 세력이 쫓겨나면 사람들의 마음 문이 열려서 은혜를 사모하는 갈급한 마음, 죄를 회개하는 마음이 됩니다.

우리의 전쟁은 보이는 육체의 전쟁이 아니라 영의 전쟁이요, 복음의 전쟁입니다. 영의 전쟁은 기도로 하고 성령으로 합니다. 그래서 마음을 다하고 힘을 합해서 생명을 걸고, 회개의 기도를 해야 승리하게 되는 것입니다.

지금 세계는 너무도 악하고 종말적입니다. 핵전쟁이 일어나기 직전에 있습니다. 교회에도 얼마나 나쁜 사상이 들어와 있는지 모릅니다. 성적인 타락이 소돔과 고모라와 같습니다. 이러한 것을 생각해 볼 때 극한 금식기도를 하지 않으면 안되는 것이다. "스코틀랜드를 주옵소서, 아니면 죽음을 주옵소서." 하는 기도를 드려야 할 때인 것입니다.

열째, 성경에 의하면 구국 기도를 할 때는 반드시 금식을 했습니다(삼상 7:6, 대하 20:3, 에 4:3, 스 8:21, 눅 2:36~38). 인류의 평균 수명이 50세라고 하면 1년에 약 1억이 죽는 셈이고 하루에 27만명이 죽는 셈인데 적어도 매일 15만명은 지옥으로 가고 있습니다. 내 민족의 영원한 생명을 위해 지금은 금식기도할 때인 것입니다. 하나님 앞에 이 생명을 바쳐 모든 사단의 불신 세력을 몰아내고 동족이 구원을 받을 수만 있다면 예수 믿는 사람이 1만명쯤 모여서 40일이라도 금식기도를 해야 할 것입니다.

전세계에 복음을 듣지 못한 사람이 20억이 넘습니다. 그 중 우리 동족 북한은 50여 년 동안 복음의 문이 막혀 있습니다. 이 민족과 북한복음화, 나아가 세계복음화를 위해서 우리는 기도의 폭탄이 되어야 합니다. 기도의 제물이 되어야 합니다. 기독교의 가장 본질적인 액션은 기도운동입니다. 우리 각 사람이 성화 주자로서 이 불씨를 가지고 돌아가 온 기독교인들을 다 모아 놓고 먼저 회개하고 금식하며 마음을 찢고 기도해서 곳곳에 그리스도의 계절이 오고 성령의 바람이 불도록 해야 하겠습니다.

강청하는 기도와 금식기도

예수께서 한 곳에서 기도하시고 마치시매 제자 중 하나가 여짜오되 주여 요한이 자기 제자들에게 기도를 가르친 것과 같이 우리에게도 가르쳐 주옵소서 예수께서 이르시되 너희는 기도할 때에 이렇게 하라 아버지여 이름이 거룩히 여김을 받으시오며 나라이 임하옵시며 우리에게 날마다 일용할 양식을 주옵시고 우리가 우리에게 죄 지은 모든 사람을 용서하오니 우리 죄도 사하여 주옵시고 우리를 시험에 들게 하지 마옵소서 하라

또 이르시되 너희 중에 누가 벗이 있는데 밤중에 그에게 가서 말하기를 벗이여 떡 세 덩이를 내게 빌리라 내 벗이 여행 중에 내게 왔으나 내가 먹일 것이 없노라 하면 저가 안에서 대답하여 이르되 나를 괴롭게 하지 말라 문이 이미 닫혔고 아이들이 나와 함께 침소에 누웠으니 일어나 네게 줄 수가 없노라 하겠느냐 내가 너희에게 말하노니 비록 벗됨을 인하여서는 일어나 주지 아니할찌라도 그 강청함을 인하여 일어나 그 소용대로 주리라

내가 또 너희에게 이르노니 구하라 그러면 너희에게 주실 것이요 찾으라 그러면 찾을 것이요 문을 두드리라 그러면 너희에게 열릴 것이니 구하는 이마다 받을 것이요 찾는 이가 찾을 것이요 두드리는 이에게 열릴 것이니라 너희 중에 아비된 자 누가 아들이 생선을 달라 하면 생선 대신에 뱀을 주며 알을 달라 하면 전갈을 주겠느냐 너희가 악할찌라도 좋은 것을 자식에게 줄줄 알거든 하물며 너희 천부께서 구하는 자에게 성령을 주시지 않겠느냐 하시니라(눅 11:1~13)

제자들이 기도하는 것을 가르쳐 달라는 요청을 받고 예수님께서 기도의 모형이라고 할 수 있는 주님의 기도를 가르치고 이어서 한 비유로 기도에 대한 교훈을 가르치셨습니다.

어떤 사람이 친구에게 줄 빵이 하나도 없어서 다른 친구에게 빵을 구하러 갔습니다. 그 집은 이미 문이 닫혔고 자녀들은 자리에 누워서 일어날 수 없는 형편이었습니다. 그래도 빵을 좀 달라고 강청하

니까 그 친구가 친구된 연유로 일어나 빵을 준 것이 아니라 강청함을 인하여 주었습니다.

　이와 비슷한 비유가 누가복음 18장에도 있습니다. 한 도시에 악한 법관이 있고 불쌍한 과부가 있는데 이 과부가 억울한 일을 당해서 하나님을 두려워 하지도 않고 동정심도 없는 그 법관에게 자기의 사적인 원수를 갚아 달라고 고소를 했습니다.

　이 법관은 뇌물이 아니면 움직이지 않고, 권력과 이해관계 외에는 움직이지 않는 법관이었습니다. 이 과부의 고소는 사적인 원한이고, 아무 권력도 없고 보잘것 없는 과부인데 그 고소를 받아들여 원한을 풀어 주었습니다. 왜 풀어 주었느냐 하면 원한을 안 풀어 주면 늘 와서 괴롭게 할 것 같아서였습니다.

　이 두 비유의 말씀은 기도할 때 낙심하지 않고 꾸준히 강청하면, 결사적으로 열심히 구하면 반드시 응답을 받는다는 것을 가르치기 위한 것입니다. 악한 법관이라도 무력한 과부의 강청에 못 이겨 원한을 풀어 주는데 하나님 아버지께서 안 들어 주실 이유가 없습니다.

　기도는 하나님 아버지와 이야기하는 것입니다. 아버지에게 그 자녀가 무슨 말이든지 하고, 무엇이든지 구하고, 같이 사는 생활이 기도입니다. 기도 속에는 감사하다는 말도 있고, 떼를 쓰는 것도 있고, 울기도 하고, 보채기도 하고, 죄를 고백하기도 하고, 도와 달라고도 하고, 먹을 것도 달라 하고, 지혜도 달라 하고, 힘도 달라 하고, 외로울 때는 외로움을 이기게 해달라고도 하고, 내 가족을 구원해 달라고도 하고, 개인적인 모든 문제를 다 하나님께 아룁니다. 누구에게 말하기 전에, 누구를 기대하기 전에 먼저 하나님 아버지께 기대를 가지고 먼저 하나님께 기도로 의논합니다.

　항상 마음 속에 어린아이는 부모님을 모시고 있고 부부 간에는 사랑하는 아내와 남편을 마음에 모시고 있듯이, 또 부모의 마음 속에 자녀가 있듯이, 절친한 친구들 사이에 항상 마음 속에 친구가 있듯이 항상 관계를 가지고 사는 것이 기도입니다. 그래서 모든 제목을 가지고 기도할 수 있습니다. 구약성경을 보면 태양을 중천에서 멈추게 했고 에스더는 자기 민족을 구원해 달라고 기도했고 요나는 니느웨 사람들을 멸망시키려 했는데 하나님께 금식하고, 회개하고 기도하니까 그 멸망과 형벌을 멈추어 주시고, 히스기야 왕은 하나님께서 꼭 데려가기로 작정하고 죽는다는 선포를 했는데 히스기야가 울면서 간절히 기도하니까 15년간 연기했습니다.

하나님을 아버지로 모신 사람들은 전지하시고, 전능하시고, 사랑하시는 하나님 아버지의 초자연적인 능력을 활용할 수 있습니다. 이 능력은 인간의 신념과 의지와 노력을 다 합한 것보다 강합니다. 우리가 기도하면 나라가 구원을 받습니다. 죄 용서함을 받습니다. 기도로 해결되지 않는 문제가 하나도 없습니다. 불가능하게 보이는 골리앗도 없애 주십니다. 산도 옮겨 주십니다. 홍해도 갈라 주십니다. 반석에서 생수가 나올 수도 있습니다. 구름기둥, 불기둥으로 인도함을 받을 수가 있습니다. 온 민족의 부흥 운동이 일어날 수가 있습니다.

사도행전을 보면 성령 운동이 일어났습니다. 전도 운동이 일어났습니다. 마음이 하나될 수가 있었습니다. 기도하는 중에서 전도를 하니까 3,000명이 회개했습니다. 얼음처럼 꽁꽁 얼어 붙었고 돌처럼 단단한 마음이 하나님의 사람들이 기도하고 금식하면 해방이 오고, 마음의 문이 열려지고, 국회의 문이 열리고, 왕들의 문이 열리고, 실업인들의 문이 열리고 때로는 막혔던 국경의 담이 무너지고 적군이 몰살을 당하기도 합니다. 기도와 믿음으로 불가능이 없었습니다. 이것을 믿게 하고 싶었습니다.

예수님께서 하나님의 능력을 마음대로 사용할 수 있는 특권을 우리에게 주셨습니다. 기도의 불씨를 모아서 성령의 용광로를 만들어서 이 민족의 통일이 되며 민족이 복음화되고 이 땅에서 더러운 귀신과 사나운 귀신과 공산당 귀신과 허무귀신을 몰아내서 밤이 지나가고 아침이 오듯이, 겨울이 가고 봄이 오듯이 이 땅에 푸르고 푸른 그리스도의 계절이 오게 해야겠습니다. 다시 이글거리는 태양이 떠오르게 하기 위해서, 가슴마다 희망을 안겨 주기 위해서, 시들어 빠진 사람들에게 청춘을 회복시켜 주기 위해서, 이 민족이 세계에서 도덕적으로, 영적으로 가장 으뜸가는 민족이 되기 위해서, 들어가도, 나가도 복을 받게 하기 위해서 기도와 믿음의 강력한 능력을 활용해야겠습니다.

 이 힘은 경제 구조에도 나라를 부강하게 하는 에너지가 되고, 교육에도 생기를 불어넣는 힘이 되고, 인격의 성화에 있어서도 활력소가 되고, 모든 곳에 생명소가 됩니다.
 이 기도의 능력과 믿음으로 창조해 내는 힘은 대학에도 없고, 공장에도 없고, 과학의 실험실에도 없고, 사람의 종교 속에서도 없고, 도덕 속에도 없습니다. 힘으로도 안되고 능으로도 안되는 일을 기도와 성령의 능력으로는 할 수 있는데 이 생명력을 사업하는 데도 쓰고, 가정 생활하는 데도 쓰고 십대의 범죄를 퇴치하는 데도 쓸 수 있습니다.
 이제 복음의 바람이 불어야 하고, 성령의 바람이 불어야 하고, 기도의 폭발이 일어나야 하겠는데 보통으로는 안되겠습니다. 엘리야의 7,000명과 같고, 기드온의 300명과 같고, 예루살렘 다락방에 모였던 120문도와 같고, 일곱 집사와 같은 모든 사람들이 모여 금식하고, 회개하고 자복할 때 이 땅에는 새로운 희망의 소리가 들려올 것입니다. 종말이 오기 전에 성령의 운동이 일어날 것입니다. 이 일을 위해서 우리는 부름을 받았습니다. 우리 민족은 반드시 복음화될 것입니다. 종말은 반드시 옵니다. 예수님이 곧 문전에 다가오는 발자국 소리를 들을 수기 있습니다.
 징조마다 예수님의 재림을 예고하고 있습니다. 한 가지 징조가 남아 있고, 한 가지 마지막 일이 일어나야 하는데 그것은 세계선교의 폭발이고 부흥 운동의 폭발입니다. 이 폭발이 한국에서 일어나야 합니다. 갈멜산 산상에서 엘리야의 기도 가운데 막혔던 하늘에서 불이 내리고 비가 내렸던 것처럼 전혀 인간들이 상상도 할 수 없는 하늘의 초자연적인 성령의 역사가 지진이 일어나는 것처럼, 봄에 단비가 내리는 것처럼, 생기가 움트는 소리를 들을 수 있을 만큼 눈으로 보고 피부로 느낄 수 있을 만큼 어떠한 기적이 지진처럼 터져야 합니다.

국가 기도의 날

> 여호와로 자기 하나님을 삼은 나라 곧 하나님의 기업으로 빼신 바 된 백성은 복이 있도다(시 33:12)

인류의 문화사와 정신사는 종교사라고 말할 수 있습니다. T.S.엘리어트도 '문화는 종교의 화신'이라고 했습니다. 의복없는 인종, 집도, 문자도 없는 인종과 시대는 있었지만 어떤 형태로든 신이 없는 인종과 시대는 없었습니다. 인간의 근본 조건은 의식적으로나 무의식적으로나 그 의식 속에 신이 있어야 합니다. 신(神)의식이 없으면 죽은 영혼이라고 규정지어도 좋을 것입니다.

신앙이 없으면 타락하고 멸망으로 치달을 수밖에 없습니다. 소련 공산주의의 붕괴를 통하여 인류와 역사가 경험한 소중한 교훈은 막스 레닌의 무신론과 유물사관이 많은 사람들을 이론상 광신자로 만들고 결국에는 파멸로 이끌었다는 사실입니다.

현대문화는 물질문화, 기계문화, 광기문화, 인본주의, 현세주의, 쾌락주의, 세속주의화 되었습니다. 그 결과 인간성, 도덕성, 영성(靈性)이 증발되어 버렸습니다.

도스토예프스키는 "하나님이 없으면 못할 짓이 없다."고 했습니다. 그는 사회주의가 몸 속에 들어온 악귀처럼 자기의 조국 슬라브 러시아를 미치게 만들겠지민 얼마 후에 러시이는 하나님을 찾고 그 귀신들은 쫓겨날 것을 묵시록적으로 그의 많은 작품 속에서 예언했습니다.

역사가 아놀드 토인비는 그의 저서 '역사연구'에서 세계 역사에 나타났던 21개 문명 중 19개기 지멸해버렸는데, 그 대표저인 이유는 무신론과 전체주의라고 했습니다. 그는 지금도 인류가 살아 남기 위해서는 기적과 신비, 그리고 초자연이 필요하다고 주장하고 있습니다.

그 민족과 그들의 종교는 함수관계에 있습니다. 사람들은 믿는 대로 살기 때문입니다. 중심에 하나님이 없으면 노아시대나 소돔, 고모라 때와 같이 인간은 비인간화, 비도덕화되고 맙니다. 이 시대 병리의 근본은 그 중심에 하나님이 없는 데에 있습니다.

종교와 구국(救國)

동서고금의 여러 경우를 고찰해보면 국가적인 재난을 당했거나 특별한 의미를 가진 날을 '기도의 날, 금식의 날, 감사의 날' 등으로 제정 공포하여 전 국민적으로 하나님께 나아가 죄를 고백하고 회개하고 간구함으로써 문제가 해결되고 민족이 화해와 일치를 이루며 축복을 받았던 예가 많습니다.

성경에 보면 하나님의 백성들은 외침(外侵)이나 국난을 당했을 때 공동체로서 하나님의 메시지를 듣고, 기도하고, 경배하고, 회개하기 위해 온 이스라엘이, 온 유대 족속이, 온 회중이 남녀노소 무론대소하고 예루살렘에 모이고, 미스바에 모이고, 헤브론에 모이고, 각 성읍에 모여 회개와 금식의 기도를 했습니다(대하 20, 에 4:16, 단 9:3~19, 욜 2:15~17).

니느웨도 40일 후면 멸망당하리라는 경고를 받았을 때 위로는 왕으로부터 아래로는 백성이나 짐승까지도 무론대소하고 금식하고 회개함으로써 재앙을 피했습니다(욘 3:1~10). 에스라나 느헤미야가 포로생활에서 고국으로 귀환하기 전후에도 모두 예루살렘에 모여 기도했습니다(느 1:3~11, 8:1, 스 3:1, 8:23). 사도행전의 부흥도 모이는 운동의 연속에서 연쇄폭발적으로 일어났고, 말세가 될수록 모이기를 폐하지 말고 힘쓰라 했습니다(히 10:25).

우리 나라는 유불선(儒佛仙)과 인내천(人乃天)의 천도교 등 윤리종교를 믿어왔고, 그것이 국민정신의 뿌리가 되어왔습니다. 우리 나라 역사의 성역인 3.1운동 때 천도교와 기독교와 불교가 연합해서

33인이 그 선도적 구심점이 된 것도 종교 속에 애국심과 자유해방 정신의 얼이 있음을 증명하고 있습니다.

해방 후 건국 과정에서도 우리 나라는 비서구권, 비기독교 국가이면서 '동해물과 백두산이 마르고 닳도록 하나님이 보우하사 우리 나라 만세'라는 예언적인 애국가를 지어서 온 국민이 누구나 거부감이 없이 부르고 있습니다. 대한민국 제헌국회가 열릴 때 이승만 대통령은 이윤영 목사에게 기도를 시키고 제헌국회가 개원되도록 한 사실에서도 하나님의 숨은 경륜을 읽을 수 있습니다.

또한 미국사의 위기가 기도에 의해서 극복된 역사적 사실은 우리가 본받을 교훈이 됩니다. 1620년 청교도들이 메이플라워호를 타고 신대륙으로 항해하던 중 해난을 만났을 때도, 인디안의 공격과 질병과 병충해에서도 기도로 하나님의 가호를 받았고 풍작의 축복을 감사해서 1623년 메사추세츠 지사가 추수감사절을 선포해서 전통화시켰습니다.

1787년 필라델피아에서 13주의 대표들이 연방정부 헌법 초안을 의논할 때 이해와 의견이 엇갈려 난항에 부딪히자 81세의 벤자민 플랭클린은 시편 127편 1절 말씀을 기억했습니다. "여호와께서 집을 세우지 아니하시면 세우는 자의 수고가 헛되며 여호와께서 성을 지키지 아니하시면 파수꾼의 경성함이 허사로다." 그는 대표들에게 제의하여 회의에 앞서 기도회를 하기로 합의했습니다. 그 결과 역사적인 미국헌법이 마련되었습니다.

민족이 하나되기 위해서

탈(脫)냉전시대에 발을 맞추어 38선으로 상징되는 우리 민족의 동서, 남북, 계층 간의 분단과 갈등, 적대감정을 극복하고 통일과 화합과 일치의 시대를 열기 위해서 교회가 무엇인가 새 일을 해야 할 것입니다.

주님의 "하나되라"는 명령은 "전도하라", "사랑하라"는 명령과 함께 3대 지상명령이다. 우리는 지금 남북통일과 민족화합, 그리고 21세기의 강 앞에 서 있습니다. 한국교회는 개 교회별로는 세계에서 가장 잘 모이는 교회입니다.

예외없이 주일, 수요일, 공식예배는 물론이고, 새벽예배, 구역예배, 각 기관 모임 등 연중 크고 작은 모임들이 있습니다. 그 많은 모임 중에서 1년에 단 한 번만이라도(어느 주일 오후 서너시쯤) 도시별로 온 교회가 합의해서 연합으로 모여 경배와 찬양과 기도와 참회의 예배를 드림으로써 예수 그리스도 안에서 하나님을 온 세상에 가시적으로, 몸으로 증언하고 고백하는 민족변혁의 기적을 일으킬 것을 제안합니다.

"한국 목사님들이 도시마다 일 년에 단 한 번 전원이 모여 기도회를 할 수 있다면 그것은 기적 같은 일이고, 우리를 가로막고 있는 모든 장벽이 무너지는 기적도 생길 것이다."라고 누군가 말했습니다.

6월 25일은 '국가기도의 날' 로!

365일 중 하루를 국가기관이 '기도의 날'로 제정하고 대통령이 선포함으로써 최소한 이날만큼은 하나님을 생각하고, 내세와, 민족의 화합, 상선벌악의 도덕적 가치, 인간 삶의 의미와 참 가치관, 그리고 이웃들과 민족과 인류의 공동체의식을 각성시켜서 도덕적, 영적 부흥이 일어나는 계기로 삼았으면 좋겠고, 그것이 곧 민족의식 개혁, 도덕혁명으로까지 승화되었으면 합니다. 비유컨대, 오물 파먹고 살던 애벌레가 나비가 되어 거듭 태어나는 삶의 변화를 민족 구성원 전체가 경험할 수 있었으면 합니다.

6월 25일을 기도와 금식의 날로 정했으면 합니다. 꼭 공휴일이 될 필요는 없습니다. 일하면서 경건되게 지킬 수도 있습니다. 민족 수난의 상징인 6.25가 화합, 참회, 통일을 위한 금식기도의 의미를 부각시킬 것이며, 모이기에도 계절상 적절하다고 생각합니다.

그날은 민족화합의 날, 구제의 날, 사랑과 봉사의 날입니다. 그

날 한 끼를 금식하여 모은 돈으로 첫째는, 국민 5퍼센트에 해당하는 저변층의 불우이웃과 둘째는, 개방된 후 북한의 4,300여 리(里)·동(洞)의 어려운 동포들과 셋째는, 세계 230여 개국 중 기아에 시달리고 있는 많은 가난한 나라들을 도울 수 있을 것입니다(불교인 1,500만, 개신교인 1,200만, 천주교인 300만 등 3,000만 종교인이 점심값 평균 2,000원씩만 절약해도 60억원이 됩니다).

이 아름다운 날을 후세에 정신적 유산으로 길이 남겨줄 수 있었으면 합니다. 이것은 분명 모든 사람들을 감격시키고 합의를 도출해 내기에 충분한 새로운 일이 될 것입니다. 이에 6월 25일을 '국가기도의 날'로 제정할 것을 제안합니다.

현재 전세계적으로 진행되고 있는 '기독교 21세기운동'에서는 세계 2,000여 개의 도시마다 기도세포를 조직하고, 1994년 6월 25일(한국전 발발)을 기해 '세계를 변화시키는 날'(A Day to Change The World) 행사를 지구촌 규모로 가졌습니다. 미국에서만 500개 도시, 세계 2,000개 도시에서 열린 '6.25 기도회'. 6월 25일은 실로 '세계를 변화시키는 날'이 될 것입니다.

금식기도에 대한 칼럼

지금은 초비상 구국 금식기도 할 때

미스바, 에스더, 니느웨, 그리고 요엘서(2:15~23)의 민족적 참회와 거국적 비상 구국 금식기도를 할 때가 왔다. 남으로 기울어진 끓는 가마(렘 1:13)를 보고 나팔 소리와 전쟁의 경보(렘 4:19)를 듣는다.

이 땅의 1,200만 성도는 민족의 제사장이요, 중보자이다. 재난의 책임을 전적으로 져야 한다. 남의 죄 말고 우리 각자의 미워한 죄, 음란 죄, 부정한 죄, 거짓되고 탐욕하며 정신적 우상을 섬긴 죄들을 철저히 통회 자복하여 하나님의 긍휼을 구하자.

도끼가 이미 나무 뿌리에 놓였다. 너무 늦기 전에, 문이 닫히기 전에, 해가 지기 전에, 비상 금식기도 운동으로 제2의 3.1 구국운동을 일으키자. 그리하면 북편 군대를 메마르고 적막한 시베리아 땅으로 몰아내고(욜 2:20) 신명기 28장의 축복의 계절이 오게 할 수 있을 것이다.

금식기도의 유익

금식은 종교적 목적 이외에도 건강이나 미용에 좋다 하여 세계적으로 번지고 있다. 잘만 하면 웬만한 병은 낳는다고 한다. 동물은 병이 나면 밥을 안 먹고 곰은 동면 단식을 한다.

사람은 과잉보호와 약물 복용 등으로 몸 속에 저항력이 약해지고 자연 치유 능력이 잠자고 있는데 금식 중에는 항병(抗病) 예비병력이 총동원 되어 비상사태가 선포된다. 그래서 금식 중에는 감기도 걸리지 않는다. 내 친구는 1일 1식을 하고 나는 2식을 한다.

3일이나 일주일 정도는 근무하면서 금식기도 할 수 있어서 편리하고 경건생활과 몸의 건강에도 크게 도움이 된다.

금식기도

나는 기도원을 다니면서 금식기도 하시는 분들의 간증을 많이 듣는데 흥미가 있고 큰 은혜가 된다. 너무도 존경스런 성도들의 깊은 내적 체험을 들으면 성령의 현장과 사도행전의 원색적 신앙을 몸으로 접할 수 있다.

기도의 제목들은 다양하다. 병고침, 취직, 결혼, 입학 등 여러 소원과 필요(빌 4:6)들이 있는데 이러한 간구들은 그대로 하나님이 허락한 기도들이고 거룩한 것들이다.

근육이 운동으로 강해지듯, 기도로 성화되고 성장한다. 사랑의 은사를 얻기 위해서, 보다 높은 헌신을 위해서 금식기도 하는 것은 모습 그대로 성자들의 기도이다.

금식기도와 신앙 인격 연단

자고로 동서고금을 막론하고 인간 교육의 기본은 인간 본능이 하고 싶은 대로 내버려 두지 않고, 야생마 같은 욕망이 이성과 양심과 신앙에게 길들여지도록 어느 정도의 금계(禁戒)와 징벌과 극기 억제 등의 연단을 받게 하는 것이다. 자연주의자들은 자연대로 두면 저절로 순화된다고 생각하나 사람은 악의 보균자와 같아서 기회만 있으면 그 악의 씨가 꽃피고 자란다.

심리학자들은 억압하면 심신에 병이 된다고 믿고 있다. 그러나 증오심을 누르면 정심(正心)이 나오고, 악한 욕심을 누르시 않으면 죄와 사망을 낳는다. 귀도 듣지 않을 것은 거부해야 하고, 입도 할 말만 하고, 배도 음식을 제한해야 하고, 성욕도 엄하게 다스려야 한다.

스파르타식 금욕과 고행은 아니더라도 내 욕망과 의시가 주의 뜻에 전적으로 길들여지도록 일정 기간 금식기도하는 일은 신앙 인격과 생활의 연단을 위해 십대 때부터 해보기를 권하고 싶다.

원단 금식기도에 초대

성경적으로나 성자들의 체험으로 볼 때 금식기도의 효과는 경건과 절제 수련으로도 최상이고 큰 기도 응답의 효과면에서도 절대적인 것 같다. 우리 C.C.C.에서는 구국과 민족복음화의 절실한 간구를 드리기 위해 장기, 혹은 단기로 집단 금식기도를 드린다. 내가 존경하는 어느 분은 일생 동안 일주일에 하루를 금식해왔는데, 그 외에 일 1식, 혹은 2식을 금식하는 분들도 많다.

요새는 미용과 건강을 위한 금식도 성행되고 있는데 자연의학에서는 공해와 성인병의 치료 방법이라고까지 말하고 있다. 우리는 많은 것을 자연에서 배우는데 포유동물들이 일단 병에 걸리면 병 나을 때까지 자동절식하는 것을 본다.

우리들 밥통은 돼지와 같은데 종종 내 속의 돼지에게 "안돼." 하고 선언할 필요가 있다. 매년 연말, 연초에 열리는 C.C.C. 원단 금식기도에 재미를 본 분들의 모임이 있으므로 독자 여러분을 초대한다.

원수를 위한 금식기도

"사촌이 논을 사면 배가 아프다", "못 먹는 감 찔러나 보자" 이런 속담들이 있다. 심술과 오기와 시기의 농도를 민족성 별로 재는 방법은 없지만 한때 십대들 사이에서 유행된 '아더메치지' 란 약어가 있었는데 아니꼽고, 더럽고, 메스껍고, 치사하고, 지겹고, 배틀리고, 꼬집는 심술의 표현일 것이다. 신랑을 달아매는 관습 가운데 거꾸로 매달아 놓고 주리를 트는 것도 특이한 것 같다.

신부 취하는 것이 속으로 배가 아픈지도 모른다. 우리 나라도 무사도나 기사도 같은 것이 없었던 것은 아니지만 이조 오백년사를 보면서 나를 조명해 볼 때 우리들 피 속에는 배 아프게 하는 오기가 남보다 많은 것 같다.

예수 믿는 인구가 25%나 되는데 원수를 용서해 주고 축복해 주는 사랑과 화해와 관용의 계층이 형성되어야겠다. 미운 사람 리스트를 만들자. 그리고 금식까지 해가며 축복을 빌어 주자.

초비상 금식기도

오스본이라는 유명한 사람이 있다. 그분은 기도의 용사이며, 금식기도를 많이 하신 분이다. 미국에서 이분의 기도로 125명의 벙어리가 고침을 받았고 또 90명의 소경이 눈을 떴다.

그리고 헬렌 홀이라는 사람이 기도했을 때 3,000명이 한자리에서 사도행전 같은 회개를 했고 귀신 들린 사람과 관절염, 위궤양, 암환자, 그리고 절름발이 등 많은 사람들이 고침을 받았다고 한다.

또 요나서에도 보면 니느웨 성에서 33일 동안 위에서부터 아래까지 남녀노소가 식음을 전폐하고 회개하며 기도했을 때 니느웨 성이 구원을 받는 것을 알 수 있다.

그리고 사도행전 27장 9절에서 볼 수 있듯이 그때까지 금식하는 절기를 지킨 기록이 있고, 스가랴 8장 19절에 보면 4월과 5월과 7월과 10월에 국민적인 금식일을 정해서 일 년에 네 번 전 민족이 금식기도를 한 기록이 있다. 예수님 당시의 바리새인 교인들은 매주 두 번씩 금식을 했다.

기독교 역사를 보더라도 영국, 미국, 핀란드 등의 유럽 여러 기독교 국가에서, 또 기독교 국가가 아니더라도 그곳의 기독교인들은 자기 나라가 국난을 당했을 때 하나님 앞에 초비상 금식기도를 한 예가 많이 있다.

6. 25 때에도 부산에서 많은 사람들이 지하에 숨어서 나라를 위한 초비상 금식기도를 많이 했다. 그래서 하나님이 긍휼히 여기시고 우리에게 다시 자유를 회복해 주신 것을 잊을 수가 없다.

구국 기도

성경 속에는 국난을 만났을 때 회개하면서 기도했다는 이야기가 많이 있다. 또 금식기도는 그 기도를 해본 사람들의 체험이나 영적으로 신령한 사람들의 간증을 들어보면 매우 유익하다는 결론을 내릴 수 있다. 건강에 좋다는 통계는 말할 것도 없고, 여러모로 신령한 복이 되는 것이 많이 있다.

그러므로 금식기도에 대한 지도를 잘 받아야 하겠다. 한국의 기독교인들이 거국적으로 범교회적 차원에서 참회의 운동을 일으키고 개인 개인의 죄를 하나님 앞에 깨끗이 회개하고 나라를 위해서 간절히 기도한다면 하나님께서 내리려고 했던 재앙일지라도 멈추시고 그 뜻을 돌이키실 수가 있다.

금식은 역대하 7장 14절의 조건을 모두 만족시키는 유일한 훈련이다. 금식할 때 인간은 스스로 겸비하게 되며 기도할 시간을 보다 많이 가지며, 하나님의 얼굴을 보다 많은 시간 동안 구하게 되며, 그리고 자각하는 모든 죄로부터 돌아선다.

자신의 죄를 회개하지 않고도 우리는 성경을 읽고, 기도하며, 그리스도를 증거할 수 있다. 그러나 이 말씀의 조건을 채우지 않고는 순수한 마음과 순수한 동기에서 진실한 금식에 들어갈 수 없다.

"이 땅에 푸르고 푸른 그리스도의 계절이 오게 하자!"

순(筍)출판사는 주님의 지상명령 성취와 한국 교회를 섬기기 위한
C.C.C.(한국대학생선교회)의 문서사역을 감당하고 있습니다.

리바이벌 — 금식기도의 실제적 지침서

1998년 12월 12일 초판 인쇄
2001년 10월 15일 초판 7쇄 발행
지은이 : 김 준 곤
펴낸이 : 전 효 심
펴낸곳 : 순(筍)출판사

주소: 서울시 종로구 부암동 46-1
　　　서울 중앙우체국 사서함 1042호
전화: 02)394-6934~6, 팩스: 02)394-6937

하이넷·천리안:cccnews
한국 C.C.C. 인터넷:http://www.kccc.org
등록: ⓡ 제 1-2464호
등록년월일: 1999. 3. 15

※ 잘못 만들어진 책은 바꿔 드립니다.　값 **8,000원**
본서의 판권은 순출판사에 있습니다. 무단 전재 및 복제를 금지합니다.